交通运输行政执法人员培训教材

Jiaotong Yunshu Xingzheng Chufa Ziyou Cailiangquan Xingshi Shiwu
交通运输行政处罚自由裁量权行使实务

交通运输部政策法规司　组织编写

人民交通出版社

内 容 提 要

本书为交通运输行政执法人员培训教材之一，主要内容包括交通运输行政处罚自由裁量权概述、交通运输行政处罚自由裁量权基准与量罚，交通运输行政处罚自由裁量权基准的制定，交通运输行政处罚自由裁量权的程序控制，交通运输行政处罚自由裁量权的行使，交通运输行政处罚自由裁量权的典型案例分析等。

本书为交通运输行政执法人员培训教材，也可供交通运输行政人员、相关专业高等院校师生学习参考。

图书在版编目(CIP)数据

交通运输行政处罚自由裁量权行使实务/交通运输部政策法规司组织编写.--北京：人民交通出版社，2012.12

交通运输行政执法人员培训教材

ISBN 978-7-114-09391-3

I.①交⋯ II.①交⋯ III.①交通运输管理－行政处罚－中国－技术培训－教材 IV.①D922.14

中国版本图书馆 CIP 数据核字(2011)第 187292 号

书　　名：	交通运输行政执法人员培训教材 交通运输行政处罚自由裁量权行使实务
著　作　者：	交通运输部政策法规司
责任编辑：	沈鸿雁　张征宇　孙　玺
出版发行：	人民交通出版社股份有限公司
地　　址：	(100011)北京市朝阳区安定门外外馆斜街 3 号
网　　址：	http://www.ccpress.com.cn
销售电话：	(010) 59757973
总 经 销：	人民交通出版社股份有限公司发行部
经　　销：	各地新华书店
印　　刷：	北京市密东印刷有限公司
开　　本：	720×960　1/16
印　　张：	16.5
字　　数：	244 千
版　　次：	2012 年 12 月　第 1 版
印　　次：	2018 年 9 月　第 6 次印刷
书　　号：	ISBN 978-7-114-09391-3
定　　价：	35.00 元

(有印刷、装订质量问题的图书由本社负责调换)

《交通运输行政执法人员培训教材》
编审委员会

主　任：高宏峰

副主任：何建中

委　员：
柯林春	朱伽林	刘　缙	王昌军	吴秉军
宋晓瑛	戴　飞	严洪波	葛　方	毕忠德
李　伦	沈晓苏	冯健理	汪祝君	王德宝
胡　冰	王兆飞	万　明	高洪涛	霍金花
唐　元	董清云	徐　欣	黄汝生	周文雄
乔　墩	白理成	陈志刚	张长生	彭思义
李永民	杨映祥	刘自山	勾红玉	高江淮
郭洪太	曹德胜	但乃越	姜明宝	

《交通运输行政执法人员培训教材》编写委员会

主　编：何建中
副主编：柯林春　朱伽林
编　委：孙红军　于会清　张立国　齐树平　曹居月
　　　　王志强　杨　清　邵新怀　赵勇刚　李　冰
　　　　王元春　胡继祥　晏少鹤　陈炳贤　张建明
　　　　陈继梦　张　宏　李　敢　王跃明　黄冠城
　　　　黄永忠　林　森　郑　宁　王　波　方延旭
　　　　马德芳　徐龙海　姚　军　赵建峰　杜　军
　　　　甘庆中　王旭武　常　青　马　军　王乔贵
　　　　陈卫中　王海峰　杨素青　熊雅静　陈　松
　　　　杨　剑

本册编写人员

李忠奎　陈炳贤　张　明　苏毕松　周艾燕　张迎涛
武君婷　石静远　程　悦　李　琼　李燕霞

深入开展执法人员培训
改进交通运输行政执法

由部政策法规司组织编写的交通运输行政执法人员培训教材正式出版了。这是推动广大交通运输行政执法人员深入学习、提高素质、提升水平的一项基础性工作,很有意义。

推进依法行政,队伍素质是基础。在2010年召开的全国依法行政工作会议上,温家宝总理强调:"加强行政执法队伍建设,严格执行执法人员持证上岗和资格管理制度,狠抓执法纪律和职业道德教育,全面提高执法人员素质。"近年来,部制定了一系列规章制度,采取有效措施加强和规范交通运输行政执法,取得了明显成效。交通运输行政执法工作仍存在许多不足,根据调查,全行业现有的40多万行政执法人员中,大部分人员为大专以下学历,大学本科以上学历仅占26%,法律专业人员仅占23%。交通运输行政执法队伍整体素质状况与推进依法行政、建设法治政府的要求相比还有很大差距,执法工作不作为、乱作为的现象仍然存在,很多执法人员未接受过系统的基础法律知识教育,缺乏必要的程序意识、证据意识、时效观念,迫切需要进行有组织的系统化的法制教育培训。

为加强执法队伍的建设和管理,提高整体素质和能力,部制定了《交通运输行政执法证件管理规定》,建立了一套严密的关于执法人员培训、考试、发证、考核的管理制度。组织编写行政执法人员培训教材,为全系统开展执法人员培训考试工作提供统一的内容、标准和依据,是落实执法证件管理制度的基础和前提。据此,部政策法规司组织全国交通运输行业内有关科研院所、高等院校、法制部门的专家和一线执法的实践工作者编写了《交通运输行政执法人员培训教材》。这套教材共七本,包括《交通运输行政执法基础知识》、《交通运输行政执法管理与监督》、《交通运输行政处罚自由裁量权行使实务》、《交通运输行政执法程序与文书实务》、《交通运输行政执法证据收集与运用》、《交通运输行政执法典型案例评析》、《交通运输行政执法常用法规汇编》。

这套教材着眼于《全面推进依法行政实施纲要》发布以来新出台的法律法规对行政执法工作的新要求和当前交通运输行政执法实践中存在的突出问题,以基层行政执法人员为对象,以交通运输行政执法应知应会为主要内容,结合典型案例分析,对交通运输行政执法的有关基础知识、规范执法的基本要求、行政处罚自由裁量权、行政执法程序与文书、行政执法证据等进行了比较系统的介绍和阐述。教材既总结了多年来交通运输行政执法实践和培训的经验,又借鉴了有关行政执法部门的工作成果,贴近交通运输行政执法的实际,并有简明的理论分析,体现了理论与实践的统一,内容比较丰富,针对性、实用性强,形式新颖,是各级交通运输主管部门和交通运输行政执法机构对交通运输基层行政执法人员培训的实用教材。

孟子说:"徒善不足以为政,徒法不足以自行。"法律条文只是写在纸面上的东西,它自己无法使之贯彻,法律的实施要靠人。如果执法者无视法律的规定,枉法裁判,漠然置之,则法律只能成为一纸空文。交通运输行政执法人员每天的执法言行直接影响交通运输管理秩序和行政相对人的切身利益，没有一支人民满意的交通运输行政执法队伍，就不可能建设人民满意的交通运输部门；不努力改进交通运输行政执法，就不可能树立交通运输部门良好的社会形象。因此，交通运输部门的各级领导干部和广大执法人员应当秉持对法律的敬畏之心，认真学法，规范执法。要以《交通运输行政执法人员培训教材》出版发行为契机，对交通运输行政执法人员实施全覆盖、多手段、高质量的培训，力争用3年左右的时间，将所有交通运输行政执法人员轮训一遍，努力建设一支政治坚定、素质优良、纪律严明、行为规范、廉洁高效的正规化交通运输行政执法队伍，为进一步做好"三个服务"，推动交通运输科学发展安全发展营造良好的法治环境！

交通运输部副部长 高宏峰

2012年4月

目 录 CONTENTS

第一章　交通运输行政处罚自由裁量权概述 …………… 1
　第一节　行政自由裁量权概述 ……………………………… 1
　　一、行政自由裁量权的概念 ………………………………… 1
　　二、行政自由裁量权的类型 ………………………………… 3
　　三、行政自由裁量权存在的原因 …………………………… 3
　　四、行政自由裁量权与行政羁束裁量权比较 ……………… 4
　　五、对行政自由裁量权的控制 ……………………………… 5
　第二节　交通运输行政处罚概述 …………………………… 6
　　一、交通运输行政处罚的概念 ……………………………… 7
　　二、交通运输行政处罚的种类 ……………………………… 8
　第三节　交通运输行政处罚自由裁量权概述 ……………… 10
　　一、交通运输行政处罚自由裁量权的概念和特征 ………… 10
　　二、交通运输行政处罚自由裁量权存在的原因 …………… 12
　　三、交通运输行政处罚自由裁量权的类型 ………………… 13

第二章　交通运输行政处罚自由裁量权基准与量罚 …… 15
　第一节　交通运输行政处罚自由裁量权基准 ……………… 15
　　一、交通运输行政处罚自由裁量权基准的概念和特征 …… 15
　　二、交通运输行政处罚自由裁量权基准的性质和效力 …… 19
　　三、交通运输行政处罚自由裁量权基准的合法性 ………… 22
　　四、交通运输行政处罚自由裁量权基准的功能 …………… 23
　第二节　交通运输行政处罚的量罚因素 …………………… 24
　　一、交通运输行政处罚量罚因素的概念和特征 …………… 25

· 1 ·

二、交通运输行政处罚量罚因素的功能…………………… 26
　　三、交通运输行政处罚量罚因素的范围…………………… 27
　　四、交通运输行政处罚量罚因素的分类…………………… 28
　第三节　交通运输行政处罚的罚款幅度 ……………………… 30
　　一、交通运输行政处罚罚款条文的设定模式……………… 31
　　二、交通运输行政处罚的罚款幅度………………………… 31

第三章　交通运输行政处罚自由裁量权基准的制定 ……… 34
　第一节　交通运输行政处罚自由裁量权基准的制定主体和原则 …… 34
　　一、交通运输行政处罚自由裁量权基准的制定主体……… 34
　　二、交通运输行政处罚自由裁量权基准的制定原则……… 36
　第二节　交通运输行政处罚自由裁量权基准的内容 ………… 38
　　一、交通运输行政处罚自由裁量权基准的体系设计……… 38
　　二、总则的制定……………………………………………… 40
　　三、分则的制定……………………………………………… 41
　第三节　制定交通运输行政处罚自由裁量权基准的程序 …… 47
　　一、调研……………………………………………………… 47
　　二、起草草案………………………………………………… 47
　　三、征求意见………………………………………………… 47
　　四、审议……………………………………………………… 48
　　五、公布……………………………………………………… 48
　　六、备案……………………………………………………… 49

第四章　交通运输行政处罚自由裁量权的程序控制 ……… 50
　第一节　交通运输行政处罚自由裁量权的程序控制概述 …… 50
　　一、交通运输行政处罚自由裁量权程序的概念…………… 50
　　二、加强交通运输行政处罚自由裁量权程序控制的必要性 …… 52
　第二节　控制交通运输行政处罚自由裁量权的程序制度 …… 53
　　一、外部程序控制与内部程序控制的关系………………… 54
　　二、外部程序控制的具体制度……………………………… 54

三、内部程序控制的具体制度 …………………………………… 60

第五章　交通运输行政处罚自由裁量权的行使 …………………… 66
第一节　交通运输行政处罚自由裁量权行使概述 ………………… 66
一、交通运输行政处罚自由裁量权正确行使的含义和作用 ……… 67
二、交通运输行政处罚自由裁量权正确行使的影响因素 ………… 69
三、正确行使交通运输行政处罚自由裁量权的基本条件 ………… 71
四、正确行使交通运输行政处罚自由裁量权应把握好的几个方面 … 74
第二节　交通运输行政处罚自由裁量权行使原则 ………………… 80
一、交通运输行政处罚自由裁量权行使原则的概述 ……………… 80
二、处罚法定原则 …………………………………………………… 83
三、过罚相当原则 …………………………………………………… 86
四、教育与处罚相结合原则 ………………………………………… 91
五、综合考量原则 …………………………………………………… 95
六、平等对待原则 …………………………………………………… 97
第三节　交通运输行政处罚自由裁量权行使方法 ………………… 102
一、对违法行为罚与不罚的裁量 …………………………………… 102
二、对处罚类型的裁量 ……………………………………………… 110
三、处罚幅度的裁量 ………………………………………………… 112
四、处罚减轻的裁量 ………………………………………………… 120

第六章　交通运输行政处罚自由裁量权行使的典型案例分析 …… 122
一、公路管理领域 …………………………………………………… 122
二、道路运输管理领域 ……………………………………………… 126
三、城市客运管理领域 ……………………………………………… 132
四、港口管理领域 …………………………………………………… 134
五、航道管理领域 …………………………………………………… 136
六、海事管理领域 …………………………………………………… 139
七、交通建设工程质量监督领域 …………………………………… 144
八、交通安全生产监督管理领域 …………………………………… 148

附录 ·· 150
　关于规范交通运输行政处罚自由裁量权的若干意见············· 150
　福建省交通行政处罚自由裁量权基准制度······························ 156
　福建省交通运输行政处罚自由裁量权基准······························ 167
参考文献 ·· 246

第一章
交通运输行政处罚自由裁量权概述

行政自由裁量权是法律、法规和规章授权行政机关可以在一定范围内自主选择如何作出行政决定的权力。在当今世界各国,行政机关依法享有行政自由裁量权已经成为一种普遍现象,如何公正、合理地行使行政自由裁量权,也随之成为各国理论界和实务界关注的焦点。根据法律、法规和规章的规定,我国交通运输行政处罚领域也存在大量的自由裁量权。努力规范交通运输行政处罚自由裁量权的行使,确保交通运输行政处罚结果的公正和合理,是我国交通运输行政系统推进依法行政、建设法治政府的重要内容。

本章主要阐述行政自由裁量权、交通运输行政处罚、交通运输行政处罚自由裁量权等基本概念。

第一节　行政自由裁量权概述

本节主要阐述行政自由裁量权的概念、种类、必要性以及行政自由裁量权与行政羁束裁量权的相同点和不同点等内容。

一、行政自由裁量权的概念

一般认为,自由裁量权最早出现在司法领域,是法官在法律授权的范围之内,根据案件具体情况自行决定如何作出判决或裁定的权力。在司法领域,自由裁量权有利于弥补法律规定的不足,有利于充分发挥法官的积极性和创造性,通过法官在法律允许的范围之内行使自由裁量权实现个案的公正。后来,随着行政职能的逐步扩张和行政事务的日益复杂,行政领域也有了自由裁量权。

在我国,现有的法律、法规和规章授予了行政机关大量的行政自由裁量权,诸如行政处罚自由裁量权、行政许可自由裁量权、行政强制自由裁量权等。行政自由裁量权是指行政机关在法律、法规和规章授权范围内选择如何作出决定的权力。如果法律、法规和规章授予了行政机关自由裁量权,行政机关就有权在授权范围之内根据实际情况选择如何作出行政决定。例如,《中华人民共和国公路法》第七十九条规定:"违反本法第五十四条规定,在公路用地范围内设置公路标志以外的其他标志的,由交通主管部门责令限期拆除,可以处二万元以下的罚款;逾期不拆除的,由交通主管部门拆除,有关费用由设置者负担。"根据该条规定,交通主管部门对"在公路用地范围内设置公路标志以外的其他标志"的违法行为,"可以处二万元以下的罚款"。这里,"可以处二万元以下的罚款"就是《中华人民共和国公路法》授予交通主管部门的行政处罚自由裁量权。有此授权之后,交通主管部门处理"在公路用地范围内设置公路标志以外的其他标志"的案件时,就可以根据案件实际情况,作出不予处罚的决定,或者在二万元以下选择一个具体的罚款数值作出予以处罚的决定。

在理解行政自由裁量权时,应当掌握以下四点内容:

(1)行政机关享有自由裁量权的前提是法律、法规和规章对行政行为的内容、方式等没有作出明确的规定,而是授权行政机关可以在一定的范围之内进行选择。这些授予行政机关自由裁量权的法律、法规和规章被称为授权法。有了授权法作为依据,行政机关才能合法地享有自由裁量权。

(2)行政机关一旦依法享有行政自由裁量权,就应当根据案件实际情况和相关因素,主动进行斟酌选择,作出恰当的行政决定。例如,如果法律授予了行政机关行政处罚自由裁量权,行政机关在处理行政相对人的违法行为时,就应当积极行使裁量权,综合考虑违法行为的事实、性质、情节以及社会危害程度等因素,作出恰当的行政处罚决定。

(3)行政机关行使自由裁量权不得超越法律、法规和规章授权的范围。行政机关的自由裁量权既然是法律、法规和规章授予的,就应当在法律、法规和规章授权的范围内行使,不得超越此范围。一旦超越此范围,即属违法,要承担相

第一章
交通运输行政处罚自由裁量权概述

应的法律责任。

（4）行政机关行使自由裁量权的结果应当合理。法律、法规和规章之所以授予行政机关自由裁量权，就是要让行政机关根据个案的实际情况作出最合理的、与个案最相适应的行政决定。如果行政机关作出的行政决定不合理，就违背了立法的初衷。

二、行政自由裁量权的类型

行政自由裁量权是行政机关在法律、法规、规章规定的范围和幅度内，自行决定具体行政行为的种类、方式、幅度和时限等的权限。自由裁量权是行政机关行使行政执法权力、维护行政秩序的重要法律手段，主要有以下几种类型：

（1）选择是或者否的自由裁量权，即行政机关可以在是否作出行政处罚，是否给予行政强制，是否颁发行政许可等是与否之间进行选择。

（2）选择行为种类的自由裁量权，即行政机关享有在两种或者两种以上行政行为中进行选择的权力。例如，根据法律授权，行政机关在处理某一违法行为时，可以在警告和罚款两种行政处罚中进行选择。

（3）选择行为方式的自由裁量权，即行政机关在选择具体行政行为的方式上，有自由裁量的权力。例如，根据法律授权，行政机关可以选择采用口头方式或者书面方式作出行政行为。

（4）在行政处罚幅度内的自由裁量权，即行政机关在对行政相对人作出行政处罚时，可以在法定的处罚幅度内自由选择。

三、行政自由裁量权存在的原因

行政自由裁量权是行政权力的重要组成部分，也是行政权力中最具特色的一部分，它的存在是现代行政管理的客观要求，也是社会发展的必然结果。具体而言，主要有以下两个方面的原因。❶

其一，行政具有复杂多变性，需要自由裁量权。行政管理事项日趋复杂，还

---

❶ 参见常桂祥：《论行政自由裁量权及其控制》，《发展论坛》2001年第5期。

经常处于动态变化之中,特殊情况不断涌现,而法律、法规和规章一旦出台就处于相对静止的状态。因此,法律、法规和规章不能事先作出过于刚性的规定,只好规定一些具有弹性的条款,以便于行政机关视具体情况而为之。这既可以使法律、法规和规章具有最大的包容性,又能给行政管理注入活力,以适应社会的发展和变化。

其二,行政具有专业技术性,需要自由裁量权。现代行政日趋专业化和技术化,立法机关缺乏制定详细的专业性法律的能力,通常只能在立法中规定行政机关需要完成的任务和达到的目的,而由行政机关发挥主动性、积极性和专业特长,在一定范围内自主决定完成任务和达到目的的方式。

基于以上原因,法律、法规和规章经常授予行政机关一定范围的行政自由裁量权。

四、行政自由裁量权与行政羁束裁量权比较

以行政职权蕴含的自由裁量度大小不同为标准,可以将行政职权划分为行政羁束裁量权和行政自由裁量权。行政羁束裁量权是指在行使过程中,其权限范围、幅度、行为方式、数量界限等都由法律、法规和规章明确规定,行政机关没有自由选择的余地,只能严格依照法律、法规和规章的规定作出行政行为的权力。依行政羁束裁量权作出的行政行为,称为羁束行政行为,与之对应,依行政自由裁量权作出的行政行为,称为裁量行政行为。

行政自由裁量权与行政羁束裁量权的相同点在于两者都是法律、法规和规章授予的行政权力,都需要以授权法的规定为依据。行政自由裁量权与行政羁束裁量权的不同点如下。

首先,从立法目的来看,授予行政羁束裁量权是为了严格控制行政机关的权力,让行政机关严格依法行政,确保行政机关完全按照立法的明确规定实施行政管理活动;授予行政自由裁量权是为了让行政机关在法律、法规和规章授权的范围内,根据纷繁复杂和灵活多变的实际情况作出最恰当的决定,实现个案正义。

其次,从法律依据来看,对于行政羁束裁量权而言,法律、法规和规章明确规定了行政机关应当怎么做。例如,《中华人民共和国船员条例》第五十九条规

定:"船员适任证书被吊销的,自被吊销之日起2年内,不得申请船员适任证书。"根据该条规定,船员适任证书被吊销2年内,该船员就不得申请船员适任证书。如果船员在被吊销之日起2年内申请适任证书,交通运输行政机关应当依法拒绝受理。对于行政自由裁量权而言,法律、法规和规章没有明确规定行政机关应当怎么做,而是授权行政机关可以在一定范围内选择怎么做。

再次,从行政机关的权限来看,对于行政羁束裁量权而言,行政机关没有自由选择的余地,法律、法规和规章规定应当怎么做,行政机关就必须怎么做。对于行政自由裁量权而言,行政机关不是必须怎么做,而是可以在法律、法规和规章授权的范围内选择如何做。

五、对行政自由裁量权的控制

行政自由裁量权具有两面性,一方面,纷繁复杂和灵活多变的行政实践需要自由裁量权,有了自由裁量权,行政机关就可以根据实际情况作出最恰当的决定,从而实现个案正义;另一方面,法律、法规和规章授予行政机关自由裁量权之后,行政机关能否合理地行使行政自由裁量权就成了一个问题。世界各国的行政实践表明,行政自由裁量权容易被行政机关滥用。为了防止行政机关滥用自由裁量权,世界各国均从不同的角度通过各种途径对行政自由裁量权的行使进行了控制,确保行政自由裁量权能够得到合理行使。就行政系统内部来讲,目前主要形成了以下四种控制模式。❶

(1)规则控制模式。规则控制模式是指制订行政自由裁量权基准来控制行政自由裁量权。规则控制属于对行政自由裁量权的事先控制,这种模式通过事先制订规则,告诉行政机关应当如何行使行政自由裁量权。在当下中国推进依法行政的情境中,行政系统对行政自由裁量权的控制,主要通过规则细化的方式,即从实体法角度,不断对规则进行完善和细化,力求对行政机关提出精确的指令,阻却行政执法过程中个人因素对法律意志的扭曲。

(2)原则控制模式。原则控制模式是指运用比例原则、平等原则等行政法

---

❶ 参见王锡锌:《自由裁量权基准:技术的创新还是误用》,《法学研究》2008年第5期。

上的原则对行政自由裁量权实施控制。与规则控制模式不同,原则控制模式试图在承认裁量权存在的现实及其合理性基础上,通过原则的指导性功能,一方面为裁量权行使划定基本框架,另一方面又使行政机关保留一定的判断、斟酌和选择空间,从而在法治基本价值与行政现实需要之间追求一种平衡。通过原则的指导作用,裁量权既符合法治主义所强调的基本价值,同时又可以使其在多样化的现实情境面前保持一定的裁量性。

(3)程序控制模式。程序控制模式是指利用程序对行政自由裁量权的行使过程实施控制。规则、原则控制模式提供事先存在的、外在的、实体内容上的约束标准,与之不同,程序控制技术则是一种过程中的控制技术,是从程序上对行政主体行使裁量权的行为进行控制。这种控制技术的核心是:执法人员与行政相对人在程序规则引导下进行沟通,迫使执法人员在裁量过程中不断进行说理和论证,并为相对人提供陈述和抗辩的机会,实现行政自由裁量权行使的理性化。这样,行政自由裁量权的行使不再是封闭的暗箱,而成为一个信息分享、知识交流、利益沟通、相互制约的过程。

(4)行政内部监督模式。行政内部监督模式是指通过行政系统内部的监督实现对行政自由裁量权的控制。内部监督模式与事先的规则和原则控制及事中的程序控制不同,它是一种事后的监控和校正机制。行政系统内部监督方式具有多样性,包括行政系统的层级监督,例如上级行政机关对执法活动的监督检查;专门监督,例如监察机关的监督;行政法制机构的监督,例如行政复议制度等。

以上四种模式各有利弊,实践中应当充分发挥四种模式的优点,综合运用四种模式对行政自由裁量权实施控制。

第二节 交通运输行政处罚概述

一般认为,交通运输主要包括公路、水路、铁路、航空和管道五种方式。本书阐述的内容仅限于各级人民政府交通运输行政主管部门在公路和水路交通运输行政管理中所涉及的行政处罚事项。

第一章
交通运输行政处罚自由裁量权概述

本节主要阐述交通运输行政处罚的概念、种类和实施等内容。

一、交通运输行政处罚的概念

1996年3月17日，八届人大四次会议审议通过了《中华人民共和国行政处罚法》，标志着我国已经系统地建立了行政处罚的设定和实施的法律制度，对交通运输行政执法工作产生了深刻的影响。

交通运输行政处罚是指特定的交通运输行政机关或者法律、法规授权组织或者受委托组织，依法惩戒违反交通运输行政管理秩序，尚未构成犯罪的交通运输行政相对人的一种制裁性法律制度。

在理解交通运输行政处罚的概念时，应当注意把握以下几个要点。

(1)决定并实施交通运输行政处罚的主体是交通运输行政主体。原则上，交通运输行政处罚只能由拥有交通运输行政职权的行政主体决定并实施，其他任何组织、个人不能决定并实施交通运输行政处罚。交通运输行政主体包括：交通运输行政机关和法律、法规授权的组织，诸如交通运输厅(局、委员会)、路政管理局、道路运输管理局等。此外，虽然受委托组织在性质上不属于行政主体，但是受委托组织可以在被委托的范围内以委托方的名义实施交通运输行政处罚。

(2)交通运输行政处罚只适用于违反交通运输行政法律规范的行为。这里的违反交通运输行政法律规范的行为，是指违反交通运输行政管理方面的法律、法规和规章的行为。

(3)交通运输行政处罚的对象是实施了交通运输违法行为的公民、法人和其他组织，也即交通运输行政法律关系中的行政相对人。

(4)交通运输行政处罚是交通运输违法行为人承担行政法律责任的一种表现形式。交通运输行政法律责任，既包括交通运输行政主体因违法或不当行政而应承担的责任，也包括交通运输行政相对人违反行政法律规范而应承担的责任。

(5)交通运输行政处罚是一种以制裁为内容的具体行政行为。它以直接限制或剥夺交通运输行政相对人的相关权利为内容，是由国家法律、法规和规章明确规定的,并由交通运输行政主体实施的带有强制性的国家制裁措施,是一种包含惩戒性内容的交通运输行政决定。

二、交通运输行政处罚的种类

交通运输行政处罚按照不同的分类标准可划分成不同种类,按照其性质而言,交通运输行政处罚可分为以下三种。

(一) 申诫罚

申诫罚是交通运输行政机关对行政相对人提出警戒或谴责,并申明其行为已经违法的一种处罚,主要是对行政相对人给予精神上或者名誉、声誉方面的惩戒,并不具体剥夺或限制其实体权利。警告是申诫罚的主要表现形式。申诫罚的主要目的是教育行政相对人对其实施的违法行为引起足够重视、及时纠正,并在今后能自觉遵守法律。申诫罚主要适用于情节比较轻微、未造成严重危害的交通运输违法行为。例如,《中华人民共和国道路运输条例》第六十九条规定:"违反本条例的规定,客运经营者、货运经营者不按照规定携带车辆营运证的,由县级以上道路运输管理机构责令改正,处警告或者20元以上200元以下的罚款。"本条规定的已经获得车辆营运证,但是不按照规定携带车辆营运证的行为就属于情节比较轻微的违法行为,因此立法对其设定了警告这种比较轻微的行政处罚形式。

(二) 财产罚

财产罚是交通运输行政机关对行政相对人依法剥夺财产权的一种处罚,是通过迫使行政相对人缴纳一定数额的金钱或剥夺其财产而起到制裁作用,并不影响其人身自由和其他活动。罚款、没收违法所得和没收非法财物是财产罚的主要表现形式。财产罚适用的违法行为范围较广,是交通运输行政处罚中被运用最广泛的一种处罚,主要适用于对以谋利为目的经营活动中实施的违法行为及对社会公共利益造成损害的违法行为。例如,《收费公路管理条例》第四十九条规定:"违反本条例的规定,擅自在公路上设立收费站(卡)收取车辆通行费或者应当终止收费而不终止的,由国务院交通主管部门或者省、自治区、直辖市人民政府交通主管部门依据职权,责令改正,强制拆除收费设施;有违法所得的,没收违法所得,并处违法所得2倍以上5倍以下的罚款;没有违法所得的,处1万元以上5万元以下的罚款;负有责任的主管人员和其他直接责任人员属于国家工作人员,依法给予记大过直至开除的行政处分。"

（三）行为罚

行为罚,又称能力罚,主要表现形式有吊销许可证、暂扣许可证和责令停产停业。行为罚是交通运输行政机关对行政相对人所采取的限制或剥夺特定行为能力的制裁,也就是限制或剥夺行政相对人从事某项活动的权利,是一种严厉的行政处罚。

(1)吊销许可证。吊销许可证是交通运输行政机关对持有某种许可证而实施违法行为的行政相对人予以取消资格的处罚,主要是针对取得某种资格的行政相对人实施有危害后果的行为采取申诫罚或财产罚,不足以纠正和惩罚其违法行为,所以要取消其特定资格,禁止其从事某项生产经营活动。吊销许可证是交通运输领域最为严重的一种行政处罚,行政相对人被处以吊销许可证的行政处罚之后,就失去了从事许可证所允许的活动的资格。例如,《中华人民共和国港口法》第五十一条规定:"港口经营人违反本法第三十二条关于安全生产的规定的,由港口行政管理部门或者其他依法负有安全生产监督管理职责的部门依法给予处罚;情节严重的,由港口行政管理部门吊销港口经营许可证,并对其主要负责人依法给予处分;构成犯罪的,依法追究刑事责任。"根据该条规定,港口经营人的港口经营许可证一旦被吊销,就不得再从事港口经营活动。

(2)暂扣许可证。暂扣许可证是交通运输行政机关对行政相对人严重的违法行为实施的行政处罚,通过暂扣许可证迫使实施了违法行为的行政相对人在一段时间内不能从事许可证所允许的活动,促使其反省自己的错误,从而在将来不再实施类似的违法行为。例如,《中华人民共和国船员条例》第五十七条规定:"违反本条例的规定,船员有下列情形之一的,由海事管理机构处1 000元以上1万元以下罚款;情节严重的,并给予暂扣船员服务簿、船员适任证书6个月以上2年以下直至吊销船员服务簿、船员适任证书的处罚:(一)未遵守值班规定擅自离开工作岗位的;(二)未按照水上交通安全和防治船舶污染操作规则操纵、控制和管理船舶的;(三)发现或者发生险情、事故、保安事件或者影响航行安全的情况未及时报告的;(四)未如实填写或者记载有关船舶法定文书的;(五)隐匿、篡改或者销毁有关船舶法定证书、文书的;(六)不依法履行救助义务或者肇事逃逸的;(七)利用船舶私载旅客、货物或者携带违禁物品的。"

(3)责令停产停业。责令停产停业是交通运输行政机关直接剥夺违法生产经营者从事生产经营活动的资格而实施的行政处罚,主要适用对象是违法的生产经营活动者,并且其违法行为后果严重,如不及时制止则会给社会带来更大的危害。例如,《收费公路管理条例》第五十四条规定:"违反本条例的规定,收费公路经营管理者未按照国务院交通主管部门规定的技术规范和操作规程进行收费公路养护的,由省、自治区、直辖市人民政府交通主管部门责令改正;拒不改正的,责令停止收费。责令停止收费后30日内仍未履行公路养护义务的,由省、自治区、直辖市人民政府交通主管部门指定其他单位进行养护,养护费用由原收费公路经营管理者承担。拒不承担的,由省、自治区、直辖市人民政府交通主管部门申请人民法院强制执行。"《北京市道路运输条例》第六十四条规定:"违反本条例的规定,机动车维修经营者有下列情形之一的,由道路运输管理机构责令改正;逾期未改正的,处2 000元以上5 000元以下的罚款;严重侵犯消费者合法权益的,由道路运输管理机构处5日以上15日以下的停业整顿:(一)未按照规定执行机动车配件采购、检验、使用和公示制度的;(二)未按照规定分项计算工时费、材料费或者将结算清单交付托修方的;(三)使用的机动车维修设备不符合国家和本市相关标准的。"

第三节 交通运输行政处罚自由裁量权概述

本节主要阐述交通运输行政处罚自由裁量权的概念、特征、必要性和类型等内容。

一、交通运输行政处罚自由裁量权的概念和特征

(一)交通运输行政处罚自由裁量权的概念

交通运输行政处罚自由裁量权是指交通运输行政机关、法律法规授权组织、

受委托组织依据有关法律、法规和规章的规定,按照法定权限、范围和程序,对公民、法人或者其他组织违反交通运输行政管理秩序的违法行为是否给予行政处罚、给予何种行政处罚和给予何幅度的行政处罚等问题进行裁量,并合理地作出交通运输行政处罚决定的权限。

(二) 交通运输行政处罚自由裁量权的特征

交通运输行政处罚自由裁量权是交通运输行政机关根据授权法享有的一种自行决定权,主要具有以下几个特征。

(1) 从权力的来源看,交通运输行政处罚自由裁量权来源于交通运输法律、法规和规章的直接规定。交通运输行政处罚自由裁量权存在的前提是法律、法规和规章对于符合法律要件的事实规定了两种或两种以上的法律效果。例如,《中华人民共和国海上海事行政处罚规定》第四十八条对违法行为的罚款是"可以并处2 000元以下",这就给交通运输行政机关在罚与不罚,以及在2 000元以下具体罚多少留下了自由裁量的空间。如果法律、法规和规章对符合法律要件的事实,仅规定了单一的法律效果,就无行政处罚自由裁量权可言。

(2) 从权力的范围看,交通运输行政处罚自由裁量权是一种"特殊自由"的权力。首先,交通运输行政处罚自由裁量权存在一定的自由度,法律、法规和规章赋予了交通运输行政机关管理某项事务的权力,而对于相应管理行为的种类、方式、幅度等未予明确,这些都由交通运输行政机关自由地进行判断、斟酌和选择。因此,交通运输行政处罚自由裁量权赋予了交通运输行政机关一定的自由。其次,交通运输行政处罚自由裁量权中的"自由"是相对的,而不是绝对的,是受到合法性原则和合理性原则共同约束的自由,是必须符合法律原则和公平理念的自由,是必须遵循法的精神和法的目的的自由,它既不能超越法律、法规和规章规定的权限范围,也不能违背公平、正义等法律原则。例如,《中华人民共和国船舶和海上设施检验条例》第二十七条规定:"伪造船舶检验证书或者擅自更改船舶载重线的,由有关行政主管机关给予通报批评,并可以处以相当于相应的检验费一倍至五倍的罚款;构成犯罪的,由司法机关依法追究刑事责任。"根据

---

❶ 为了行文的方便,本书后文将交通运输行政机关、法律法规授权组织、受委托组织统称为"交通运输行政机关"。

该条规定,交通运输行政机关如果要对"伪造船舶检验证书或者擅自更改船舶载重线"的违法行为处以罚款,就只能在检验费的"一倍至五倍"之间选择一个具体的倍数,而不能选择七倍甚至十倍等倍数。

二、交通运输行政处罚自由裁量权存在的原因

交通运输行政处罚自由裁量权存在的主要原因如下。❶

(1)交通运输立法和行政执法的共同要求。一方面,现代交通运输立法为了使行政权适应行政管理的需要,授予交通运输行政机关一定的自由裁量权,达到原则性和具体性的统一,确保交通运输行政机关全面、正确贯彻法律宗旨,实现立法的意图。另一方面,交通运输行政执法是行政权力的实施过程,从其涉及的对象和具体内容来看,可谓涵盖广泛,形式多样,变化迅速,其社会性、渗透性、富于变化性等特点决定了交通运输行政机关必须拥有相当的自由裁量权,只有这样才能根据面临的各种实际情况,在符合现有交通运输行政管理的法律、法规和规章的法定范围及幅度条件下,发挥主动性和灵活性,选择达到执法目的的方式与幅度,因地制宜地处理交通运输行政执法中的各种问题,以求公平合理地实现交通运输行政执法意图,有效维持整个交通运输行政管理秩序。

(2)惩治交通运输违法行为的要求。交通运输行政执法对尚未构成犯罪的交通运输违法行为的惩处主要通过行政处罚来实现。交通运输违法行为对社会造成的危害性质和危害程度是确定行政处罚的核心。由于每位违法当事人的具体情况、违法动机和目的各不相同,要结合每起违法行为的主观和客观因素进行综合分析,方能确定其社会危害性的大小,使作出的交通运输行政处罚决定与其实际情形相适应,实现行政处罚教育和惩罚的双重目的。而交通运输行政立法不可能预见到每起违法行为的具体情况,只能通过在具体执法中按照具体情况来明确判定其社会危害性的大小,由此就必须让交通运输行政执法人员拥有一定的自由裁量权来实施行政处罚。

---

❶ 参见李君:《交通行政处罚自由裁量权简析》,载于 http://fzb.wuxi.gov.cn/lfgz/fzyj/358846.shtml。

三、交通运输行政处罚自由裁量权的类型

从现有的法律、法规和规章的规定来看,交通运输行政处罚自由裁量权大致包含以下几种类型。

(一)是否给予行政处罚的裁量

法律、法规和规章有时规定行政机关可以在符合条件情况下,自主决定是否给予当事人行政处罚。例如,《中华人民共和国船舶登记条例》第五十二条规定:"不按照规定办理变更或者注销登记的,或者使用过期的船舶国籍证书或者临时船舶国籍证书的,由船籍港船舶登记机关责令其补办有关登记手续;情节严重的,可以根据船舶吨位处以本条例第五十条规定的罚款数额的10%。"该条规定了"可以",那么对于"不按照规定办理变更或者注销登记"的行为是否要给予10%的罚款就由交通运输行政机关自主决定。据统计,仅仅在《中华人民共和国公路法》中出现"可以处"的条款就有8条之多,这些条款都授予了交通运输行政机关和交通运输行政执法人员依照上述规定,可以自主决定是否给予行政相对人行政处罚的权力。

(二)行政处罚种类的裁量

行政处罚种类的选择在交通运输行政处罚中普遍存在。交通运输法律、法规和规章中对被处罚对象的处罚种类主要有:警告、罚款、没收违法所得或非法财物、暂扣或者吊销许可证等。在个案处理中,当法律、法规和规章规定对某一违法行为可以选择处以一种或者几种类型的处罚时,选择哪种或哪几种处罚种类,交通运输行政执法人员可以自由选择。例如,《中华人民共和国道路运输条例》第六十九条规定:"违反本条例的规定,客运经营者、货运经营者不按照规定携带车辆营运证的,由县级以上道路运输管理机构责令改正,处警告或者20元以上200元以下的罚款。"根据该条规定,道路运输管理机构对不按照规定携带车辆营运证的违法行为实施行政处罚时,可以在警告和20元以上200元以下的罚款这两种处罚中进行选择。

(三)行政处罚幅度的裁量

行政处罚幅度包括罚款的幅度、停业整顿的期限等。罚款是交通运输行政

执法中运用最多的一种行政处罚形式。法律、法规和规章在设定罚款时,往往会规定一个幅度,授权交通运输行政机关根据实际情况在这个幅度中进行选择,确定一个具体的罚款数值。例如,《中华人民共和国水路运输管理条例》第二十六条规定:"……垄断货源,强行代办服务的,处1万元以上10万元以下的罚款;情节严重的,并可以暂扣或者吊销许可证。"对"垄断货源,强行代办服务"的违法行为,交通运输行政机关可以根据实际情况在1万元以上10万元以下选择一个罚款数值。停业整顿的期限也是行政处罚幅度的一种表现形式。例如,《北京市道路运输条例》第六十四条规定:"违反本条例的规定……严重侵犯消费者合法权益的,由道路运输管理机构处5日以上15日以下的停业整顿:(一)未按照规定执行机动车配件采购、检验、使用和公示制度的……"根据该条规定,道路运输管理机构对于"严重侵犯消费者合法权益"的违法行为处以停业整顿时,可以在5日以上15日以下选择一个数值来确定停业整顿的期限。

第二章
交通运输行政处罚自由裁量权基准与量罚

通过制定行政处罚自由裁量权基准来规范和控制行政处罚自由裁量权,是域外法治国家规范和控制行政处罚自由裁量权的常用手段之一,也是2004年国务院《全面推进依法行政实施纲要》发布之后我国行政系统内部积极探索的一种规范和控制行政处罚自由裁量权的基本方法。在交通运输领域,法律、法规和规章授予了交通运输行政机关大量的行政处罚自由裁量权。一些地方的交通运输行政主管部门近年来尝试制定了交通运输行政处罚自由裁量权基准,旨在促进本地区的交通运输依法行政,提高交通运输行政执法水平,保障交通运输行政相对人的合法权益,从而构建和谐的交通运输行政管理关系。

本章主要阐述交通运输行政处罚自由裁量权基准的概念、性质、效力等基本问题,以及交通运输行政处罚的量罚因素和罚款幅度,为制定交通运输行政处罚自由裁量权基准做好铺垫。

第一节 交通运输行政处罚自由裁量权基准

本节主要阐述交通运输行政处罚自由裁量权基准的概念、特征、性质、效力、合法性、功能等基本问题。

一、交通运输行政处罚自由裁量权基准的概念和特征

(一)交通运输行政处罚自由裁量权基准的概念

交通运输行政处罚自由裁量权基准,是指交通运输行政主管部门在法律、法

规和规章授予的行政处罚自由裁量权范围内,根据立法意图以及过罚相当原则等的要求并总结交通运输行政执法过程中积累的经验,结合交通运输行政处罚在量罚时需要考虑的各种不同因素,将法律、法规和规章中的裁量条款加以细化或者量化,设定相对固定的处罚格次、量罚幅度或数值,同时明确不予处罚、减轻处罚、从轻处罚或从重处罚的必要条件的一种基本标准。❶ 具体来说,应当从以下几个方面理解和掌握交通运输行政处罚自由裁量权基准的概念:

(1)制定交通运输行政处罚自由裁量权基准的主体是指获得法律、法规和规章授权从而享有交通运输行政处罚自由裁量权的交通运输行政主管部门,例如交通运输部,各省、自治区和直辖市的交通运输厅(局、委员会)等。

(2)制定交通运输行政处罚自由裁量权基准的目的主要是解决交通运输行政处罚的合理性问题。一般而言,既然法律、法规和规章授予了交通运输行政机关行政处罚自由裁量权,交通运输行政机关只要在法律、法规和规章授权范围内作出的行政处罚决定都是合法的。但是,行政处罚应当具备合法性仅仅是对行政处罚的最基本要求,在行使行政处罚自由裁量权时,行政处罚结果还应当满足合理性的要求。制定交通运输行政处罚自由裁量权基准,就是要确保交通运输行政处罚的结果不仅要合法而且要合理,从而进一步提高交通运输行政执法水平,更好地保护交通运输行政相对人的合法权益。

(3)制定交通运输行政处罚自由裁量权基准的前提是有关交通运输行政处罚的法律、法规和规章没有提供处理具体的交通运输行政处罚案件所必须的完整明确的判断标准,而是在法条中授权交通运输行政机关可以根据案件实际情况选择行政处罚的种类、罚款的数值等。例如,《中华人民共和国道路运输条例》第六十九条规定:"违反本条例的规定,客运经营者、货运经营者不按照规定携带车辆营运证的,由县级以上道路运输管理机构责令改正,处警告或者20元以上200元以下的罚款。"该条授权县级以上道路运输管理机构实施行政处罚时可以在警告和罚款两种处罚形式中进行选择,如果选择罚款,还可以在20元至200元这一区间中选择一个具体的数值。又如,《中华人民共和国公路法》第八

---

❶ 参见高知鸣、宋华琳:《行政处罚裁量基准研究》,载于朱新力主编:《法治社会与行政裁量的基本准则研究》,法律出版社2007年版,第209页。

十条规定："违反本法第五十五条规定,未经批准在公路上增设平面交叉道口的,由交通主管部门责令恢复原状,处五万元以下的罚款。"该条授权交通主管部门针对该条规定的违法行为可以在五万元以下选择一个具体数值作为罚款的数额。可见,正是因为法律、法规和规章中规定了交通运输行政处罚自由裁量权,交通运输行政主管部门才可能制定交通运输行政处罚自由裁量权基准。

(4)制定交通运输行政处罚自由裁量权基准需要综合考虑交通运输行政处罚相关的法律、法规和规章的立法意图、过罚相当原则、教育与处罚相结合原则等行政处罚应当遵守的原则的要求,当地经济社会发展水平、交通运输违法行为的情节等因素。例如,关于立法意图,《中华人民共和国港口法》第一条规定:"为了加强港口管理,维护港口的安全与经营秩序,保护当事人的合法权益,促进港口的建设与发展,制定本法。"一般而言,立法意图会规定在法律、法规和规章的第一条中。关于过罚相当原则,《中华人民共和国行政处罚法》第四条规定:"……设定和实施行政处罚必须以事实为依据,与违法行为的事实、性质、情节以及社会危害程度相当。"关于教育与处罚相结合原则,《中华人民共和国行政处罚法》第五条规定:"实施行政处罚,纠正违法行为,应当坚持处罚与教育相结合,教育公民、法人或者其他组织自觉守法。"就当地经济社会发展水平而言,由于不同地区的经济社会发展水平不同,不同地区的行政相对人对罚款的承受能力就存在差异。鉴于此,对于同一违法程度的违法行为,经济较为落后的地区可以将罚款数额设定得低一些。总之,在制定交通运输行政处罚自由裁量权基准时,需要尽可能全面地考虑各种因素,确保交通运输行政处罚自由裁量权基准既合法又合理。

(5)制定交通运输行政处罚自由裁量权基准的范围是交通运输行政处罚相关的法律、法规和规章所预先规定的,是在其规定范围内的细化或量化而非创制或补充。例如,《中华人民共和国港口法》第四十七条规定:"码头或者港口装卸设施、客运设施未经验收合格,擅自投入使用的,由港口行政管理部门责令停止使用,限期改正,可以处五万元以下罚款。"交通运输行政主管部门针对本条制定基准时,有权对五万元及五万元以下的罚款进行细化,具体规定何种程度的违法行为应当给予何种幅度或者何种数值的罚款,但是不得就本条规定的违法行为设定超出五万元的罚款。

(6)制定交通运输行政处罚自由裁量权基准的方式是进行要件—效果规定,每一项具体的裁量基准都要包含事实要件和法律后果两项内容,缺一不可。事实要件是指构成违法行为的各种实际情况和与违法行为相关的各种客观因素,例如违法行为造成的损害大小,违法行为人第几次实施违法行为,违法行为人是否有悔改的表现等。法律后果是指违法行为人应当承担的法律责任,诸如不予处罚、警告、罚款500元等。例如,《福建省高速公路路政处罚自由裁量权基准》规定:"擅自挖掘占用高速公路一平方米以下,自行停止施工,并及时修复,没有造成危害的,不予处罚。"其中,"擅自挖掘占用高速公路一平方米以下,自行停止施工,并及时修复,没有造成危害的"是事实要件,"不予处罚"是法律后果。在交通运输行政处罚自由裁量权基准中,事实要件和法律后果是一一对应的关系,对于什么样的违法事实应当给予什么样的行政处罚都会有明确的规定。❶

(二)交通运输行政处罚自由裁量权基准的特征

交通运输行政处罚自由裁量权基准是交通运输行政主管部门对法律、法规和规章授予的交通运输行政处罚自由裁量权进行细化或者量化的结果。一般而言,交通运输行政处罚自由裁量权基准具有以下几个特征:

首先,交通运输行政处罚自由裁量权基准是专门针对法律、法规和规章授予交通运输行政机关的行政处罚自由裁量权制定的规范性文件。交通运输行政处罚自由裁量权基准是对交通运输领域的法律、法规和规章中的裁量条款进行细化或量化之后形成的规范性文件,广泛总结了交通运输领域的行政处罚执法经验,全面反映了交通运输领域的行政处罚执法特色,旨在保障交通运输行政处罚权能够公正公平地行使,有效保护交通运输行政相对人的合法权益。例如,一些地方已经制定的交通运输行政处罚自由裁量权基准对非法营运、违法改装车辆、超限运输等交通运输常见违法行为的行政处罚作出了细致规定,充分体现了我国交通运输行政执法的特色。

---

❶ 参见高知鸣、宋华琳:《行政处罚裁量基准研究》,载于朱新力主编:《法治社会与行政裁量的基本准则研究》,法律出版社2007年版,第209页。

第二章 交通运输行政处罚自由裁量权基准与量罚

其次,交通运输行政处罚自由裁量权基准是连接交通运输立法和交通运输行政处罚执法的桥梁。法律、法规和规章授予交通运输行政机关的行政处罚自由裁量权较为宽泛,尤其是对违法行为的罚款幅度较大,在执法实践中较难操作。交通运输行政处罚自由裁量权基准,一方面对上细化交通运输法律、法规和规章的裁量条款,适当缩小交通运输行政处罚自由裁量权,另一方面对下指导交通运输领域的具体行政处罚行为,告诉交通运输行政执法人员对于何种程度的违法行为应当给予什么样的行政处罚,是确保交通运输行政处罚自由裁量权既具灵活性又具可操作性的纽带。

再次,交通运输行政处罚自由裁量权基准是交通运输行政主管部门主动实施自律、积极推进依法行政和法治政府建设的产物。众所周知,我国的依法行政主要走的是一条政府推进型之路,政府一直在致力于推进我国的依法行政,不断地进行自我约束和自我规范。交通运输行政处罚自由裁量权基准,是交通运输行政主管部门对交通运输领域的行政处罚自由裁量权进行主动约束和自我规范的结果,是交通运输领域加强行政执法队伍建设、提高交通运输行政执法水平的一项新举措,充分体现了交通运输行政主管部门推进依法行政、建设法治政府的决心和积极性。

二、交通运输行政处罚自由裁量权基准的性质和效力

(一)交通运输行政处罚自由裁量权基准的性质

交通运输行政处罚自由裁量权基准,既是交通运输行政主管部门行使规则制定权的结果,又是交通运输行政主管部门行使法律、法规和规章授予的行政处罚自由裁量权的一种手段,还是交通运输行政主管部门对既有法律、法规和规章中的裁量条款进行的一种解释。从性质上看,一般情况下交通运输行政处罚自由裁量权基准属于法律、法规和规章之外的一种规范性文件,即其他规范性文件,其位阶要低于法律、法规和规章。例如,各省、直辖市和自治区交通运输行政主管部门制定的交通运输行政处罚自由裁量权基准在性质上就属于其他规范性文件。例外情况下,当交通运输部以部令的形式发布全国性的交通运输行政处罚自由裁量权基准或者有规章制定权的地方人民政府以政府令的形式发布地方

性的交通运输行政处罚自由裁量权基准时,交通运输行政处罚自由裁量权基准在性质上才属于规章。

可见,交通运输行政处罚自由裁量权基准在性质上要么是规章,要么是其他规范性文件。当然,在大多数情况下,交通运输行政处罚自由裁量权基准属于其他规范性文件。

(二)交通运输行政处罚自由裁量权基准的效力

交通运输行政处罚自由裁量权基准的效力是指交通运输行政处罚自由裁量权基准的约束力,包括时间效力、地域效力、对人效力和事项效力等。本书主要阐述交通运输行政处罚自由裁量权基准的对人效力,具体是指交通运输行政处罚自由裁量权基准对交通运输行政机关、交通运输行政相对人和人民法院的约束力。如无特别说明,本书后面提到的交通运输行政处罚自由裁量权基准的效力均指交通运输行政处罚自由裁量权的对人效力。

交通运输行政处罚自由裁量权基准的效力与交通运输行政处罚自由裁量权基准的性质密切相关,甚至在一定程度上,交通运输行政处罚自由裁量权基准的性质能够决定其效力。下面具体阐释不同性质的交通运输行政处罚自由裁量权基准具有的不同效力。

(1)作为规章的效力。如果交通运输行政处罚自由裁量权基准以交通运输部规章或者地方人民政府规章的形式发布,那么交通运输行政处罚自由裁量权基准就具有所有规章应当具有的各种效力。具体而言,作为规章的交通运输行政处罚自由裁量权基准,对全国各地各级交通运输行政机关具有适用力,各地各级交通运输行政机关在对行政相对人实施交通运输行政处罚时必须遵守,不得违反;对人民法院具有参照力,各地各级人民法院在审理行政案件时应当参照交通运输行政处罚自由裁量权基准。❶对行政相对人具有实质影响力,法律、法规

---

❶《行政诉讼法》第五十三条规定:"人民法院审理行政案件,参照国务院部、委根据法律和国务院的行政法规、决定、命令制定、发布的规章以及省、自治区、直辖市和省、自治区的人民政府所在地的市和经国务院批准的较大的市的人民政府根据法律和国务院的行政法规制定、发布的规章。人民法院认为地方人民政府制定、发布的规章与国务院部、委制定、发布的规章不一致的,以及国务院部、委制定、发布的规章之间不一致的,由最高人民法院送请国务院作出解释或者裁决。"

和规章中的行政处罚自由裁量权被细化为清晰的基准之后,交通运输行政机关可以实施的行政处罚被基本定型,从而对行政相对人产生了实际影响。

(2)作为其他规范性文件的效力。一般情况下,交通运输行政处罚自由裁量权基准会以其他规范性文件的形式颁布。作为其他规范性文件,交通运输行政处罚自由裁量权基准对交通运输行政机关可能具有强约束力或者弱约束力。下面分别展开讨论。

①强约束力。当交通运输行政处罚自由裁量权基准的制定主体在基准中明确规定本级交通运输行政机关和下级交通运输行政机关必须遵守本基准时,此交通运输行政处罚自由裁量权基准就对本级交通运输行政机关和下级交通运输行政机关具有强约束力,本级交通运输行政机关和下级交通运输行政机关在实施交通运输行政处罚时不得违反此基准。

②弱约束力。弱约束力包括两种情形:其一,交通运输行政处罚自由裁量权基准的制定主体在基准中明确规定原则上本级交通运输行政机关和下级交通运输行政机关应当遵守本基准,例外情况下经报请同级交通运输行政机关负责人批准可以不遵守本基准;其二,交通运输行政处罚自由裁量权基准的制定主体在基准中明确规定原则上本级交通运输行政机关和下级交通运输行政机关应当遵守本基准,如果不遵守本基准就必须在行政处罚决定中说明不遵守本基准的理由。

鉴于交通运输行政处罚自由裁量权基准可能具有以上两种效力,制定基准的主体应当在基准中明确规定本基准具有何种效力,而不是由下级交通运输行政机关在实施行政处罚时自行确定基准的效力。

对人民法院而言,人民法院有权决定是否在判决中引用交通运输行政处罚自由裁量权基准。❶

对行政相对人而言,尽管交通运输行政处罚自由裁量权基准没有为交通运输行政相对人创设新的权利义务,不具有新的法律效果,但是它指明了法律、法规和规章中的裁量条款是什么含义,规定了交通运输行政机关应当如何适用法

---

❶ 《最高人民法院关于执行〈中华人民共和国行政诉讼法〉若干问题的解释》第六十二条规定:"……人民法院审理行政案件,可以在裁判文书中引用合法有效的规章及其他规范性文件。"

律、法规和规章中的裁量条款,统一了交通运输行政机关对交通运输行政处罚自由裁量权的实施标准,因而对交通运输行政相对人的权利义务具有重要的影响。❶

三、交通运输行政处罚自由裁量权基准的合法性

交通运输行政处罚自由裁量权基准是交通运输行政主管部门在法律、法规和规章授权范围内制定的规范性文件,具有合法性。具体理由如下。

首先,从我国现行的立法体制来看,按照《中华人民共和国宪法》、《中华人民共和国国务院组织法》和《中华人民共和国立法法》等法律的规定,我国的立法体制属于双轨制,即作为权力机关的全国人民代表大会及其常委会、省级人民代表大会及其常委会、较大的市的人民代表大会及其常委会和作为行政机关的国务院及其所属各部门、省级人民政府和较大的市的人民政府都享有立法权。其中,全国人民代表大会及其常委会有权制定法律,省级人民代表大会及其常委会、较大的市的人民代表大会及其常委会有权制定地方性法规,国务院有权制定行政法规,国务院所属部门有权制定部门规章,省级人民政府和较大的市的人民政府有权制定地方政府规章。除此之外,《中华人民共和国地方各级人民代表大会和地方各级人民政府组织法》第五十九条规定:"县级以上的地方各级人民政府行使下列职权:(一)执行本级人民代表大会及其常务委员会的决议,以及上级国家行政机关的决定和命令,规定行政措施,发布决定和命令……"根据该条规定,各级人民政府有权根据上位法的规定制定其他规范性文件。因此,交通运输部和地方各级人民政府都有权以规范性文件形式制定交通运输行政处罚自由裁量权基准。

其次,从交通运输领域的现有法律、法规和规章来看,大量法律、法规和规章授予了各地各级交通运输行政主管部门一定程度的行政处罚自由裁量权。例如,《中华人民共和国公路法》第八十一条规定:"违反本法第五十六条规定,在公路建筑控制区内修建建筑物、地面构筑物或者擅自埋设管线、电缆等设施的,

---

❶ 参见周佑勇:《行政裁量治理研究:一种功能主义的立场》,法律出版社2008年版,第70页。

由交通主管部门责令限期拆除,并可以处五万元以下的罚款。逾期不拆除的,由交通主管部门拆除,有关费用由建筑者、构筑者承担。"《中华人民共和国水路运输管理条例》第二十六条规定:"违反本条例有下列行为之一的,由县级以上人民政府交通主管部门按照下列规定给予处罚……(六)垄断货源,强行代办服务的,处1万元以上10万元以下的罚款;情节严重的,并可以暂扣或者吊销许可证。"从理论上讲,只要法律、法规和规章授予了交通运输行政主管部门相应的行政处罚自由裁量权,各地各级交通运输行政主管部门都有权在法律、法规和规章授予的裁量权范围内,制定和发布交通运输行政处罚自由裁量权基准。

再次,从依法行政的要求来看,2008年《国务院关于加强市县政府依法行政的决定》指出,"要抓紧组织行政机关对法律、法规、规章规定的有裁量幅度的行政处罚、行政许可条款进行梳理,根据当地经济社会发展实际,对行政自由裁量权予以细化,能够量化的予以量化,并将细化、量化的行政裁量标准予以公布、执行。"因此,交通运输行政主管部门制定交通运输行政处罚自由裁量权基准的行为实际上是在贯彻落实2008年《国务院关于加强市县政府依法行政的决定》的要求,是交通运输领域推进我国依法行政和法治政府建设的一项重要举措。

四、交通运输行政处罚自由裁量权基准的功能

制定交通运输行政处罚自由裁量权基准是我国交通运输领域规范和控制行政处罚自由裁量权的一种重要手段。概括而言,交通运输行政处罚自由裁量权基准在我国交通运输行政执法实践中具有以下几种功能。❶

(1)具有预防滥用自由裁量权的功能。交通运输行政处罚自由裁量权基准具有预防滥用自由裁量权的功能。实践表明,行政处罚自由裁量权较易被滥用。制定交通运输行政处罚自由裁量权基准,就是通过划分行政处罚格次,缩小交通运输行政执法人员的裁量空间,甚至是将交通运输行政执法人员的裁量空间缩小到最低限度,从而建立起预防滥用交通运输行政处罚自由裁量权的长效机制。

(2)具有减少行政纠纷的功能。交通运输行政处罚自由裁量权基准具有减

---

❶ 参见王天华:《裁量标准基本理论问题刍议》,《浙江学刊》2006年第6期。

少交通运输行政处罚纠纷的功能。交通运输行政处罚自由裁量权基准通过分格技术,具体规定不同程度的违法行为应当处以什么样的行政处罚,让交通运输行政相对人可以清楚地了解交通运输行政处罚的运作过程,明确地知道自己为什么会被处以相应种类和数值的行政处罚,使得交通运输行政相对人更容易接受交通运输行政处罚结果,从而减少交通运输行政处罚纠纷。一些地方的实践也表明,实施交通运输行政处罚自由裁量权基准制度后,针对交通运输行政处罚的行政复议案件数量大幅减少。

(3)具有说明理由的功能。交通运输行政处罚自由裁量权基准具有说明理由的功能。自由裁量权基准中明确规定了针对什么程度的违法行为应该给予什么样的行政处罚。当交通运输行政机关根据自由裁量权基准作出行政处罚决定时,自由裁量权基准实际上就是在为行政处罚决定说明理由。可以这样认为,"裁量基准制度"实际上扮演了"说明理由制度"的角色。

(4)具有提高行政效率的功能。交通运输行政处罚自由裁量权基准可以提高交通运输行政执法的透明度、提高法律的可预测性,从而提高行政效率。交通运输行政相对人可以通过交通运输行政处罚自由裁量权基准了解到具体的行政处罚标准,从而在一定程度上预测交通运输行政机关会如何处理与自己有关的行政案件。这有利于行政相对人事先为避免受到行政处罚而修正自己的行为,也有利于其在交通运输行政机关作出行政处罚时更好地行使陈述权和申辩权。同时,交通运输行政相对人还可以参与交通运输行政处罚自由裁量权基准的制定程序,甚至可以在一定程度上将自己的意见反映到最终的裁量权基准中去。这些都有利于提高行政效率。

此外,交通运输行政处罚自由裁量权基准通过缩小交通运输行政执法人员的裁量空间,还降低了交通运输行政执法人员的个人责任风险,有利于调动其行政执法积极性和主动性。

第二节 交通运输行政处罚的量罚因素

本节主要阐述交通运输行政主管部门在制定交通运输行政处罚自由裁量权

基准时应当充分考虑的各种量罚因素。

一、交通运输行政处罚量罚因素的概念和特征

(一)量罚因素的概念

交通运输行政处罚的量罚因素是指与违法行为人或其违法行为有着某种程度的关联,在确定交通运输行政处罚种类和数值时应当或者可以考虑的各种具体事实情况。交通运输行政主管部门在制定交通运输行政处罚自由裁量权基准的过程中,应当充分考虑各种量罚因素,并分析各种量罚因素对行政处罚结果的影响力,确定每一种量罚因素与行政处罚结果的对应关系。

(二)量罚因素的特征

量罚因素主要具有以下三项特征。❶

(1)客观性。交通运输行政处罚的量罚因素是客观存在的。量罚因素的客观性是指它随违法的实施而产生,并不以人们的意志为转移地存在于处罚案件之中。这些客观存在的量罚因素不仅包括那些看得见、摸得着的有形情节,如违法手段的恶劣与否、违法后果的轻重等,而且包括那些无形的、存在于违法人主观方面的因素,如违法动机、目的和违法后的态度等。属于违法人主观方面的情节虽是无形的,但仍是客观存在的,是可以通过对案件的考察、分析来认识和评价的。量罚因素的客观性,要求交通运输行政执法人员在量罚时,要从实际出发,实事求是地认识和把握量罚因素,杜绝主观臆断、随意取舍。

(2)关联性。交通运输行政处罚的量罚因素与违法行为人或其违法行为有着一定程度的关联,这是量罚因素的本质特征。量罚因素的关联性可大可小,但必须要与违法行为人或其违法行为存在关联,否则不能成为量罚因素。关联性越大的量罚因素,对交通运输行政处罚结果的影响力可能也越大。

(3)对应性。交通运输行政处罚的量罚因素与交通运输行政处罚结果是相对应的,或者说交通运输行政处罚的量罚因素与交通运输行政处罚结果存在因

---

❶ 参见李先友、高锦安:《江苏省交通行政处罚裁量基准研究》(江苏省交通科学研究计划项目研究报告)。

果关系。正是因为考虑到某个或某些量罚因素的存在,交通运输行政机关才会作出相应的行政处罚结果。例如,考虑到违法行为人主动消除了违法行为危害后果,交通运输行政机关据此减轻了对违法行为人的处罚。

二、交通运输行政处罚量罚因素的功能

交通运输行政处罚量罚因素对交通运输行政处罚结果有着重要影响。具体而言,量罚因素主要具有以下两种功能。❶

(1)在行政处罚幅度范围内决定行政处罚的功能。交通运输行政处罚幅度是法律、法规和规章对各种交通运输违法行为规定的量罚幅度,它从总体上限定了对交通运输违法行为人裁量处罚的范围。这一范围主要根据定罚事实所体现的社会危害性和主观恶性确定。一般而言,交通运输行政机关在实施行政处罚时,应当充分考虑各种量罚因素,在法律、法规和规章规定的行政处罚幅度范围内,确定具体的行政处罚种类和数值。例如,《公路工程质量监督规定》第三十条规定:"建设单位未办理工程质量监督手续的,责令限期补办手续,并处20万元以上50万元以下的罚款。"根据该条规定,交通运输行政机关考虑各种量罚因素后,可以对违法行为人处以20万元以上50万元以下的罚款数额。

(2)变更行政处罚幅度的功能。一般来说,交通运输行政处罚幅度一经确定,便对交通运输行政执法人员量罚具有不可变更的制约性。然而立法者在确定交通运输行政处罚幅度时,只是针对某一性质的交通运输违法行为的一般情况,而不可能反映该违法行为的一切情况。因此,为了兼顾具体案件中可能出现的特殊情况,不可避免地要规定可以变更处罚幅度量罚的一些特殊情况。量罚因素的这种变更处罚幅度的功能包括减轻处罚功能与不予处罚功能。减轻处罚是指在法定的处罚幅度最低限以下,对违法行为人适用行政处罚。例如,《中华人民共和国道路运输条例》第七十一条规定:"……违反本条例的规定,客运经营者、货运经营者擅自改装已取得车辆营运证的车辆的,由县级以上道路运输管理机构责令改正,处5 000元以上2万元以下的罚款。"如果存在可以减轻处罚

---

❶ 参见李先友、高锦安:《江苏省交通行政处罚裁量基准研究》(江苏省交通科学研究计划项目研究报告)。

的量罚因素,交通运输行政机关就可以对违法行为人处以5 000元以下的罚款。

三、交通运输行政处罚量罚因素的范围

交通运输行政处罚量罚因素的范围是量罚因素的外延问题。量罚因素大致可以分为违法行为本身的因素和违法行为之外的因素。违法行为本身的因素是指构成违法行为要件的各种因素,包括违法行为的时间、地点、主体、性质、情节、损害结果以及社会危害性等。《中华人民共和国行政处罚法》第四条规定:"……设定和实施行政处罚必须以事实为依据,与违法行为的事实、性质、情节以及社会危害程度相当……"该条中提到的各种因素就是违法行为本身的因素。违法行为之外的因素是指不属于违法行为的构成要件,但与违法行为具有某种程度关联的因素。例如,主动消除或者减轻违法行为危害后果、配合行政机关查处违法行为有立功表现等都属于违法行为之外的因素。

违法行为本身的因素一般直接规定或者隐含在法律、法规和规章的法律责任条款中,例如,《中华人民共和国公路法》第八十一条规定:"违反本法第五十六条规定,在公路建筑控制区内修建建筑物、地面构筑物或者擅自埋设管线、电缆等设施的,由交通主管部门责令限期拆除,并可以处五万元以下的罚款。逾期不拆除的,由交通主管部门拆除,有关费用由建筑者、构筑者承担。"该条中"在公路建筑控制区内修建建筑物、地面构筑物或者擅自埋设管线、电缆等设施"是对违法行为事实因素的规定。又如,《中华人民共和国公路法》第七十七条规定:"违反本法第四十六条的规定,造成公路路面损坏、污染或者影响公路畅通的,或者违反本法第五十一条规定,将公路作为试车场地的,由交通主管部门责令停止违法行为,可以处五千元以下的罚款。"该条中,"造成公路路面损坏、污染或者影响公路畅通"是对违法行为损害结果的规定。由于违法行为种类繁多,不同违法行为的构成因素差异性较大,在制定交通运输行政处罚自由裁量权基准时,不宜对所有违法行为本身的因素进行统一规定,而是应当对每一种违法行为的本身因素一一列举。

不同违法行为的违法行为之外的因素具有较强的共性,《中华人民共和国公路法》《中华人民共和国道路运输条例》等交通运输行业性法规一般很少规定违

法行为之外的因素,而是由《中华人民共和国行政处罚法》等行政基本法作出规定。例如,《中华人民共和国行政处罚法》第二十七条规定:"当事人有下列情形之一的,应当依法从轻或者减轻行政处罚:(一)主动消除或者减轻违法行为危害后果的;(二)受他人胁迫有违法行为的;(三)配合行政机关查处违法行为有立功表现的;(四)其他依法从轻或者减轻行政处罚的。"第二十九条规定:"违法行为在两年内未被发现的,不再给予行政处罚。法律另有规定的除外。"

通过梳理《中华人民共和国行政处罚法》,其他相关法律、法规和规章,并总结交通运输行政执法实践中的经验,可以发现违法行为之外的因素大致包含以下若干种:①违法行为在两年内未被发现;②违法行为人中止违法行为;③违法行为人主动消除或者减轻违法行为危害后果;④受他人胁迫有违法行为;⑤配合交通运输行政机关查处违法行为有立功表现;⑥在交通运输行政机关查处违法过程中,积极配合调查,如实陈述违法情况;⑦主动向交通运输行政机关交代本人的其他违法行为;⑧被群众多次举报有违法行为;⑨多次实施违法行为;⑩逃避、妨碍或者暴力阻碍交通运输行政执法人员检查;⑪转移、隐匿、销毁证据或者有关材料;⑫不配合交通运输行政执法人员调查取证,或者故意提供虚假证据;⑬不听交通运输行政执法人员劝告或者拒不改正,继续实施违法行为;⑭对举报人、证人或者交通运输行政执法人员实施打击报复;⑮在发生突发公共事件或者专项整治期间实施违法行为等。

四、交通运输行政处罚量罚因素的分类

从不同的角度可以对交通运输行政处罚的量罚因素进行分类,除了前面提到的违法行为本身的因素和违法行为之外的因素这种分类外,交通运输行政处罚的量罚因素主要还有以下几种分类。❶

(一)法定因素和酌定因素

根据量罚因素是否有法律、法规和规章作为依据,可以将量罚因素分为法定因素和酌定因素。法定因素是指法律、法规和规章明文规定的因素。例如,"受

---

❶ 参见李先友、高锦安:《江苏省交通行政处罚裁量基准研究》(江苏省交通科学研究计划项目研究报告)。

他人胁迫有违法行为"就是《中华人民共和国行政处罚法》中规定的法定因素。制定交通运输行政处罚自由裁量权基准时,必须全面考虑所有法定因素,对法定因素进行一一列举。酌定因素是指法律、法规和规章无明文规定,从行政处罚实践中总结出来的,由交通运输行政执法人员酌情考虑的因素。制定交通运输行政处罚自由裁量权基准时,应当尽可能考虑到各种酌定因素,将酌定因素一一列举在基准中,供交通运输行政执法人员参考。

从交通运输行政执法的实践来看,酌定因素可能包含以下几种类型:①违法行为的性质、程度及危害对象、结果。诸如违法行为性质是否恶劣,违法行为是否完成,损害结果是否已发生,危害对象是否众多,有没有多个违法结果等。②行政相对人的主观过错程度。例如,是故意还是过失,是初次违法还是多次违法,是主动报告违法行为还是使用了欺骗、伪造、隐匿、转移证据等恶劣方法,逃避交通运输行政机关的管理和检查,事后是否积极纠正错误,挽回损失,积极配合调查等情况。对于没有主观恶意或者主观恶意轻微的,处以警告足矣;对于具有严重的主观恶意或者处以警告后不知悔改再次违法的,应当从重处罚。③违法行为涉及的数量、金额大小。可以将违法行为涉及的数量或金额根据违法行为的性质划分为几个档次,根据档次的不同分别适用不同的处罚。④行政相对人实施违法行为的手段、方法和行为方式。行政相对人手段残忍、恶劣的,应当从重处罚;手段较为温和的,可以从轻处罚。⑤行政相对人的实际承受能力。对于经济负担能力弱的行政相对人,可以适度减少罚款数额,体现交通运输行政执法的人性化。⑥其他酌定因素。❶ 随着交通运输行政处罚实践经验的不断丰富,应当不断增加新的酌定因素,尽可能地提高交通运输行政处罚的合理性。需要指出的是,如果前述各种酌定因素被明确规定在法律、法规或规章中,这些酌定因素就相应地转变成了法定因素。

(二)正值因素和负值因素

根据量罚因素对行政处罚结果轻重的影响,可以将量罚因素分为正值因素和负值因素。正值因素是指从重因素,即可以或者应当从重处罚的各种因素。

---

❶ 参见高知鸣、宋华琳:《行政处罚裁量基准研究》,载于朱新力主编:《法治社会与行政裁量的基本准则研究》,法律出版社2007年版,第212~213页。

例如,多次实施违法行为就属于从重因素。这里必须指出,行政处罚中没有加重因素,没有任何一个因素可以导致行政处罚超越法律、法规和规章规定的处罚幅度的上限。负值因素包括从轻处罚、减轻处罚和不予处罚三种因素。《中华人民共和国行政处罚法》第二十七条对从轻处罚、减轻处罚和不予处罚都做了规定。

(三) 共性因素和个性因素

根据量罚因素在处罚中的普适程度,可以将量罚因素分为共性因素和个性因素。共性因素是指大多数违法行为量罚时都应当或可能考虑的因素,例如当事人的年龄是否已满14周岁,这个因素涉及违法行为人的行政责任能力,进而决定是否予以处罚,因而成为所有针对个人的处罚必须考虑的因素。共性因素本身具有相对性,有些共性因素并不适用于所有的违法行为,如"当事人的年龄未满18周岁"就不可能成为某个企业违法时考虑的因素。个性因素是指仅在对某种或者某几种违法行为量罚时才考虑的因素,例如"非法营运"中的"营运时间长短"就是在对"非法营运"这一违法行为予以量罚时考虑的个性因素。

(四) 轻微、一般、较重、严重、特别严重因素

根据量罚因素本身反映出的违法程度强弱,可以将量罚因素分为轻微、一般、较重、严重、特别严重因素。不同程度的量罚因素,对应着不同程度的行政处罚结果。这种分类方法为制定交通运输行政处罚自由裁量权基准时划分裁量格次提供了一种思路。

第三节 交通运输行政处罚的罚款幅度

在交通运输行政处罚的各种处罚方式中,罚款的适用范围最广,裁量空间最大。细化或者量化交通运输行政处罚的罚款幅度,是制定交通运输行政处罚自由裁量权基准的重要任务。

本节主要阐述交通运输行政处罚罚款条文的设定模式和罚款幅度等内容。

第二章
交通运输行政处罚自由裁量权基准与量罚

一、交通运输行政处罚罚款条文的设定模式

交通运输行政处罚罚款条文的设定模式是指与交通运输相关的法律、法规和规章在设定罚款时处理交通运输违法行为与罚款的对应关系的方式。根据处理方式的不同,可以分为多违法行为模式和单一违法行为模式。

(一) 多违法行为模式

多违法行为模式是指在一个条文中针对多个违法行为统一设定罚款数额或者幅度。例如,《中华人民共和国道路运输条例》第七十条规定:"违反本条例的规定,客运经营者、货运经营者有下列情形之一的,由县级以上道路运输管理机构责令改正,处1 000元以上3 000元以下的罚款;情节严重的,由原许可机关吊销道路运输经营许可证:(一)不按批准的客运站点停靠或者不按规定的线路、公布的班次行驶的;(二)强行招揽旅客、货物的;(三)在旅客运输途中擅自变更运输车辆或者将旅客移交他人运输的;(四)未报告原许可机关,擅自终止客运经营的;(五)没有采取必要措施防止货物脱落、扬撒等的。"在该条中,针对五种违法行为统一设定了"1 000元以上3 000元以下的罚款"幅度。

(二) 单一违法行为模式

单一违法行为模式是指在一个条文中只针对一个违法行为设定罚款数额或者幅度。例如,《中华人民共和国道路运输条例》第六十九条规定:"违反本条例的规定,客运经营者、货运经营者不按照规定携带车辆营运证的,由县级以上道路运输管理机构责令改正,处警告或者20元以上200元以下的罚款。"在该条中,针对"不按照规定携带车辆营运证"这一违法行为,设定了"20元以上200元以下的罚款"幅度。

从立法实践来看,为了确保立法语言的简洁,法律、法规和规章中采用多违法行为模式设定罚款的较多,采用单一违法行为模式设定罚款的较少。

二、交通运输行政处罚的罚款幅度

概括而言,法律、法规和规章中的交通运输行政处罚的罚款幅度主要有以下

几种设定方式。

(一) 数值式

数值式是指将罚款明确规定为某一固定数额。例如,《中华人民共和国道路运输条例》第七十二条规定:"……违反本条例的规定,道路运输站(场)经营者擅自改变道路运输站(场)的用途和服务功能,或者不公布运输线路、起止经停站点、运输班次、始发时间、票价的,由县级以上道路运输管理机构责令改正;拒不改正的,处3 000元的罚款;有违法所得的,没收违法所得。"这种数值式的罚款设定方式没有给执法人员留下裁量空间。

(二) 数距式

数距式是指将罚款规定为某一数值区间,分别设置了罚款的上限和下限。例如,《中华人民共和国道路运输条例》第六十五条规定:"不符合本条例第九条、第二十三条规定条件的人员驾驶道路运输经营车辆的,由县级以上道路运输管理机构责令改正,处200元以上2000元以下的罚款;构成犯罪的,依法追究刑事责任。"《中华人民共和国内河交通安全管理条例》第六十六条规定:"违反本条例的规定,未经考试合格并取得适任证书或者其他适任证件的人员擅自从事船舶航行的,由海事管理机构责令其立即离岗,对直接责任人员处2 000元以上2万元以下的罚款,并对聘用单位处1万元以上10万元以下的罚款。"

(三) 封顶式

封顶式是指将罚款规定在某个固定数值以下,有极大值,但无下限。例如,《中华人民共和国港口法》第四十七条规定:"码头或者港口装卸设施、客运设施未经验收合格,擅自投入使用的,由港口行政管理部门责令停止使用,限期改正,可以处五万元以下罚款。"《中华人民共和国公路法》第八十一条规定:"违反本法第五十六条规定,在公路建筑控制区内修建建筑物、地面构筑物或者擅自埋设管线、电缆等设施的,由交通主管部门责令限期拆除,并可以处五万元以下的罚款。逾期不拆除的,由交通主管部门拆除,有关费用由建筑者、构筑者承担。"

---

❶ 参见高知鸣、宋华琳:《行政处罚裁量基准研究》,载于朱新力主编:《法治社会与行政裁量的基本准则研究》,法律出版社2007年版,第215~216页。

(四)倍率式

倍率式是指以某一数值为基础,通过计算倍数或者比率确定罚款数额。例如,《中华人民共和国水路运输管理条例》第二十六条规定:"……水路运输企业、水路运输服务企业超越经营范围从事经营活动的,没收违法所得,并处违法所得1倍以上3倍以下的罚款……"该条采用了计算倍数的方式来规定罚款幅度。《公路工程质量监督规定》第三十一条规定:"建设单位对未经工程质量检测或者质量检测不合格的工程,按照合格工程组织交工验收的,责令改正,处工程合同价款百分之二以上百分之四以下的罚款。"该条采用了计算比率的方式来规定罚款幅度。

(五)混合式

混合式是指在设定罚款时采用了上述设定方式中的两种或两种以上方式。例如,《中华人民共和国道路运输条例》第六十四条规定:"违反本条例的规定,未取得道路运输经营许可,擅自从事道路运输经营的,由县级以上道路运输管理机构责令停止经营;有违法所得的,没收违法所得,处违法所得2倍以上10倍以下的罚款;没有违法所得或者违法所得不足2万元的,处3万元以上10万元以下的罚款;构成犯罪的,依法追究刑事责任。"该条既采用了计算倍数的方式规定罚款幅度,又采用了数距式规定罚款幅度。

(六)概括式

概括式是指只规定了处以罚款而没有规定具体的罚款数额或者罚款的计算方法。例如,《中华人民共和国航道管理条例》第二十七条规定:"对违反本条例规定的单位和个人,县以上交通主管部门可以视情节轻重给予警告、罚款的处罚。"概括式设定方式只笼统规定"处以罚款",并未明确规定罚款数额,留下了太大的裁量空间,因此在立法中很少使用。

上述六种罚款设定方式中,除了数值式外,其他五种设定方式都给交通运输行政执法人员留下了较大的裁量空间,需要在制定交通运输行政处罚自由裁量权基准时予以重点规范。

第三章

交通运输行政处罚自由裁量权基准的制定

本章主要阐述在交通运输领域应当如何制定行政处罚自由裁量权基准,为今后我国各地各级交通运输行政主管部门制定交通运输行政处罚自由裁量权基准提供参考和指导。

第一节 交通运输行政处罚自由裁量权基准的制定主体和原则

本节主要阐述制定交通运输行政处罚自由裁量权基准的各级主体和应当遵守的各项原则。

一、交通运输行政处罚自由裁量权基准的制定主体

在我国,因法律、法规和规章授权而享有行政处罚自由裁量权的交通运输行政机关数量众多,等级各异。从理论上讲,凡是享有行政处罚自由裁量权的交通运输行政机关及其上级行政机关都有权制定交通运输行政处罚自由裁量权基准。但是,有权制定并不意味着最适宜制定。

在交通运输行政系统内部,不同层级的交通运输行政主管部门在交通运输行政处罚自由裁量权基准的制定中,应当承担不同的职能,扮演不同的角色。具体而言,考虑到既要尽可能保证法制的统一,又要充分反映各地方的实际情况,各级交通运输行政主管部门关于制定交通运输行政处罚自由裁量权基准的分工

可以做如下安排。

(一)交通运输部

交通运输部作为全国交通运输行政主管部门,在制定交通运输行政处罚自由裁量权基准中适宜承担以下三项职能:其一,制定规范交通运输行政处罚自由裁量权的指导性意见。诸如,在指导性意见中明确交通运输行政处罚自由裁量权的原则,明确从重处罚、从轻处罚、减轻处罚和不予处罚的各种因素,明确违法程度和罚款幅度划分格次的基本方法等,为各地交通运输行政主管部门制定本地区的交通运输行政处罚自由裁量权基准提供指引。其二,要求和督促各省、直辖市和自治区制定交通运输行政处罚自由裁量权基准。交通运输部可以要求各地在一定时间内制定和发布交通运输行政处罚自由裁量权基准,还可以将是否制定了交通运输行政处罚自由裁量权基准纳入对地方的执法检查范围,确保自由裁量权基准制度在各地尽快出台。其三,对各省、直辖市和自治区已经制定的交通运输行政处罚自由裁量权基准实施备案审查,并组织开展交通运输行政处罚自由裁量权基准的后评估,不断提高交通运输行政处罚自由裁量权基准的质量。此外,如果具备必要的条件,交通运输部也可以制定全国性的交通运输行政处罚自由裁量权基准。

(二)省级交通运输行政主管部门

省级交通运输行政主管部门是交通运输行政处罚自由裁量权基准的主要制定者,应当尽快制定本省、直辖市和自治区范围内的交通运输行政处罚自由裁量权基准,既体现本行政区域的实际情况,满足本行政区域的交通运输行政执法需求,又保证在省级层面维护法制的统一。这里的省级交通运输行政主管部门具体是指各省、直辖市和自治区的交通运输厅(局、委员会),不包括交通运输厅(局、委员会)下设的运输管理局、路政管理局等一线执法机构。本行政区域内各地经济社会发展水平差异较大的,可以考虑将交通运输行政处罚自由裁量权基准制定得粗一些,给市级交通运输行政主管部门留下结合本市实际进一步细化的空间。此外,省级交通运输行政主管部门还应当加强对各市县执行交通运输行政处罚自由裁量权基准的监督检查,确保已经制定出来的交通运输行政处罚自由裁量权基准得到落实。

(三)市级交通运输行政主管部门

一般而言,市级交通运输行政主管部门主要负责执行省级交通运输行政主管部门制定的交通运输行政处罚自由裁量权基准。当然,如果省级交通运输行政主管部门制定的交通运输行政处罚自由裁量权基准较粗,给本行政区域的交通运输行政机关在实施行政处罚时仍然留下了较大的裁量空间,市级交通运输行政主管部门也可以在省级交通运输行政主管部门制定的交通运输行政处罚自由裁量权基准的基础上,制定本市范围内的交通运输行政处罚自由裁量权基准,结合本市实际对交通运输行政处罚自由裁量权实施进一步的细化。

综上,交通运输部、省级和市级交通运输行政主管部门在制定交通运输行政处罚自由裁量权基准中要各司其职、各尽其责。为了处理好法制的统一与反映各地方的实际情况之间的关系,制定交通运输行政处罚自由裁量权基准的重心适宜放在省级交通运输行政主管部门,基层和一线的交通运输行政机关不宜成为交通运输行政处罚自由裁量权基准的制定主体。此外,需要指出的是,交通运输部海事局、长江航务管理局作为海事主管机构和长江航务主管机构,有权制定海事领域和长江航务领域的行政处罚自由裁量权基准。

二、交通运输行政处罚自由裁量权基准的制定原则

交通运输行政处罚自由裁量权基准的制定原则是贯穿交通运输行政处罚自由裁量权基准整个制定过程的基本准则,对交通运输行政处罚自由裁量权基准的制定具有广泛的指导作用。具体而言,各地各级交通运输行政主管部门在制定交通运输行政处罚自由裁量权基准时,应当遵守以下几项原则。

(一)处罚法定原则

处罚法定原则是设定和实施行政处罚时应当遵守的基本原则,也是在制定交通运输行政处罚自由裁量权基准时应当遵守的首要原则。根据处罚法定原则,首先,必须要有法律、法规和规章中的裁量权条款作为依据,方可制定行政处罚自由裁量权基准。其次,在制定交通运输行政处罚自由裁量权基准时不得超

越法律、法规和规章的授权范围增设行政处罚种类、提高行政处罚幅度、设定加重处罚情节。

（二）合目的性原则

2004年国务院《全面推进依法行政实施纲要》指出，"行使自由裁量权应当符合法律目的，排除不相关因素的干扰"。制定交通运输行政处罚自由裁量权基准和行使自由裁量权一样，也应当遵守合目的性原则。法律、法规和规章在授予交通运输行政机关某种行政处罚自由裁量权时，都有特定的立法目的。其中，有些目的是由具体的法律条文所明示的，有些目的则体现在具体法律条文背后的立法精神中。不管属于何种情形，制定出来的交通运输行政处罚自由裁量权基准应当符合立法目的。

（三）过罚相当原则

根据过罚相当原则的要求，行政机关行使裁量权，应当全面考虑各种因素，综合衡量各种利益关系，使其所采取的措施和手段与所追求的行政目的相适应。交通运输行政处罚自由裁量权基准的制定应当充分考虑各种量罚因素的构成、影响力大小等，以综合评定的方式来将法律、法规和规章规定的量罚幅度具体细化为若干裁量格次，并规定每个格次所给予的不同量罚基准，以求解量罚最佳点，确保过罚相当，防止轻错重罚，重错轻罚。

（四）处罚与教育相结合原则

处罚与教育相结合是我国行政处罚一贯坚持的原则。《中华人民共和国行政处罚法》第五条规定："实施行政处罚，纠正违法行为，应当坚持处罚与教育相结合，教育公民、法人或者其他组织自觉守法。"交通运输行政处罚的根本目的是为了教育当事人深刻认识其违反交通运输行政管理秩序行为的违法性和社会危害性，防止当事人今后再实施交通运输违法行为，而不是为了处罚而处罚。同时，交通运输行政处罚还应注重对社会其他成员发挥教育作用，树立正确的行为导向，预防各种潜在交通运输违法行为的发生。为此，在制定交通运输行政处罚自由裁量权基准的过程中，应当在法律、法规和规章授权的范围内，按照有利于教育被处罚人的原则，综合考虑判断违法手段、主观恶意等因素，确定对当事人违法行为的具体处罚基准。[1]

第二节 交通运输行政处罚自由裁量权基准的内容

本节主要阐述交通运输行政处罚自由裁量权基准的体系设计、总则和分则的内容。

一、交通运输行政处罚自由裁量权基准的体系设计

交通运输行政处罚自由裁量权基准的体系可以设计为总则和分则两部分。其中,总则包括主体制度和配套制度,分则包括各领域的具体基准。

(一)分别制定总则和分则

交通运输行政处罚自由裁量权既有一般行政处罚自由裁量权的共性,又有交通运输各领域自身的特性。鉴于此,可以参考我国《中华人民共和国刑法》的总则分则体例,分别制定适用于所有交通运输领域的行政处罚自由裁量权通用基准和仅适用于某一个交通运输领域的具体基准。其中,通用基准就是交通运输行政处罚自由裁量权基准的总则,具体基准就是交通运输行政处罚自由裁量权基准的分则。

(二)在总则中分别制定主体制度和配套制度

交通运输行政处罚自由裁量权基准的总则可以包括主体制度和配套制度两部分内容。交通运输行政处罚自由裁量权基准的主体制度是指交通运输行政处罚裁量的适用规则,包括裁量的原则、处罚的格次、不予处罚、减轻处罚、从轻处罚和从重处罚的共性因素等。配套制度是指规范交通运输行政处罚自由裁量权行使程序的各项具体制度,包括回避制度,陈述、申辩制度,听证制度,集体讨论制度,职能分离制度,监督制度,案卷评查制度,责任制度等。

---

[1] 参见李先友、高锦安:《江苏省交通行政处罚裁量基准研究》(江苏省交通科学研究计划项目研究报告)。

(三)在分则中分领域制定具体基准

交通运输包含众多领域,各个领域的行政处罚差异较大,不宜对整个交通运输领域设定整齐划一的行政处罚自由裁量权基准,而是应当分领域设定具体基准。大致而言,交通运输行政处罚自由裁量权的具体基准可以包括 10 个大类,分别是公路路政行政处罚自由裁量权基准、高速公路路政行政处罚自由裁量权基准、道路运输行政处罚自由裁量权基准、水路运输行政处罚自由裁量权基准、海事行政处罚自由裁量权基准、港政管理行政处罚自由裁量权基准、航政管理行政处罚自由裁量权基准、交通建设工程管理行政处罚自由裁量权基准、交通建设工程质量监督行政处罚自由裁量权基准、交通建设工程安全生产监督管理行政处罚自由裁量权基准。交通运输行政主管部门可以参考前述分类,一一制定各个领域的行政处罚自由裁量权基准。

综上,交通运输行政处罚自由裁量权基准的体系如图 3-1 所示。

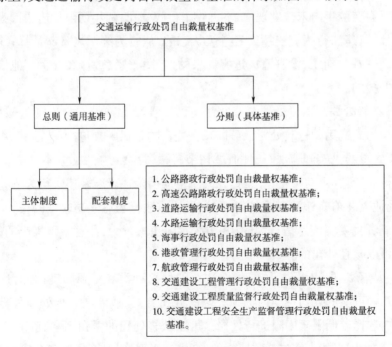

图 3-1　交通运输行政处罚自由裁量权基准体系

二、总则的制定

(一)主体制度

主体制度的核心内容是交通运输行政处罚自由裁量权的行使原则和分级自由裁量制度。关于交通运输行政处罚自由裁量权的行使原则,可参见本书相关章节的论述。就交通运输行政处罚自由裁量权的分级制度而言,可以考虑将交通运输行政处罚自由裁量权划分为不予处罚、减轻处罚、从轻处罚、从重处罚等裁量等级。

(1)不予处罚。不予处罚是指违法行为轻微并及时纠正,没有造成危害后果或其他依法应当不予行政处罚的。应当或可以不予处罚的量罚因素有:①违法行为轻微并及时纠正,没有造成危害后果的;②违法行为人实施违法行为时不满14周岁的;③精神病人在不能辨认或者不能控制自己行为时有违法行为的;④违法行为在两年内未被发现的,不再给予行政处罚;两年期限从违法行为发生之日起计算;违法行为有连续或者继续状态的,从行为终了之日起计算;⑤违法行为轻微并及时纠正,没有造成危害后果的;⑥属于紧急避险的;⑦其他依法不予行政处罚的。

(2)减轻处罚。减轻处罚是指在法定的处罚种类或处罚幅度最低限以下,对违法行为人适用的行政处罚。可以减轻处罚的量罚因素包括:①已满14周岁不满18周岁的人实施违法行为的;②情节轻微,社会影响和危害较小且主动纠正违法行为的;③主动中止违法行为的;④主动消除或者减轻违法行为危害后果的;⑤受他人胁迫有违法行为的;⑥配合查处违法行为有立功表现的;⑦又聋又哑的人或者盲人实施违法行为的;⑧初次实施违法行为,危害后果极小的;⑨其他依法可以减轻处罚的。

(3)从轻处罚。从轻处罚是指在法定的处罚种类和处罚幅度内,对违法行为人在几种可能的处罚种类内选择较轻的处罚方式,或者在一种处罚种类中法定幅度内选择较低限至中限进行处罚。可以从轻处罚的量罚因素有:①已满14周岁不满18周岁的人实施违法行为的;②主观无恶意,社会影响和危害较小的;③主动中止违法行为的;④在执法机关查处违法过程中,积极配合调查,如实陈述违法情况的;⑤主动交代违法行为的;⑥在共同违法行为中起次要或者辅助作用的;⑦初次实施违法行为,危害后果较小的;⑧其他依法可以从轻处罚的。

(4)从重处罚。从重处罚是指在一种处罚种类中法定幅度内选择中限至高限进行处罚。应当或可以从重处罚的量罚因素包括:①情节恶劣,造成严重后果的;②违法行为社会影响恶劣,造成影响面较广的;③违法行为被群众多次举报的;④逃避、妨碍执法、暴力抗法尚未构成犯罪的;⑤转移、隐匿、销毁违法证据,故意提供虚假证据,或者拒不配合交通行政执法人员调查取证的;⑥经执法人员劝告后,继续实施违法行为或者在规定期限内未停止、改正违法行为,以及未采取其他补救措施的;⑦在共同违法行为中起主要作用的或者胁迫、诱骗他人实施违法行为的或者教唆未成年人实施违法行为的;⑧多次实施违法行为,或者被处罚后一定期限内再次实施相同违法行为的;⑨在发生突发公共事件时或者专项整治期间实施违法行为的;⑩违法行为引发群体性事件的;⑪侵害残疾人、老年人、未成年人等群体利益的;⑫对举报人、证人或者执法人员打击报复的;⑬其他依法应当从重处罚的。

(二)配套制度

配套制度旨在对交通运输行政处罚自由裁量权实施程序控制。具体的配套制度参见本书相关章节的阐述。

三、分则的制定

裁量权具体基准可以包含违法种类、法律依据、违法程度、情节及危害后果、处罚幅度等内容。

(一)明确法律依据

制定交通运输行政处罚自由裁量权的具体基准,首先要细致梳理交通运输各个领域法律、法规和规章中的裁量权条款,然后对这些裁量权条款进行一一细化,并将每一个裁量权条款作为法律依据列入具体基准中。这是处罚法定原则在交通运输行政处罚自由裁量权基准制定中的体现。

(二)细分违法种类

在梳理法律、法规和规章中的交通运输行政处罚自由裁量权条款之后,要对自由裁量权条款中的违法行为进行一一识别,并细分违法行为的种类。一般而言,违法行为的种类越细致越好。例如,《中华人民共和国道路运输条例》第六十四条规定:"违反本条例的规定,未取得道路运输经营许可,擅自从事道路运输经营的,由县级以上道路运输管理机构责令停止经营;有违法所得的,没收违法所得,处违法所得2倍以上10倍以下的罚款;没有违法所得或者违法所得不足2万元的,处3万元以上10万元以下的罚款;构成犯罪的,依法追究刑事责任。"在制定具体基准时,可以将本条规定的"未取得道路运输经营许可,擅自从事道路运输经营"的违法行为细分为以下四种违法行为:①未取得道路客运经营许可,擅自从事道路客运经营的;②未取得道路班线经营许可,擅自从事班车客运经营的;③使用失效、伪造、变造、被注销等无效的道路客运许可证件从事道路客运经营的;④超越许可事项从事道路客运经营的。

（三）区分违法程度

交通运输行政处罚自由裁量权基准制度的核心手段是将法定的裁量幅度分割为若干裁量格次,并预设每一格次的裁量基准,目的是限缩交通运输行政机关的裁量余地,增强立法的可操作性。

在区分违法程度时,一般可以将违法程度区分为轻微、一般、较重、严重、特别严重共五个格次。特殊情形下,也可以根据需要适当减少一至三个格次。例如,《中华人民共和国道路运输条例》第七十二条规定:"……违反本条例的规定,道路运输站（场）经营者擅自改变道路运输站（场）的用途和服务功能……的,由县级以上道路运输管理机构责令改正;拒不改正的,处3 000元的罚款;有违法所得的,没收违法所得。"针对本条中规定的"客运站经营者擅自改变客运站用途和服务功能"的违法行为,可以考虑将其区分为轻微违法和一般违法两个格次。其中,轻微违法是指经运管部门责令整改,及时纠正违法行为的,可以不予处罚;一般违法是指经责令改正,拒不改正的,应当没收违法所得,并处3 000元的罚款。

（四）细化情节及危害后果

细化情节及危害后果的方式可以有以下几种:

（1）从量上细化。这里的量包含以下几种情形:①次数,例如,可以根据违法次数的不同进行细化,违法次数越多表明情节越严重;②时间,例如,可以根据违法行为持续时间的长短进行细化;③重量,例如,超限运输的,可以根据超限重量的不同,细分违法情节;④长度,例如,在公路上挖沟引水的,可以根据挖沟长度的不同进行细化;⑤面积,例如,在公路上倾倒垃圾的,可以根据垃圾占用公路的面积细化违法程度;⑥客流量,例如,未取得客运站经营许可,擅自从事客运站经营的,可以根据客运站日客流量细化违法情节;⑦价值,例如,擅自损坏公路设施的,可以根据被损坏的公路设施的价值实施细化。

(2)从质上细化。这里的质包括以下几种情形:①违法行为的性质,例如,租借或转让超限运输车辆通行证、涂改超限运输车辆通行证和伪造超限运输车辆通行证的性质就不同;②后果的严重程度,例如,在航道上挖采砂金、堆放材料的,其后果可以分为造成航道损失轻微、造成航道局部变浅、造成航道航槽变化、造成航道堵塞等几个层次;③悔改的表现,例如,经责令整改及时纠正违法行为与经责令改正拒不改正就体现出了不同的悔改状况;④配合查处违法行为的态度,例如主动配合并有立功表现、隐匿违法证据和暴力抗法的违法程度就存在很大差异。

在细化某一个违法行为的情节及危害后果时,可以选择从质上细化,也可以选择从量上细化,可以选择一种细化方式,也可以选择多种细化方式。例如,《中华人民共和国公路法》第七十六条"有下列违法行为之一的,由交通主管部门责令停止违法行为,可以处三万元以下的罚款……(四)违反本法第四十八条规定,铁轮车、履带车和其他可能损害路面的机具擅自在公路上行驶的……"对本条中规定的损害公路路面的机具擅自行驶高速公路的违法行为的情节及危害后果可以采用如表3-1方式细化。

表3-1

轻微	机具行驶一开始,就被路政人员制止,并能停止行驶的,行驶在10米以下或造成路面损害10平方米以下的
一般	机具行驶路面10~100米,但未给车辆安全行驶造成不便的,或造成路面损害在10~100平方米
较重	机具行驶路面100~300米,给车辆安全行驶造成不便的,或造成路面损害在100~300平方米

续上表

严重	机具行驶路面300~500米,给车辆安全行驶造成不便的,或造成路面损害在300~500平方米
特别严重	1.机具行驶500米以上,给车辆安全行驶造成不便,或造成路面损坏面积500平方米以上 2.抗拒检查,暴力抗法或其他严重危害后果

(五)划分处罚幅度

处罚幅度中的处罚形式有不予处罚、警告、罚款、吊销许可证等。不予处罚一般适用于程度轻微的违法行为,警告一般适用于程度轻微或程度一般的违法行为,罚款一般适用于程度轻微之外的各种程度违法行为,吊销许可证一般适用于程度严重或者特别严重的违法行为。

罚款是处罚幅度中最常见的一种处罚形式,也是自由裁量空间最大的一种处罚形式。在制定交通运输行政处罚自由裁量权基准时,划分罚款的幅度是划分处罚幅度的核心工作。

具体而言,划分罚款幅度的方式有以下几种。

(1)按倍率划分。如果裁量幅度是用倍率方式规定的,则可以考虑按倍率细分罚款幅度。例如,《公路工程质量监督规定》第三十一条规定:"建设单位对未经工程质量检测或者质量检测不合格的工程,按照合格工程组织交工验收的,责令改正,处工程合同价款百分之二以上百分之四以下的罚款。"第三十三条规定:"对单位处以罚款的,对单位直接负责的主管人员和其他责任人员处单位罚款数额百分之五以上百分之十以下的罚款。"对于第三十一条中规定的"建设单位对未经工程质量检测或者质量检测不合格的工程,按照合格工程组织交工验收的",其处罚幅度可以按如表3-2方式划分。

(2)给出计算公式。对于能够量化的违法行为,可以采用计算公式来划分处罚幅度。例如,《中华人民共和国公路法》第七十六条规定:"有下列违法行为之一的,由交通主管部门责令停止违法行为,可以处三万元以下的罚款:……(四)违反本法第四十八条规定,铁轮车、履带车和其他可能损害路面的机具擅自在公路上行驶的……"本条中规定的损害公路路面的机具擅自行驶于公路的

第三章 交通运输行政处罚自由裁量权基准的制定

违法行为的处罚幅度可以采用如表 3-3 的计算公式进行量化。

表 3-2

轻微	未造成交通安全事故且在半年内经返修符合交工条件并组织交工验收的	责令改正,处工程合同价款百分之一的罚款,单位主管和责任人员均处单位罚款额 5% 的罚款
一般	逾期半年仍未组织交工验收且工程合同价款 3 000 万元以内部分	责令改正,处工程合同价款百分之二的罚款,单位主管和责任人员均处单位罚款额 6% 的罚款
较重	逾期半年仍未组织交工验收且工程合同价款 3 000 万元~1 亿元部分	责令改正,处工程合同价款百分之三的罚款,单位主管和责任人员均处单位罚款额 7% 的罚款
严重	逾期半年仍未组织交工验收且工程合同价款超过 1 亿元部分	责令改正,处工程合同价款百分之三点五的罚款,单位主管和责任人员均处单位罚款额 8% 的罚款
特别严重	逾期半年仍未组织交工验收且造成交通安全事故的	责令改正,处工程合同价款百分之四的罚款,单位主管和责任人员均处单位罚款额 10% 的罚款

表 3-3

轻微	机具行驶一开始,就被路政人员制止,并能停止行驶的,行驶在 10 米以下或造成路面损害 10 平方米以下的	$P = 0 + (500 - 0) \div (10 - 0) \times (L - 0)$❶
一般	机具行驶路面 10~100 米,但未给车辆安全行驶造成不便的,或造成路面损害在 10~100 平方米	$P = 500 + (5\,000 - 500) \div (100 - 10) \times (L - 10)$
较重	机具行驶路面 100~300 米,给车辆安全行驶造成不便的,或造成路面损害在 100~300 平方米	$P = 5\,000 + (10\,000 - 5\,000) \div (300 - 100) \times (L - 100)$
严重	机具行驶路面 300~500 米,给车辆安全行驶造成不便的,或造成路面损害在 300~500 平方米	$P = 10\,000 + (30\,000 - 10\,000) \div (500 - 300) \times (L - 200)$
特别严重	机具行驶 500 米以上,给车辆安全行驶造成不便的,或造成路面损坏面积 500 平方米以上	$P = 30\,000$

❶ P 代表最后处罚额,L 代表实际违法程度值。

(3)给出固定数值。如果交通运输行政主管部门打算将交通运输行政执法人员的自由裁量权缩减到最低限度,可以考虑在划分裁量幅度时具体给出每一个格次的固定罚款数值。例如,《中华人民共和国道路运输条例》第七十条规定:"违反本条例的规定,客运经营者、货运经营者有下列情形之一的,由县级以上道路运输管理机构责令改正,处1 000元以上3 000元以下的罚款;情节严重的,由原许可机关吊销道路运输经营许可证……(三)在旅客运输途中擅自变更运输车辆或者将旅客移交他人运输的……"对于本条中规定的"在旅客运输途中擅自将旅客移交他人运输"的违法行为,可以采用如表3-4方式划分处罚幅度。

表3-4

轻微	因车辆技术或车站售票等原因将旅客移交他人运输的	不予处罚
一般	未取得旅客同意,无正当理由将旅客移交他人运输的	处1 000元的罚款
较重	无正当理由将旅客移交他人运输的,且减低了车辆档次	处2 000元的罚款
严重	无正当理由将旅客移交给不符合营运车辆技术等级要求的车辆运输的,造成一定后果的	处2 500元的罚款
特别严重	1. 在高速公路上擅自将旅客移交他人运输的; 2. 将旅客移交无道路运输证的车辆运输的	处3 000元的罚款

(4)给出数值区间。如果交通运输行政主管部门打算给予交通运输行政执法人员一定程度的自由裁量权,可以考虑采用给出数值区间的方式划分罚款幅度。例如,《道路旅客运输及客运站管理规定》第八十八条规定:"……违反本规定,客运经营者不按照规定携带道路运输证的,由县级以上道路运输管理机构责令改正,处警告或者20元以上200元以下的罚款。"对于本条中规定的"客运经营者不按规定携带道路运输证"的违法行为,可以采用如表3-5方式划分处罚幅度。

表3-5

轻微	在查处现场就予以改正的	处警告
一般	初次违法的	处20~100元的罚款
严重	第2次以上同类违法的	处101~200元的罚款

在划分罚款幅度时,要注意保持不同格次罚款数额的相对均衡。这是比例

原则在制定交通运输行政处罚自由裁量权基准中的体现。

需要指出的是,由于各地经济发展水平不同,在划分罚款幅度时,不一定要顶格划分。例如,对于法律规定应当处 3 万元以下罚款的违法行为,在经济较为落后的地区,最高罚款幅度可以设定在 2 万元以下,而不是必须顶格设定处 3 万元的罚款。

第三节　制定交通运输行政处罚自由裁量权基准的程序

本节主要阐述交通运输行政处罚自由裁量权基准的制定程序,包括调研、起草草案、征求意见、审议、公布和备案等,通过程序规范交通运输行政处罚自由裁量权基准的制定过程。

一、调研

调研是制定交通运输行政处罚自由裁量权基准的基础性工作。首先,要细致完整梳理本机关职能范围内的交通运输行政处罚自由裁量权条款,并进行分类整理。其次,要大量收集本地区近些年的交通运输行政处罚案件,分门别类地进行整理、归纳和总结,包括考量的因素、违法情节及其量罚的幅度、事后有无申请复议或起诉等指标,比较同类案件处理中的异同,找出产生误差的原因,在此基础上制定统一的交通运输行政处罚自由裁量权基准。

二、起草草案

交通运输行政处罚自由裁量权基准的草案可以由交通运输行政主管部门自行起草,也可以由交通运输行政主管部门委托有关专家或组织起草。自行起草时,也可以邀请有关专家参与起草。草案的结构和内容可以参考本书相关章节的论述,也可以适当借鉴其他地方已经制定的交通运输行政处罚自由裁量权基准。

三、征求意见

2004 年国务院《全面推进依法行政实施纲要》指出,"起草法律、法规、规章和作为行政管理依据的规范性文件草案,要采取多种形式广泛听取意见。重大或者关系人民群众切身利益的草案,要采取听证会、论证会、座谈会或者向社会公布草案等方式向社会听取意见,尊重多数人的意愿,充分反映最广大人民的根本利益。要积极探索建立对听取和采纳意见情况的说明制度。"

在制定交通运输行政处罚自由裁量权基准的过程中,征求意见的对象包括专家、交通运输行政相对人、交通运输行政执法人员、同级人民法院以及相关行政主管部门。征求意见的形式包括以下几种:①召开座谈会或咨询会;②在网络上公布交通运输行政处罚自由裁量权基准草案,征求交通运输行政相对人的意见;③下发通知征求交通运输行政执法人员的意见;④召开听证会等。

向专家征求意见时,要注意被邀请专家的知识结构,可尽量邀请行政法、刑法、行政管理、交通运输等方面的专家,从多学科角度为制定交通运输行政处罚自由裁量权基准提供专业知识支持。

交通运输行政主管部门应当全面收集各种意见,并进行分类整理,充分吸收其中的合理意见,对交通运输行政处罚自由裁量权基准草案进行修改和完善。

四、审议

交通运输行政处罚自由裁量权基准作为规范性文件,涉及众多交通运输行政相对人的利益,应当经过较为严格的制定程序才能出台。在交通运输行政主管部门内部,交通运输行政处罚自由裁量权基准应当经过本部门的领导层集体讨论决定,如召开领导办公会议,或者厅(局)务会议甚至扩大会议等,而不能由某一两个领导全权决定。在集体审议时,如果分歧过大,就不宜形成决定,而是应当在会后对草案进行修改,提交下一次会议讨论决定。

五、公布

2004年国务院《全面推进依法行政实施纲要》指出,"行政法规、规章和作为行政管理依据的规范性文件通过后,应当在政府公报、普遍发行的报刊和政府网站上公布。"《中华人民共和国交通运输部施行〈政府信息公开条例〉办法》第十条规定:"政府交通运输信息公开人应当在职责范围内主动公开下列政府交通运输信息……(二)交通运输规章、规范性文件……"

交通运输行政处罚自由裁量权基准作为规范性文件,应当向社会公布。具体而言,公布交通运输行政处罚自由裁量权基准的形式可以有以下几种:①在交通运输行政主管部门的网站上公布;②在本地普遍发行的报刊上公布;③在本级人民政府的网站上公布;④在本级人民政府的公报上公布。此外,交通运输行政处罚自由裁量权基准还应当在交通运输行政机关的办公场所公开,便于交通运输行政相对人查询。

六、备案

交通运输行政处罚自由裁量权基准发布之后,应当向上一级交通运输行政主管部门和同级人民政府备案,一方面让这两个主体知晓本部门已经制定了裁量权基准,另一方面为这两个主体对已经制定的裁量权基准实施监督提供基本材料。

此外,随着信息技术的迅猛发展和信息技术在我国交通运输行政执法中的逐步运用,一些地方交通运输行政机关已经开始探索交通运输行政处罚自由裁量权基准的信息化,将信息技术与交通运输行政处罚自由裁量权基准紧密结合,为交通运输行政处罚自由裁量权基准的实施提供一个电子化平台。从实践的效果来看,交通运输行政处罚自由裁量权基准的信息化,既提高了交通运输行政执法的效率,又确保了交通运输行政处罚自由裁量权基准的严格执行。各地交通运输行政机关应当在进一步探索的基础上,大力推广交通运输行政处罚自由裁量权基准的信息化。

第四章
交通运输行政处罚自由裁量权的程序控制

以控制的时间先后不同为标准,可以将交通运输行政处罚自由裁量权的控制模式大致分为事前控制、事中控制和事后控制三种模式。其中,事中控制,就是运用合理的程序来控制交通运输行政处罚自由裁量权的行使过程,希望通过合理的程序得到合理的行政处罚结果。因此,事中控制又被称为程序控制。我国行政系统在探索控制行政自由裁量权的实践中,已经越来越重视对行政自由裁量权实施程序控制。

本章主要阐述如何用程序制度来控制交通运输行政处罚自由裁量权,确保交通运输行政处罚自由裁量权的合理行使。

第一节 交通运输行政处罚自由裁量权的程序控制概述

本节主要阐述交通运输行政处罚自由裁量权程序的概念和加强交通运输行政处罚自由裁量权程序控制的必要性。

一、交通运输行政处罚自由裁量权程序的概念

交通运输行政处罚自由裁量权程序是指由步骤、方式、顺序和时限构成的交通运输行政处罚自由裁量权行使的过程。一般而言,交通运输行政处罚自由裁

量权程序包含以下四个要素。

(1)步骤。步骤是交通运输行政处罚自由裁量权程序的第一个要素。交通运输行政处罚自由裁量权程序作为过程,是一个步骤一个步骤完成的,缺少其中某一重要步骤,就有可能使这一程序无法完成。例如,在实施交通运输行政处罚时,如果没有经过调查取证,就不能作出交通运输行政处罚决定。步骤实际上是一个交通运输行政处罚自由裁量权程序过程中的某一阶段,是大程序中的一个小程序,例如,听证有时就被独立称为听证程序。从这一意义上看,交通运输行政处罚自由裁量权程序是相对的,大的程序中包含小的程序,小的程序中可能还有更小的程序。

(2)方式。方式是行使交通运输行政处罚自由裁量权的方法和形式,是交通运输行政处罚自由裁量权程序的另一组成要素。例如,行政处罚决定应当以书面形式作出,而不能仅是口头宣示。我国的行政处罚法规定,要作出一个处罚决定,需要进行调查、听取当事人陈述、把决定告知当事人、说明理由、告知权利等,这些活动就是行为过程中的步骤和方式。步骤和方式,构成交通运输行政处罚自由裁量权程序的空间表现形式。

(3)顺序。交通运输行政处罚自由裁量权程序既然是一个过程,这一过程又是通过各个步骤逐步完成的,在各个步骤间的关系处于不可倒转或错乱的情况下,各个步骤间就会产生顺序问题。顺序是交通运输行政处罚自由裁量权程序的第三个要素。例如,交通运输行政机关在作出行政处罚决定之前,应当告知当事人作出行政处罚决定的事实、理由及依据,并告知当事人依法享有的权利。也就是说,应当先告知相关事项,再作出行政处罚决定。

(4)时限。交通运输行政处罚自由裁量权程序的最后一个要素是时限。因为任何一个程序都必须在一定时限内完成。没有时间的限制,就可能成为难以完成的程序,或者说,这是追求效率的必然要求。顺序和时限构成交通运输行政处罚自由裁量权程序的时间表现形式。在一定的时间内把交通运输行政处罚自由裁量权行使的各个步骤,通过各种必要的方法和形式按照一定的顺序联结起

---

❶ 参见应松年:《行政程序立法的几个问题》,《湛江师范学院学报》2005年第2期。

来,就是交通运输行政处罚自由裁量权程序。

在本书中,交通运输行政处罚自由裁量权程序的四大要素将转化为各项具体程序制度,通过各项具体程序制度实现对交通运输行政处罚自由裁量权行使过程的控制。

二、加强交通运输行政处罚自由裁量权程序控制的必要性

在控制交通运输行政处罚自由裁量权的三种模式中,事前控制和事后控制都有着各自的弊端。事前控制寄希望于制定行政处罚自由裁量权标准等规则来细化或者量化自由裁量权,尽可能缩小交通运输行政机关的自由裁量空间,但是事前控制无法事先预料交通运输行政管理实践中可能出现的各种情况,因而也就无法对这些情况作出事先的详尽的规定。事后控制是在交通运输行政处罚决定已经作出之后才启动的监督手段,虽然也能纠正不合理的行政处罚决定,但是行政机关只要作出了不合理的行政处罚决定,就既会给行政相对人带来诸多困扰,又会损害政府的公正形象,何况纠正不合理的行政处罚决定还会耗费监督机关大量的人力、物力和时间成本。

事中的程序控制不同于事前控制和事后控制,事中控制是对交通运输行政处罚自由裁量权的行使过程进行控制,尽管事中控制也不能保证交通运输行政机关就一定能作出合理的行政处罚决定,但是事中程序控制为交通运输行政机关作出合理的行政处罚决定提供了最好的制度设计,只要交通运输行政机关严格按照事中程序制度行使行政处罚自由裁量权,就能最大限度地得到合理的行政处罚决定。

具体而言,加强控制交通运输行政处罚自由裁量权的程序制度建设,完善交通行政处罚自由裁量权的各项行使程序,对于防止滥用自由裁量权、保障相对人的合法权益、保障行政效率等有着重要的意义。

首先,建立和完善交通运输行政处罚自由裁量权程序制度有利于防止交通运输行政机关和交通运输行政执法人员滥用行政处罚自由裁量权。程序制度规定了交通运输行政处罚自由裁量权行使的步骤、方式、顺序和时限,大大降低了交通运输行政机关和交通运输行政执法人员滥用自由裁量权的可能性。

第四章 交通运输行政处罚自由裁量权的程序控制

其次,建立和完善交通运输行政处罚自由裁量权程序制度有利于保障交通运输行政相对人的合法权益。在交通运输行政处罚自由裁量权程序制度中,赋予行政相对人必要的程序权利,就能使行政相对人通过行使自己的程序权利来达到保护自己的实体权利,进而实现对交通运输行政处罚自由裁量权予以有效控制的目的。有了交通运输行政处罚自由裁量权程序制度作基础,交通运输行政相对人就有权要求交通运输行政机关严格按照程序制度行使交通运输行政处罚自由裁量权,从而督促交通运输行政机关合理行使交通运输行政处罚自由裁量权。此外,完善的程序制度也可以预防交通运输行政机关和交通运输行政执法人员滥用程序壁垒,避免交通运输行政机关和交通运输行政执法人员选择不适当的手段、范围、幅度来加重交通运输行政相对人的义务。

再次,建立和完善交通运输行政处罚自由裁量权程序制度有利于提高交通运输行政效率。程序制度是实现交通运输行政自由裁量公正、公平的保障。经过合理的行政程序之后,即使最终的行政处罚结果不利于行政相对人或不能满足其要求,由于事中的程序已给他们充分的表达和说理机会,交通运输行政机关也作了充分的公正努力,交通运输行政相对人的不满情绪就会被淡化或消除,他们能给交通运输行政机关充分的理解,从而减少事后的申请复议和行政诉讼,客观上提高交通运输行政效率。❶

第二节 控制交通运输行政处罚自由裁量权的程序制度

实践中,大部分交通运输行政处罚案件涉及自由裁量权。为强化对交通运输行政处罚自由裁量权的控制,必须加强交通运输行政处罚自由裁量权的程序制度建设,规范交通运输行政处罚自由裁量权的行使程序,以有效避免和遏制滥用交通运输行政处罚自由裁量权的行为。

本节主要从外部程序控制和内部程序控制两个角度,详细阐述控制交通运输行政处罚自由裁量权的各项具体程序制度。

---

❶ 参见徐乐游:《论海事行政处罚自由裁量权的程序控制》,载于《中国航海学会 2002 年度学术交流会论文集专刊》。

一、外部程序控制与内部程序控制的关系

对交通运输行政处罚自由裁量权的程序控制可以分为外部程序控制和内部程序控制。外部程序控制和内部程序控制相辅相成、互相补充,缺一不可。外部程序控制重在调动交通运输行政相对人的积极性,对交通运输行政处罚自由裁量权的行使形成外部制约。内部程序控制重在明确交通运输行政机关内部机构和人员在行使交通运输行政处罚自由裁量权过程中的职能分工,确保交通运输行政机关及其工作人员更加审慎地行使交通运输行政处罚自由裁量权。

外部程序控制与内部程序控制相结合形成控制交通运输行政处罚自由裁量权的完整程序制度体系,能够从过程上防止交通运输行政机关和交通运输行政执法人员滥用自由裁量权,最大限度确保交通运输行政处罚结果的公正和合理。

二、外部程序控制的具体制度

外部程序控制制度主要规范交通运输行政机关和交通运输行政执法人员在行使交通运输行政处罚自由裁量权时与交通运输行政相对人之间形成的外部程序关系。外部程序控制的各项具体制度如下。

(一)表明身份制度

表明身份制度是交通运输行政执法的首要程序制度,也是控制交通运输行政处罚自由裁量权的第一项程序制度。《中华人民共和国行政处罚法》第三十七条规定:"行政机关在调查或者进行检查时,执法人员不得少于两人,并应当向当事人或者有关人员出示证件……"在控制交通运输行政处罚自由裁量权的程序制度中,表明身份制度是指交通运输行政执法人员在与交通运输行政相对人接触时,要先向交通运输行政相对人出示行政执法的身份证明或授权令,以表明自己享有实施与交通运输行政处罚相关的行为的权力的一项程序。尤其是当交通运输行政执法人员第一次接触某个交通运输行政相对人时,执法人员更应当主动向相对人出示行政执法的身份证明或授权令。

表明身份制度一方面可以让交通运输行政相对人知晓交通运输行政执法人员的执法身份,另一方面可以首先给交通运输行政相对人留下执法人员是在规

范执法的第一印象,获得行政相对人的初步认同。对于控制交通运输行政处罚自由裁量权而言,表明身份制度是第一关,把握好了第一关,交通运输行政处罚自由裁量权的行使就有了一个好的开端。同时,表明身份制度还为回避制度的建立和运行奠定了良好基础。

链接阅读:

某日,某县交通运输行政执法人员郭某到达执法地点之后才发现自己忘了携带执法证件,但是又不想回单位取执法证件。郭某灵机一动,想到了用身份证来代替执法证件。于是,郭某每次执法时,都将自己的身份证拿出来在当事人面前一晃,用此方法向当事人表明身份。虽然郭某当日用身份证蒙混过关了,但是必须指出,郭某用身份证来表明自己执法人员身份的做法是错误的。

(二)回避制度

《中华人民共和国行政处罚法》第三十七条规定:"……执法人员与当事人有直接利害关系的,应当回避。"交通运输行政处罚自由裁量权程序中的回避制度是指与交通运输行政相对人有直接利害关系的行政执法人员不得参与行使交通运输行政处罚自由裁量权的制度。回避制度最早出自于英国普通法上的自然公正原则中的"任何人不得作为自己案件的法官"。对控制交通运输行政处罚自由裁量权而言,回避制度的主要价值在于通过切断交通运输行政执法人员与交通运输行政相对人之间的利害关联,防止交通运输行政执法人员处于偏私的立场,从而保障交通运输行政处罚结果的公正和合理。

在行使交通运输行政处罚自由裁量权时,交通运输行政执法人员应当回避的情形大致包括以下几种:

(1)是本案当事人或与当事人有近亲关系的;

(2)与当事人有其他关系,可能影响公正执法的;

(3)其他法律、法规规定应当回避的。

符合回避条件的交通运输行政执法人员应当主动提出回避申请,当事人也可以申请回避,但被申请回避的交通运输行政执法人员在作出回避的决定前,仍可参与本案的处理。申请回避的方式可以是口头申请,也可以是书面申请,用口头方式申请回避的,应当予以记录。交通运输行政执法人员违反回避制度的,应当依法追究相应的行政责任。

链接阅读:

某市交通局法制机构的工作人员庄某在对运管机构提交的几份涉及行政处罚自由裁量权的案件的处罚建议进行法律审核时,发现其中一起案件的当事人是自己同父异母的哥哥。于是,庄某立即向领导提出了回避申请。经领导同意,庄某不再参与该起案件的法律审核,而是由领导安排法制机构的其他工作人员负责该起案件的法律审核。

(三)陈述、申辩制度

陈述、申辩制度都属于行政程序中听取当事人意见的制度,旨在通过听取当事人意见,尽可能全面地掌握案件事实情况以及行政处罚自由裁量权的各种量罚因素,作出公正、合理的交通运输行政处罚决定。陈述是指当事人向交通运输行政机关反映案件的事实情况以及行政处罚自由裁量权的各种量罚因素。申辩是指当事人以案件事实情况和行政处罚自由裁量权的各种量罚因素为基础,尽力为自己的违法行为进行辩解,提出有利于自己的主张,努力说服交通运输行政机关从轻、减轻甚至不予处罚。

《中华人民共和国行政处罚法》第三十一条规定:"行政机关在作出行政处罚决定之前,应当告知当事人作出行政处罚决定的事实、理由及依据,并告知当事人依法享有的权利。"第三十二条规定:"当事人有权进行陈述和申辩。行政机关必须充分听取当事人的意见,对当事人提出的事实、理由和证据,应当进行复核;当事人提出的事实、理由或者证据成立的,行政机关应当采纳。行政机关不得因当事人申辩而加重处罚。"根据前述规定,交通运输行政机关作出行政处罚决定之前,应当告知当事人依法享有陈述、申辩的权利。当事人要求陈述、申辩的,应及时受理并充分听取当事人的意见,对当事人提出的事实、理由和证据进行复核。复核当事人陈述、申辩提出的事实、理由和证据,应当及时、客观、公正。对基于交通运输行政处罚自由裁量权作出的交通运输行政处罚行为,交通运输行政机关应当以更为审慎的方式复核当事人陈述、申辩提出的事实、理由和证据,避免交通运输行政处罚自由裁量权的不公正、不合理行使。

当事人要求陈述、申辩的,应当在"交通运输行政处罚告知书"规定的时间内提出,逾期未提出的,视为放弃陈述、申辩。

在当事人进行陈述、申辩时,除涉及国家秘密、商业秘密或者个人隐私外,交通运输行政机关视案件具体情况,可以邀请与违法行为有利害关系的当事人以及对行政机关执法负有监督、指导职能的人大及政府法制、监察等部门的有关人员列席旁听。组织陈述、申辩的具体程序可以参照听证程序的规定。

当事人提出的事实、理由或者证据成立的,交通运输行政机关应当采纳,不得因当事人申辩而加重处罚。

链接阅读:

在一起未经许可擅自从事道路客运的案件中,交通运输行政执法人员向违法行为人周某送达了"交通运输行政处罚告知书",明确告知周某可以在3日内进行陈述、申辩。周某当日即前往交通运输行政机关进行了陈述、申辩。第二日,周某突然想起一个可以减轻行政处罚的事由,于是再次前往交通运输行政机关进行申辩。交通运输行政执法人员对周某的两次陈述、申辩均进行了认真记录,并对周某提出的可以减轻行政处罚的事由进行了查证,最终对周某作出行政处罚决定时,采纳了周某的申辩意见,适当减轻了处罚。

(四)听证制度

听证制度是指交通运输行政机关作出行政处罚决定之前,采用召开听证会的方式听取当事人意见的一种程序制度。听证制度是行政程序中较为复杂的一项制度,类似于法院的庭审制度。在听证程序中,听证主持人、案件调查人和当事人之间形成的关系与法院庭审时法官、原告和被告之间形成的关系极为相似。听证制度最大的特点是为交通运输行政处罚案件的当事人提供了一个可以表达自己主张的平台,依托这个平台,当事人可以与案件调查人进行充分的辩论,提出自己的观点,反驳对方的观点,将案件实施情况和交通运输行政处罚自由裁量权量罚因素尽可能全面地展示在听证过程中,努力赢得一个相对有利于自己的交通运输行政处罚结果。

听证制度作为行政公开、公平、民主的一种程序制度,已成为现代程序法的核心制度,被许多国家在规范行政自由裁量权时所采用。交通运输行政处罚自由裁量权程序中的听证制度能够极好地发挥控制交通运输行政处罚自由裁量权的作用,具体表现在以下两个方面:

其一,听证制度确认了交通运输行政相对人的听证权利,也就形成了约束交通运输行政处罚自由裁量权的外在力量。在听证过程中,交通运输行政相对人可以发表自己的意见,可以提出证据,可以和案件调查人员展开辩论。对于行政相对人所发表的意见,交通运输行政机关必须给予充分的考虑。这有利于发现案件的真实情况,使交通运输行政处罚自由裁量权的运用奠定在真实情况的基础之上。

其二,听证制度还增加了交通运输行政处罚自由裁量行为的透明度。听证过程的公开使得公众可以了解交通运输行政处罚自由裁量权行使的依据、方式、步骤、时限等,使交通运输行政处罚自由裁量权的行使暴露在阳光之下,避免暗箱操作的可能,减少交通运输行政机关滥用行政处罚自由裁量权的机会。

交通运输行政机关在"交通运输行政处罚告知书"中,告知拟给予下列交通运输行政处罚决定时,应当告知当事人有要求举行听证的权利:

(1)责令停产停业;

(2)吊销经营许可证;

(3)较大数额罚款,即对公民处2 000元以上,对法人或其他组织处1万元以上的罚款。

交通运输行政机关组织的听证应当遵循公开、公正、及时、便民的原则。听证实行告知、回避制度,依法保障当事人陈述、申辩和质证的权利,并应当围绕案件的事实、证据、程序、法律适用等全面进行。

听证程序大致包括以下步骤:

(1)听证主持人宣读交通管理部门负责人授权主持听证的决定;

(2)听证主持人宣布听证事由及听证纪律;

(3)听证主持人核对案件调查人和当事人身份;

(4)听证主持人宣布听证的组成人员,交代听证的权利和义务;

(5)听证主持人询问当事人是否申请回避,当事人申请听证主持人回避的,听证主持人应当宣布中止听证,报请组织听证的交通管理部门负责人决定是否回避;申请听证员、记录员、鉴定人、翻译人回避的,由听证主持人当场决定;

(6)案件调查人提出当事人的违法事实、证据和行政处罚建议及法律依据;

(7)当事人进行陈述、申辩和质证;

(8)案件调查人和当事人就案件所涉及的事实、各自出示的证据的合法性、真实性及有关问题进行辩论,听证主持人有权对案件调查人和当事人不当的辩论予以制止;

(9)听证主持人就案件事实、证据和有关法律依据进行询问;

(10)案件调查人、当事人作最后陈述;

(11)听证主持人宣布听证结束。

听证结束后,听证主持人应当依据听证情况,写出听证报告。听证报告应当记录听证的时间、地点、案由、参加人、记录员、主持人、当事人与调查人员对违法的事实、证据的认定和对处罚建议的主要分歧,听证主持人的意见和建议等。当事人对举行听证后作出的行政处罚决定不服的,可以依法申请行政复议或者提起行政诉讼。

(五)说明理由制度

说明理由制度是指交通运输行政机关应当在交通运输行政处罚决定中说明作出该行政处罚的客观事实、法律依据以及进行自由裁量时所考虑的各种因素等内容。当场作出行政处罚决定的,应当向当事人当面作出口头说明,并据实记录在案,由当事人签字或者盖章;按照一般程序作出行政处罚决定的,可以在行政处罚通知书或者决定书中向当事人作出书面说明。履行告知程序后,当事人提出陈述、申辩或举行听证的,在听取陈述、申辩或举行听证会后,交通运输行政机关应当制作陈述、申辩、听证情况书面说明书,说明接受或不接受陈述、申辩、听证的理由,与行政处罚决定书一并送达当事人。

行政处罚说明理由制度要求交通运输行政机关在作出交通运输行政处罚决定之时,必须给以必要的说明和解释,达到以理服人的目的。它可以迫使交通运输行政机关更加公正地行使自由裁量权,避免恣意行政,损害相对人的合法权益。

(六)公开制度

众所周知,权力应当在阳光下运行。交通运输行政处罚自由裁量权程序中的公开制度包括处罚依据公开、办案人员公开和处罚结果公开等内容。

处罚依据公开是指公开交通运输行政处罚自由裁量权的法律、法规和规章等依据以及交通运输行政处罚自由裁量权基准。办案人员公开是指公开具体办理交通运输行政处罚案件的执法人员的相关情况。处罚结果公开是指除涉及国家秘密、商业秘密和当事人隐私等原因外,交通运输行政机关应当公开交通运输行政处罚决定。

交通运输行政机关公开交通运输行政处罚自由裁量权的相关信息,能够使公众知晓哪些是交通运输行政机关应当做的,哪些是交通运输行政机关不应当做的,什么是自己能做的,什么是自己不能做的,从而有利于公众行使和实现自己的权利,有利于遏制交通运输行政处罚自由裁量权的滥用。

三、内部程序控制的具体制度

内部程序控制主要规范交通运输行政机关内部在行使交通运输行政处罚自由裁量权时形成的程序关系。内部程序是专门为交通运输行政机关的内部机构和人员设置的程序,通过明确交通运输行政机关在办理交通运输行政处罚自由裁量权案件时的主要流程,尽可能保障交通运输行政处罚结果的公正、合理。内部程序控制的各项具体制度如下。

(一)职能分离制度

交通运输行政机关在办理交通运输行政处罚自由裁量案件时,应当在机关内部实行职能分离制度,即将交通运输行政处罚相互联系的调查、审核、决定、执行等职能加以分离,使之分属于不同的内部机构和工作人员掌握和行使,为行政处罚结果的公正和合理奠定坚实的基础。

交通运输行政机关内部的职能分离可以按照下列程序实施:

(1)各内部机构按照各自职责开展违法案件受理、调查,需要立案的,一般案件经分管领导或内部机构负责人批准后予以立案,重大案件经主要领导批准

后立案;

(2)具体承办人员在交通运输行政处罚规定的时限内将案件调查情况与初步处理意见提交内部机构负责人进行审理,然后提交法制机构进行案件审核;

(3)法制机构审核后报分管领导,一般案件由分管领导或主要领导进行审理,重大案件按集体讨论制度进行审定;

(4)经审理后的案件处理意见交违法行为处理机构具体承办人进行落实,各种文书按有关规定执行,对行政处罚涉及听证的,由案件承办人受理,听证会由法制机构负责主持听证;

(5)听证后法制机构按听证的结论,报案件分管领导或主要领导批准后交违法行为处理机构落实处理。

在执行罚款过程中,实行罚缴分离制度。收缴罚款,使用财政统一印制的收据进行罚款,实行收支两条线制度。

下面重点围绕法制机构的法律审核制度进行阐述。各级交通运输行政机关按照一般程序实施的行政处罚自由裁量权案件,在作出决定之前,应当由该机关的法制机构对其合法性、适当性进行审核。未经法律审核或者审核未通过不得作出行政处罚决定。

各级交通运输行政机关应当在调查终结后一定期限内将案件材料和相关情况向本机关法制机构提交。法制机构在收到行政处罚案件材料和相关情况后,应当在相应期限内审查完毕。

法制机构对行政处罚自由裁量案件进行审核,主要包括以下内容:①当事人的基本情况是否清楚;②违法行为是否超过追责时效;③本机关对该案是否具有管辖权;④事实是否清楚,证据是否确凿、充分,材料是否齐全;⑤定性是否准确,适用法律、法规、规章是否正确;⑥行政处罚是否全面考虑了各种因素,拟作出的行政处罚决定是否适当;⑦程序是否合法;⑧其他依法应当审核的事项。

对拟作出的交通运输行政处罚决定进行审核时,发现有下列情形之一的,应重新对本案进行调查取证:①违反法定回避制度的;②违法进行调查取证的;③拒绝听取当事人陈述或者申辩的;④属于听证范围的行政处罚不告知当事人有要求举行听证权利的;⑤指派不具备执法资格人员进行调查取证的。

法制机构对案件进行审核后,根据不同情况,提出相应的书面意见或建议:①违法事实清楚、证据确凿充分、定性准确、处罚适当、程序合法的,同意办案机构的意见,建议报批后告知当事人;②对违法行为不能成立的,提出不予行政处罚的建议,或者建议办案机构撤销案件;③对事实不清、证据不足的,建议补充调查,并将案卷材料退回;④对定性不准、适用法律不当的,提出修正意见;⑤对程序不合法的,提出纠正意见;⑥对不属于本机关管辖的,提出移送意见;⑦对违法行为轻微,依法可以不予行政处罚的,提出不予处罚意见;⑧对行政处罚不适当的,提出修正意见;⑨对重大、复杂案件,责令停产停业、吊销许可证的案件,较大数额罚款的案件,建议本机关负责人集体研究决定;⑩对违法行为涉嫌犯罪的,提出移送司法机关的建议。

(二)案件主办人制度

案件主办人制度是指由某个交通运输行政执法人员负责主要办理某个交通运输行政处罚自由裁量权案件的制度。各级交通运输行政机关在办理交通运输行政处罚自由裁量权案件时,可以在两名以上交通运输行政执法人员中确定一名执法人员担任案件主办人。主办人对案件办理承担主要责任,协办人承担次要责任。主办人和协办人由办案机构实行个案指定。主办人确定后应当在相应执法文书中注明。

主办人应当符合下列条件:①具备良好的法律、政治素质和职业道德,爱岗敬业、忠于职守、勇于负责;②已经取得"交通运输行政执法证";③熟悉有关法律、法规、规章,具有较丰富的办案经验及相关业务知识;④具有一定的组织、指挥、协调能力;⑤符合《交通行政执法岗位规范》规定的其他资质条件。

有下列情形之一的,不宜指定为主办人:①受到行政处分,尚在处分期间的;②因违法行政被追究过错责任未满两年的;③年度考核被确定为基本称职及以下等次的;④参加交通运输行政执法岗位培训考试不及格的;⑤不认真履行主办人职责经教育仍不改正的;⑥作为主办人所办理案件一年内累计两件以上被法定机关依法撤销的;⑦作为主办人年度内所办案件因程序违法或事实不清、证据不足累计五件被法律审核机构建议纠正或补正的;⑧作为主办人查办案件中应当申请回避而不申请,造成后果的。

主办人查处案件时,应当履行下列职责:①担任案件办案组组长;②负责办理立案报批手续;③拟订案件调查方案和方法;④依法组织调查取证;⑤负责办理依法采取行政强制措施的报批手续;⑥案件调查终结,负责撰写案件调查终结报告,提出处罚建议;⑦完成案件调查终结报告及草拟处罚决定书后,连同案卷材料按规定报送法律审核机构审核;⑧对部门领导、法律审核机构提出的意见及时组织实施;⑨负责依法向当事人办理告知事项;⑩负责听取并如实记录当事人的陈述、申辩;⑪当事人要求听证的,参加听证,经本部门或者听证主持人允许,向当事人提出违法事实、证据、依据、情节、社会危害程度及处罚建议,并进行质证、辩论;⑫负责向当事人依法送达处罚决定书;⑬负责督促、教育当事人履行处罚决定;⑭对当事人拒不履行处罚决定的,在法定期限内办理申请人民法院强制执行事项;⑮所办案件发生行政复议、赔偿、诉讼的,配合做好复议、赔偿的答复及应诉工作;⑯负责所办案件执法文书及相关证据的立卷归档。

(三)集体讨论制度

集体讨论制度是指重大、复杂的行政处罚自由裁量权案件的行政处罚决定应当经交通运输行政机关负责人主持的会议集体讨论后作出,未经集体讨论,不得作出相应的行政处罚决定。集体讨论制度是行政首长负责制的辅助和补充,有利于集思广益,充分发挥集体的智慧,也有利于行政首长在全面听取参会人员的意见基础上审慎地作出更为合理的行政处罚决定。

交通运输行政处罚案件涉及下列自由裁量权运用情形之一的,应当采用集体讨论制度:

(1)重大的行政处罚案件:指交通运输行政机关作出的吊销证照、责令停产停业、五千元以上罚款的行政处罚决定。

(2)复杂的行政处罚裁量案件:包括认定事实和证据争议较大的案件;适用的法律、法规和规章有较大异议的案件;违法行为性质较重或者危害较大的案件;执法管辖区域不明确或有争议的案件等。

(3)其他属于重大、复杂案件的。

集体讨论案件的处理,应当在调查人员已查清案件事实且形成调查报告并经分管领导审核的基础上进行。在集体讨论中,应当营造畅所欲言的氛围,让与会者尽可能充分发表意见。因某种特殊情况,本次会议不能形成集体决定时,可以下次会议再议。集体讨论事项时,会务人员应全面客观准确地记录会议的有关情况,并做出会议纪要。经集体讨论形成的处理决定具有确定力,任何人不得擅自更改,不得减免处罚数额,不得降低处分档次。

(四)案例指导制度

案例指导制度是指由一定层级的交通运输行政主管部门精选典型的交通运输行政处罚自由裁量权案件来作为本系统办理类似的交通运输行政处罚案件的参考的制度。省级交通运输行政主管部门可以对本系统办结的典型交通运输行政处罚自由裁量案件,进行收集、分类,对违法行为的事实、性质、情节、社会危害程度相同或者基本相同的进行整理、总结,形成指导性案例,作为本系统今后一定时间对同类违法行为进行行政处罚的参考。原则上,为确保法制的统一,如果省级交通运输行政主管部门已经编撰了交通运输行政处罚自由裁量指导性案例,市级及市级以下交通运输行政主管部门可以不再编撰交通运输行政处罚自由裁量指导性案例。

对违法事实、性质、情节、社会危害程度相同或者基本相同的案件,各级交通运输行政机关应当参考省级交通运输行政主管部门编撰的指导性案例,在作出处罚的种类、幅度以及程序等方面与指导性案例一致或基本一致,体现同案同罚。

各级交通运输行政机关应当定期向省级交通运输行政主管部门提交交通运输行政处罚自由裁量典型案例的书面或电子文件。省级交通运输行政主管部门对提交的案例,应当组织专业人员从实体和程序等方面进行严格的初选、审核,必要时可以对原案例作技术性修正。对于经过初选、审核的案例,省级交通运输行政主管部门可以在征询政府法制机构和有关专家的意见后,进行审定。省级交通运输行政主管部门应当将审定后的指导性案例,发布给各级交通运输行政机关在处理交通运输行政处罚案件时参考。其中,涉及国家秘密、商业秘密、个人隐私或者可能有其他不利影响的,不得公开。

省级交通运输行政主管部门可以建立指导性案例电子库,并加强管理,及时补充更新,提高指导性案例的使用价值。省级交通运输行政主管部门应当定期或不定期对指导性案例进行清理,具有下列情形之一的应当及时废止:①所依据的法律、法规、规章修改或废止的;②新的法律、法规、规章公布,原指导性案例与之抵触的;③后指导性案例优于前指导性案例的;④监督机关依法撤销、纠正的;⑤其他法定事由应当废止的。

第五章

交通运输行政处罚自由裁量权的行使

交通运输行政处罚自由裁量权犹如一把双刃剑:一方面,正确运用自由裁量权可以实现个案正义,提高行政效率,加强行政管理;另一方面,滥用自由裁量权,会极大地侵害行政相对人的合法权益,破坏交通运输管理部门的形象。交通运输行政执法人员能否正确行使行政处罚自由裁量权,直接影响到交通运输法律、法规、规章的有效实施,关系到交通运输部门的形象,也关系到行政相对人的切身利益。交通运输行政处罚自由裁量权的正确行使在很大程度上依赖于执法人员主观能动性的发挥,因此,不断增强每一个交通运输行政执法人员行使行政处罚自由裁量权的能力,提高执法水平,对促进交通运输行政处罚权合法、合理、公平、公正、公开行使,确保交通运输行政法律、法规和规章的正确实施,维护公民、法人或者其他组织的合法权益,促进交通运输行政执法机关规范行政权力和行政执法行为、推进依法行政工作、构建预防和惩治腐败体系具有重要意义。

第一节 交通运输行政处罚自由裁量权行使概述

交通运输行政处罚自由裁量权是交通运输行政管理中一项非常重要的行政权力,如何保证这项权力的正确行使,提高交通运输行政执法人员的行政处罚自由裁量能力是关键。面对交通运输行政管理事务纷繁复杂、变动不居,交通运输行政执法人员如何提高裁量能力,如何能充分发挥主观能动性,正确行使交通运输行政处罚自由裁量权,合法合理地做出行政处罚决定,需要具备一些基本条件和掌握正确的行使方法。

第五章 交通运输行政处罚自由裁量权的行使

一、交通运输行政处罚自由裁量权正确行使的含义和作用

(一)交通运输行政处罚自由裁量权正确行使的含义

正确行使交通运输行政处罚自由裁量权,要求交通运输行政执法人员在准确认定违法事实的基础上,依据法律精神、目的、原则和道德准则,按照法定的权限、范围和程序,严格正确地选择和适用法律、法规和规章及相关规范性文件,运用自身的经验和法律良知,做出与违反交通运输行政管理秩序的违法行为事实、性质、情节和后果相适应的处罚决定。

(二)交通运输行政处罚自由裁量权正确行使的作用

交通运输行政执法人员正确行使交通运输行政处罚自由裁量权这把双刃剑,对交通运输行政管理将发挥重要的作用。

(1)有利于交通运输行政管理相对人合法权益的保护。交通运输行政处罚自由裁量权的行使与行政管理相对人息息相关,直接涉及行政相对人的利益。行政处罚自由裁量权一旦偏离法制轨道,执法的公平和公正性就会受到挑战,行政管理相对人的合法权益将会受到损害。交通运输行政执法人员正确行使行政处罚自由裁量权,避免滥用自由裁量权,避免裁量结果有失合理和公正,将有利于行政管理相对人利益的保护。

(2)有利于提高交通运输行政执法效率。效率是行政的生命,行政执法自由裁量权就是为行政执法效率所设置。交通运输行政处罚自由裁量权的正确行使,可以提高行政执法效率。当每一位交通运输行政执法人员对自己经办的每一个案件都认真处理,在运用行政处罚自由裁量权时做到体现合法、合理、公正、公平的价值要求,做到正确运用法律、以理服人,可以减少当事人的复议、诉讼,切实维护好交通运输行政管理秩序。

(3)有利于公平、公正执法环境的建立。交通运输行政处罚自由裁量权能否正确运用,直接反映了执法水平。交通运输行政执法人员正确运用行政处罚自由裁量权,向行政管理相对人及社会公众展现了行政机关和执法人员执法水平和职业道德的标尺,具体到个案,可以有效惩戒和教育当事人,同时也维护了法律的权威性和严肃性,维护了交通运输行政执法部门在社会公众心目中的形

象。随着交通运输行政执法人员对自身执法能力的要求不断提高,随着交通运输行政管理相对人自身维权意识不断增强以及社会各界和广大人民群众对交通运输行政执法活动的透明度和合法性、公正性要求更加强烈,交通运输行政执法的环境不断净化,进入良性循环。公平、公正的执法环境下,让合理、合法行使行政处罚裁量权成为常态,将更有利于交通运输行政管理秩序的维护。

(4)有效预防交通运输行政处罚自由裁量权的滥用。历史的经验告诉我们,一切有权力的人都容易滥用权力,这是万古不易的一条经验。与羁束自由裁量权相比,由于法律没有为行政主体设定明确而具体的实施行政行为的条件,行政处罚自由裁量权具有更大的灵活性,因而被滥用的可能性更大。正确行使行政处罚自由裁量权,避免利用自由裁量权任意改变或降低行政处罚的种类或幅度,可以有效避免行政权力的异化和腐败的产生。

(三)交通运输行政处罚自由裁量权不正确行使的负面影响

交通运输行政执法人员若不正确行使交通运输行政处罚自由裁量权,将导致交通运输行政执法严重的负面效应。以滥用交通运输行政处罚自由裁量权为例,交通运输行政执法人员滥用交通运输行政处罚自由裁量权时,处理问题随意性很大,畸轻畸重,反复无常,不同情况相同处理,相同情况不同对待,往往会侵害行政管理相对人的合法权益,引起行政管理相对人和社会公众的怀疑、不信任,产生对立情绪,不配合行政执法,会导致行政违法行为增多,社会秩序不稳定,助长特权思想,滋生腐败,影响交通运输行政管理部门的形象。

从下面的案例可以看到滥用交通运输行政处罚自由裁量权对行政管理相对人利益的不利影响,产生了严重的负面作用。

例如,某地道路运输管理处查获了一起营运货车擅自改装的违法案件,对车主作出了罚款一万两千元的行政处罚决定,该车车主认为罚得太重,提出了异议。该处罚依据的是《中华人民共和国道路运输条例》第七十一条第二款的规定,即"违反本条例的规定,客运经营者、货运经营者擅自改装已取得车辆营运证的车辆的,由县级以上道路运输管理机构责令改正,处5 000元以上2万元以下的罚款。"面对违法车主对处罚决定的异议,该处的一位执法人员没有耐心解释和说明处罚的理由,非常不屑地对当事人说:"你擅自改装货车,依据的是《中华人民共和国道路运输条例》第七十一条第二款的明文规定;依据这个规定,我可以罚你一万两千元,同样我也可以罚你一万五,甚至两万。你还有异议,还觉得罚重啦?!我这算照顾你了。"被罚车主听后吓得不敢再争辩,但心里一肚子不服气。如此看来,如果这位执法人员心情不好,很可能真就要罚一万五甚至两万,处罚结果相去甚远,对于车主来说几千元可不是一个小数目。在本案中,行政处罚自由裁量权变成了任意自由裁量权、随意行使,直接影响了管理相对人的切身利益,没有做到以理服人,不仅会影响处罚决定的执行,影响执法的有效性,而且也严重影响了执法人员的形象,影响了正常的交通运输行政管理秩序的维护。

二、交通运输行政处罚自由裁量权正确行使的影响因素

实践中,在各种交通运输行政处罚案例中,会出现同案不同罚、合法不合理的情况,甚至出现"人情案"和"态度案"。这些情况的发生,有执法人员的主观原因,如自身能力素质、情绪情感的影响,也有执法人员自身以外的客观原因,如执法设备落后、取证困难、行政干预等因素的影响。交通运输行政执法人员要正确行使行政处罚自由裁量权,首先要了解影响自身正确执法的因素,才能对症下药,提高自身的裁量能力。

(一)主观方面的影响因素

1. 交通运输行政执法人员的职业道德修养

法国著名法学家马布里说过:"道德犹如哨兵,它保卫着法律。"交通运输行政执法人员的职业道德修养的好坏直接影响交通运输行政处罚权能否正确行使,直接关系到交通运输行业的形象。

一方面,交通运输行政执法人员价值观的影响。交通运输行政执法人员的价值观直接影响到执法人员自由裁量时的主观意志,影响行政处罚的结果。执法人员的价值观主要围绕执法人员个体的利益、行政组织的利益和公众的利益这三者之间的矛盾展开。在交通运输行政处罚领域就表现为执法人员在自由裁量权的范围内所做出的决定:这个决定既可以是以公众的利益为重,或以行政组织集体利益为重,也可以以一己私利为重。

另一方面,交通运输行政执法人员道德修养的影响。如果执法人员道德高尚,具有正义、勇敢、平等等道德修养,将有利于交通运输行政处罚自由裁量权的行使;如果执法人员职业道德沦丧,将会使手中的自由裁量权成为实现个人目的的工具,其后果往往是行政处罚结果的不公。执法人员的德性修养越高,其自由意志向公众利益倾斜的度越大,就越能实现自由裁量权行使所带来的行政处罚个案的公正性。

2. 交通运输行政执法人员的专业素质

专业素质是影响执法队伍执法水平高低的关键因素。交通运输行政执法人员专业素质的高低,直接关系到行政处罚自由裁量的准确度,关系到交通法律、法规和规章的有效实施。交通运输行政执法人员的专业素质、综合素质越高,其正确理解法规、捕捉法规信息的能力就越高,执行行政处罚裁量权时就越正确。相反,交通运输行政执法人员的专业素质低下,会导致执法人员不能正确领会有关法律、法规和规章立法的本意和宗旨,出现不结合案情实际,机械化执行法律,教条化套用法律条款,严重影响行政处罚自由裁量的水平。

(二)客观方面的影响因素

影响交通运输行政处罚自由裁量权正确行使的因素除了执法人员的个人职业道德和专业素质的主观原因外,还要受到其他因素的影响,主要包括执法手段、执法环境、人情、当事人态度等因素。这些因素可以归为客观因素,如果交通运输行政执法人员对各种客观因素控制不好,会影响行政处罚结果的公正,甚至会出现行政处罚自由裁量权的滥用。

1. 执法环境的影响

我国各地交通运输行政执法的执法环境不一,包括执法手段、执法条件、管理手段、行政管理相对人法律观念等因素。这些因素会影响交通运输行政执法人员在具体办案中取证的难易,影响对案件事实、性质和情节的判断,在一定程度上影响执法人员在处理具体交通运输行政处罚案件时正确进行裁量。

2. 执法亚文化的影响

交通运输行政执法人员处于一个熟人社会的环境,"熟人好办事"、"办事找熟人"等亚文化因素的存在,影响了执法人员正确行使行政处罚自由裁量权。

这些文化因素使一些行政执法人员难以摆脱"人情"、"关系",甚至地方保护主义,行使交通运输行政处罚自由裁量权时容易受到这些外部压力的影响。如果执法人员接受了外部强加意志,就会违背法律授权的初衷,交通运输行政处罚的公正性、合理性就有可能丧失。

三、正确行使交通运输行政处罚自由裁量权的基本条件

正确行使交通运输行政处罚自由裁量权的关键是要提高行政执法人员自由裁量能力,提高职业道德素质和专业素质,充分发挥交通行政执法人员的主观能动性,避免客观因素的干扰。

(一)提高执法综合素质

1. 提高交通运输行政执法人员的职业道德素质

在实践中,道德虽然没有法律的强制力,但道德对社会秩序的维护有着不可忽视的巨大作用。交通运输行政执法人员如果没有高尚的职业道德,不具备秉公执法的思想,在行政处罚自由裁量活动中不能做到依法办案,不能视公正如生命,不可能实施好法律、执行好法律。交通运输行政执法人员要行使好行政处罚自由裁量权,必须要加强自身的职业道德修养,形成良好的职业道德,有公正办案的良好思想,养成不畏权势,不徇私枉法,不为利益所倾的优良品德。

(1)交通运输行政执法人员要树立正确的世界观、人生观、价值观,牢固树立正确的权力观、地位观、利益观和荣辱观。要提高职业道德素养,端正执法思想,强化"执政为民"意识与法制意识,培养对法律的忠诚与对人民的忠诚,增强公仆意识、全心全意为人民服务。

交通运输行政执法人员在日常工作中要以交通系统的先进典型、楷模为榜样,不断提高思想境界和道德水准,始终不渝地追求和攀登道德上的理想人格。明确从事交通运输行政处罚自由裁量是法律赋予的神圣权力,增强自己的内控力,遏止私欲的膨胀,在思想上消除滥用自由裁量权的欲望。

(2)在行使交通运输行政处罚自由裁量权时,交通运输行政执法人员应当树立自我约束的道德意识和权力观念,自觉坚持依法行政和廉洁自律的道德准则。要正确处理个人利益与人民利益、国家利益,不能损公肥私,以权谋私。例

如有的交通运输行政执法人员利用权力保护违法运输经营者,对不办理营运手续,采取明管暗放的办法,收取车主的好处;也有个别的执法人员利用自己手中的权力做股份。这些徇私枉法、以情代法、以罚代管都是有悖于职业道德的行为,都是法所不容的。交通运输行政执法人员在行政处罚自由裁量行使过程中,要自觉依法公正办案,要以公共利益为执法的最高利益和最后目的,把对国家负责与对法律负责、对行政管理相对人负责结合起来,实事求是、坚持原则,秉公尽责,不谋私利。

(3)在交通运输行政处罚工作中,执法人员要经常开展批评与自我批评。交通运输行政执法人员的执法活动代表国家管理交通运输行业、维护交通运输经济秩序的公务活动,交通运输行政执法人员都要经常以职业道德标准要求和检查自己的工作情况,要做到善于发现自己的错误和缺点,勇于改正自己的错误和缺点。对于身边违背交通运输执法职业道德的思想和言行,要敢于批评和善于批评。只有这样,才能实现职业道德修养的目标,提升自己的职业道德素质,逐步培养热爱交通运输工作,自觉地做到勤政廉政,文明、公正执法。

2. 增强交通运输行政执法人员的专业素质

交通运输行政执法人员的法律专业素质是提高行政处罚自由裁量权的关键。交通运输行政执法人员应当具有较强的业务素质,熟知法律、法规和规章,能够正确把握法律、法规和规章的宗旨、范围和界限,善于把具体案件实践与法律原则融会贯通,把握分寸,正确定性,公正裁量。交通运输行政执法人员要努力提高自身的法律专业素质。

(1)增强自身法律专业知识。交通运输行政执法人员要正确行使行政处罚自由裁量权,就要具备较高的法学理论专业知识,要能领会法律的精神实质,并能将法律精神融会到整个执法实践,使法律在行政处罚中运用自如。要增强自身法律专业知识,交通运输行政执法人员要学会在繁忙的工作中培养自学能力。执法人员应自觉学习相关法律知识和交通运输行政管理知识,熟悉交通运输管理工作所涉及的法律、法规、规章和技术规范,系统地掌握行政处罚执法的范围、对象、权限和手段,提高实际执法的能力。要不断学习新的法律、法规和规章,体悟其中所包含的内容和意义。

在学习过程中,不仅要注重相关法规条文理解,而且要注重立法的目的、行政执法的基本原理的学习;全面理解交通运输法律、法规和规章,掌握行政处罚自由裁量的原则和基本要求,既懂得如何依法对行政管理相对人进行管理,又懂得执法的权限、方式和法律对自己的约束。不断培养自身法治意识,提高执法素质,做到文明执法、严格执法、公开执法。

(2)提高实际办案能力。交通运输行政执法人员实际办案的经验有所差异,有的执法人员虽然法律知识扎实,但实际运用能力较弱;有的执法案件很多,但执法效果不一。为提高实际办案能力,在加强自身法律知识学习和积累的同时,通过执法人员之间不断交流执法信息和执法经验,有助于自身在裁量尺度把握上协调一致,对行政处罚自由裁量权合理行使。一方面,执法人员要注重收集行政处罚案例并进行学习交流,即执法人员在日常行政执法中,要加强典型处罚案例的收集,并进行深入研究和分析,使之形成较为规范完善的样板案例,再将其提升到较高的层次,以供其他执法人员在遇到类似案件时作为参考。另一方面,要积极参与相关学习研讨会。开展有关法律、法规研讨会,特别是针对新出台的规定以及处罚中的焦点、热点、难点、重点问题展开研讨,加深对法规条文的理解,并就执法中的有关问题和裁量的尺度达成一致,以避免由于对法规理解不同而裁量不一的情况。

(二)避免客观因素干扰

交通运输行政执法人员要正确行使行政处罚自由裁量权,最重要的是要避免权力不被外部环境所影响,不受任何外界客观因素的制约。除立法机构完善立法、执法机构强化司法监督外,执法人员在实践中也要努力创造一种正确行使自由裁量权的法制环境。如,执法人员严格按照执法程序进行是避免客观因素干扰的有效办法。如果执法人员严格执行回避制度,可以避免许多人情的干扰。还有,执法人员要善于克服困难。由于全国各地执法环境差异大,有的交通运输行政执法人员一方面要面对落实的执法手段、复杂的执法环境,同时面对繁重的执法任务,执法人员要学会克服困难,总结经验,增强裁量能力。在具体办案过程中,应坚持内心的公平、正义以及对法律的忠诚,不受权力、利益、人情、偏见等因素的干扰,合法、合理实施行政处罚自由裁量权。

四、正确行使交通运输行政处罚自由裁量权应把握好的几个方面

正确行使交通运输行政处罚自由裁量权,要求交通运输行政执法人员在准确认定违法事实的基础上,依据法律精神、目的、原则和道德准则,按照法定的权限、范围和程序,严格正确地选择和适用法律、法规和规章及相关规范性文件,运用自身的经验和法律良知,做出与违反交通运输行政管理秩序的违法行为事实、性质、情节和后果相适应的处罚决定。

每一位交通运输行政执法人员在运用行政处罚自由裁量权时应当在内心有一个恒定的逻辑,即按照什么样的思维方式来运用行政处罚自由裁量权。这就要求每一位执法人员在具体实施自由裁量权时,要深刻理解行政处罚自由裁量权的特点和内涵,做到准确认定违法事实,遵循裁量的原则,正确运用法律,严格遵守执法程序,做出与违法行为的事实、性质、情节以及社会危害程度相当的行政处罚结果。具体来看,交通运输行政执法人员应把握好以下几个方面的内容。

(一)深刻理解裁量内涵

交通运输行政处罚环节是当前交通运输行政执法自由裁量权最集中的地方。实践中,部分交通运输行政执法人员对规范行政处罚自由裁量权的认识不到位,甚至还存在误区,影响了运用自由裁量权的积极性和规范性。交通运输行政执法人员深刻理解交通运输行政处罚自由裁量权的内涵和特点,有利于对行政处罚自由裁量权的正确行使。

首先要充分认识到交通运输行政处罚自由裁量权存在的必然性。交通运输行政管理具有复杂性、多变性和立法的局限性,必然在法律规定中留给执法人员根据个案进行自由裁量权的空间。

其次要充分认识到交通运输行政处罚自由裁量权的"自由"是相对的,不是绝对的,执法人员行使该项权力要依法实施,做到合法和合理。

最后要充分认识到交通运输中各类行政处罚自由裁量权的特性。在交通运输各领域,如道路运输领域、路政管理领域、海事管理领域等,执法人员要深刻掌握本领域行政处罚案件的特点和规律,从而提高行使行政处罚裁量权的效率和效果。例如在海事执法的过程中,对违法违规的船舶及个人给予行政处罚是一

第五章 交通运输行政处罚自由裁量权的行使

项重要内容,海事行政处罚自由裁量权行使呈现出存在的环节多、裁量的幅度大、专业技术含量高三大特点。这三大特点反映了行使自由裁量权的难度大、裁量权力大的实际,容易产生滥用自由裁量权的不法行为,这对海事行政执法人员提出了更高的要求。例如海事行政执法人员在具体行使自由裁量权中,对事实性质和情节判断的难度加大,对"从轻"、"从重"、"减轻"处罚的处理结果更应谨慎,要避免主观随意、采用不同标准、差别对待。

因此,交通运输行政处罚自由裁量权要得以公正行使,必须先要深刻理解行政处罚自由裁量权的特点和内涵。

(二)准确把握裁量原则

交通运输行政处罚自由裁量权的行使原则明确了执法人员行使行政处罚自由裁量权时应遵守的基本指导思想和准则,具有通用的价值标准和较强的稳定性,其适用范围比具体法律规范要广泛,可以弥补法律规范的不足。在个案的处理上,交通运输行政执法人员应当掌握好行政处罚裁量权的行使原则,能够遵循原则的要求,根据立法目的,综合考虑个案的各种情况和因素,正确进行处罚;特别是在可能找不到现成的法律规范时,可以从法律原则中找到解决问题的钥匙,起到以不变应万变的作用,这对解决行政争议,弥补行政法律规范漏洞,公正行使行政处罚自由裁量权具有重要价值。

交通运输行政处罚自由裁量权行使的具体原则包括处罚法定原则、过罚相当、教育与处罚相结合、综合考量和平等对待原则。每一个原则都从不同层面规范行政处罚自由裁量权的行使,行政执法人员在行使自由裁量权时不得违反这些原则。如处罚法定原则是核心原则,要求行使程序合法,行使内容也要合法,执法人员就不得超越法律、法规和规章规定的权限、范围及幅度做出处罚。再如按照行使原则的要求,执法人员不得滥用行政处罚自由裁量权,即使执法人员作出或不作出某一具体行政处罚行为没有超越法定的权限、范围和幅度,但如果实质上违反了立法的目的、精神、原则,则属于不合理的裁量,属于行政处罚不当的处罚决定将会被法院撤销。因此,行政执法人员在行使交通运输行政处罚自由裁量权的过程中,一定要严格依照行使原则来实施,既要合法,还要合理,不得滥用手中的自由裁量权,不得有不正当目的、不善良动机、不相关考虑、不应有的疏忽、不正确的认定、不适当的迟延、不平常的背离、不一致的解释、不合理的决定和不得体的方式等情况的发生。

(三)准确认定案件事实

准确认定案件事实是判定是否对行为人正确做出行政处罚的先决条件。交通运输行政执法人员在具体执法过程中,通过对行政相对人的主观过错、实施违反行政管理秩序行为的过程及其危害后果三个方面来判断行为的性质,正确判断违法种类,为进一步准确适用法律奠定基础。如果案件事实性质判断错误,正确行使交通运输行政处罚自由裁量权则无从谈起。因此,在实施交通运输行政处罚裁量权之前,执法人员一定要谨慎判断,准确认定案件性质、种类。

(四)准确把握裁量情节

裁量的情节很大程度上决定了裁量的幅度,准备把握个案中各种裁量情节,才能准确做出裁量的幅度。交通运输相关法律、法规和规章对某些违法行为的处理规定不能让执法人员准确把握,导致处罚时很难把握。特别是对"情节严重"、"情节轻微"等情节的认定,执法实践中缺少可操作性指导意见或相关解释。执法人员要根据个案中违法行为的性质、程度及危害对象、结果,行政相对人的主观过错程度,违法行为涉及的数量、金额大小,行政相对人实施违法行为的手段、方法和行为方式等各种因素做出判断。如对屡教不改,严重损害人民群众健康和财产安全,严重妨碍执法公务的违法分子判定为情节严重;同时对主动改正,主动配合,减轻违法行为危害的当事人可以判定具有从轻情节。情节的判断直接影响到自由裁量的结果,情节较轻,则轻罚,而不得重罚;情节严重,则重罚,而不能轻罚。从轻、减轻、从重处罚等不同情节形成行政处罚轻重不同的裁量幅度。因此,在实际操作中,交通运输行政执法人员在实施自由裁量权时要准确判断裁量情节,这样有利于维护法律的公平公正。

(五)正确收集运用证据

交通运输行政处罚证据是指行政执法主体收集和核实的能够证明行政处罚案件真实情况的根据性材料。交通运输行政处罚证据是认定案件事实的依据,是正确适用法律的基础,是实现行政处罚自由裁量权公正的前提。正确收集和运用证据才能公正执法,保障当事人的合法权益。交通运输行政处罚证据包括多种形式,有书证、物证、视听资料、证人证言、当事人的陈述、鉴定结论、勘验笔录和现场笔录。正确收集这些证据要求交通运输行政执法人员在交通运输行政执法过程中,根据有关规定发现、采集、提取证据;认定和运用证据,应当遵循一定的标准,指对已经收集的行政处罚证据的证明资格进行认定与采信。执法人员要掌握好证据认定和运用的规则,包括证据相关性规则、非法证据排除规则、传闻证据排除规则、最佳证据规则、补强证据规则。

(六)严格遵守裁量程序

交通运输行政执法人员实施行政处罚自由裁量权的行为,必须严格遵守法律、法规和规章规定的步骤、方式、顺序和时限等有关程序,不得违反程序。严格遵守裁量程序有利于防止交通运输行政执法人员滥用行政处罚自由裁量权,保障交通运输行政相对人的合法权益和提高交通运输行政效率。

我国《中华人民共和国行政处罚法》第三条明确规定:"公民、法人或其他组织违反行政管理秩序的行为,应当给予行政处罚的,依照本法由法律、法规或者规章规定,并由行政机关依照本法规定的程序实施。没有法定依据或者不遵守法定程序的,行政处罚无效。"《中华人民共和国行政诉讼法》第五十四条进一步规定,违反法定程序是人民法院判决撤销或部分撤销具体行政行为的理由之一。可见,在交通运输行政处罚中,行政执法人员必须严格依照法定程序。在日常的行政处罚中,经常会出现行政处罚决定的违法行为事实清楚、证据确凿,但由于执法人员不遵循裁量的法定程序而导致被撤销。不严格执行裁量的程序,不仅影响到裁量结果的公正,还会影响行政执法的权威性,也违背了行政处罚所最追求的行政价值。

目前,交通运输行政处罚自由裁量权行使主要有内、外部两方面的程序。外部程序包括了表明身份、回避、陈述、申辩、听证、说明理由、公开制度;内部程序包括职能分离、案件主办人、集体讨论、案例指导制度等程序。在实际操作中,一些交通运输行政执法人员仍存在轻程序、重实体的问题,比如告知当事人权利、说明理由等程序在具体行使中常常流于形式,不说明理由,给以必要的说明和解释,往往达不到以理服人的效果;执法活动与执法人有利害关系,不严格执行回避制度,容易对当事人产生偏见、作出不公正裁量;对重大行政处罚案件不严格按照规定进行集体讨论,会出现执法人员个人难以公正裁量的后果;若自由裁量权行使的依据、条件、过程、处罚种类与幅度等不公开,就难以保证公众的知情权和参与权,自由裁量权的行使失去了公众的监督,就难以规范行使。因此,执法人员在行使行政处罚自由裁量权时,必须严格遵守法定的程序,才能充分保障行政管理相对人的合法权利,提高行政处罚自由裁量水平。

(七)准确适用相关法律

"以事实为根据,以法律为准绳",交通运输行政执法人员在准确认定事实后要正确适用法律。从法律、法规和规章对交通运输行政执法人员赋予的自由裁量权而言,法律、法规和规章是自由裁量的根本,是自由裁量权力行使的依据。离开了对法律、法规和规章的依据,交通运输行政执法人员就不能正确行使行政处罚自由裁量权,不能正确做出行政处罚。因此,准确适用法律依据至关重要。

在交通运输行政执法中,一些行政执法人员由于行政法理论水平及业务能力欠缺,不能全面把握、深刻理解《中华人民共和国行政处罚法》及相关法律、法规和规章的要求,会影响到行政自由裁量权的行使。为提高法律运用能力,交通运输行政执法人员应熟知法律,掌握适用法律的基本规则。

第一,要熟知现有交通运输行政执法依据。应当作为交通运输行政执法依据的规范,包括宪法、法律、行政法规、部门规章、地方性法规、地方政府规章和其他规范性文件;可以作为交通运输行政执法依据的规范,包括法律原则、公共政策和行政习惯。到目前为止,我国交通运输领域已有4部法律、20多部行政法规和250多件规章,交通运输行政执法人员全部掌握这些法律、法规和规章的内容是几乎不可能的,但对于自己行政执法领域常用的法律依据应该非常熟悉,深刻理解,对案件事实性质、情节和处罚决定依据法律做出正确的判断。

例如在道路运输执法中,执法人员查到了未经许可擅自从事液化气运输,对于该违法行为应当具体适用什么法律要做出准确判断:是直接适用《危险化学品安全管理条例》还是适用《道路危险货物运输管理规定》呢?《危险化学品安全管理条例》第七十一条第二款规定:"民用爆炸品、放射性物品、核能物质和城镇燃气的安全管理,不适用本条例。"在本案中,道路运输执法中查处的液化气属城镇燃气,因此不适用《危险化学品安全管理条例》。交通部于2005年8月1

日颁布实施的《道路危险货物运输管理规定》已经结合《中华人民共和国道路运输条例》和《危险化学品安全管理条例》对违法运输危险化学品或危险货物行为做出了具体规定,因此,交通运输行政执法人员应以《道路危险货物运输管理规定》为本案行政处罚的合法依据,以正确行使行政处罚自由裁量权,来作出正确的处罚。

第二,要掌握法律的基本适用规则。交通运输行政执法人员在适用法律时,要清楚法规之间的效力,特别是在相关法律对同一事项规定不一致时要做出正确的选择。

(1)上位法优先适用规则。交通运输法律的效力高于行政法规、地方性法规、规章;交通运输行政法规的效力高于地方性法规、规章;交通运输地方性法规的效力高于本级和下级政府规章;省级政府制定的交通运输规章的效力高于本行政区域内的较大的市政府制定的规章。

(2)特别法优先适用规则。同一机关制定的交通运输法律、行政法规、地方性法规和规章,特别规定与一般规定不一致的,适用特别规定。

(3)新法优先适用规则。同一机关制定的交通运输法律、行政法规、地方性法规和规章,新的规定与旧的规定不一致的,适用新的规定。

(4)部门规章冲突情形下的适用规则。交通运输部门规章与国务院其他部门制定的规章之间,对同一事项的规定不一致的,应当优先适用根据专属职权制定的规章;两个以上部门联合制定的规章,优先于一个部门单独制定的规章;不能确定如何适用的,应当按程序报请国务院裁决。

(八)公正做出处罚裁量

交通运输行政执法人员综合案件事实、性质和情节,正确选择法律依据后,有些情况下可直接做出判断,而绝大多数情况下,执法人员要面临行政处罚幅度的裁量。目前,各地政府法制部门都在力图建立起适合本地区实际的行政处罚自由裁量基准制度。裁量基准为规范行政处罚自由裁量权制定了具体判断、裁量标准,对法律、法规中原则性、抽象性以及弹性条款进行了细化和量化,可减少行政处罚的随意性。在具体执法中,已制定基准制度的,执法人员应严格执行行政处罚裁量基准;没有基准制度的,要综合考量,合法又合理地行使处罚自由裁量权。

第二节　交通运输行政处罚自由裁量权行使原则

交通运输行政处罚自由裁量权行使原则,是指导和统率具体行政法律规范,并要求所有交通运输行政执法主体在行政处罚中行使自由裁量权必须遵循的基本准则。它是贯穿于整个行政处罚自由裁量权的主导思想和核心观念,是行政处罚自由裁量权的灵魂,对行政处罚自由裁量权行使过程具有指导作用。在交通运输行政处罚中,不少执法人员往往只重视具体法律规范的适用,而较为忽视行政处罚自由裁量权基本原则的正确理解和适用,其结果是"只见树木,不见森林",导致了行政处罚上的不适当和偏差,影响了交通运输行政管理目的的实现。因此,了解和掌握交通运输行政处罚自由裁量权行使的基本原则,对指导交通运输行政处罚自由裁量权正确行使具有重要意义。

一、交通运输行政处罚自由裁量权行使原则的概述

(一)交通运输行政处罚自由裁量权行使原则的概念

原则是一个抽象性而具有普遍性的概念,交通运输行政处罚自由裁量权行使原则是指,根据《中华人民共和国行政处罚法》等有关法律、法规和规章的规定,明确交通运输行政执法人员行使行政处罚自由裁量权时应遵守的基本指导思想和基本准则。在交通运输行政处罚自由裁量权行使原则这个概念中,总共复合了三部分的内容。

首先,要明确交通运输行政处罚的含义。交通运输行政执法是交通行政管理的重要环节,而交通运输行政处罚又是行政执法活动的一种重要表现形式,执法人员可以依据法律对违反交通运输行政法律规范的行政管理相对人做出行政处罚。交通运输行政执法人员做出的行政处罚是否得当,直接关系到依法管理交通运输行业的重要目标。只有交通运输执法人员做出的行政处罚合法、合理,才能使行政管理相对人信服,有利于维护交通运输行业有序、和谐、健康发展。

其次,要明确自由裁量权的含义。行政处罚自由裁量权是行政执法人员对

行政管理相对人违反行政法律规范的行为,决定在一定范围内是否处罚或者如何行使权力的自由。由于法律所规定的条款不能精确地描述事件发生的具体原因、过程、处罚数额等问题,一般只规定一个范围,法律具体如何适用需要执法人员根据具体案件的性质、情节、危害程度等因素来判定,因此在执法人员进行行政处罚时,不可避免地要行使自由裁量权。立法赋予了行政执法人员较大的权利和自由处理案件的空间,同时也加重了执法人员的责任,如何规范、合法、合理地运用自由裁量权,是对每个执法人员的考验。所以有效地运用自由裁量权行使原则,可以使执法人员在一定标准的范围内处理案件,减少错误处罚的发生,维护正常的交通运输管理秩序。

最后,要明确法律原则的含义,因为只有知道法律原则在执法过程中的意义,才能更好地利用原则,解决实际问题。法律原则明确了执法人员行使行政处罚自由裁量权时应遵守的基本指导思想和准则。法律原则对执法人员自由裁量权空间的行使进行了限制,在行使自由裁量权时要遵循原则,才不会背离立法者的意图,符合社会的价值标准,才能正确做出违法处罚判定。

(二)确立交通运输行政处罚自由裁量权行使原则的缘由

1. 实现法的价值的需要

法律原则根源于社会的政治、经济、文化现实之中,是法律基本价值的承担者。它反映了立法的目的,体现了法律的本质,反映了一个社会的根本价值和社会发展趋势,是整个法律的灵魂之所在。对这些价值的不尊重或破坏,将危害该社会存在的根基。所以人们的行为或活动都必须符合法律原则,而法律原则作为强行性的规定,也体现了法的价值。

法律原则是一个国家进行立法的依据和指导思想,是一定国家和社会的法律价值和基本精神的承载者。也就是说,确定了怎样的法律原则,就确定了怎样的法律和制度。在具体制定法律的过程中,立法者一般先设定原则,然后再根据原则来制定具体法律,所以一部法律的具体规则就是法律原则的详细化、具体化。同时也是国家认可法律的标准。体现了整个社会的基本道德观和理想追求。

交通运输行政执法人员在行使行政处罚自由裁量权的时候,要时刻谨记行使原则,有助于正确地判定案件事实,做出合理裁决结果,更大限度地体现法律设定之初的社会价值。

2. 法律原则在规范自由裁量权行使上的优势

法律原则具有不确定性,没有预先规定具体的事实状态,没有设定具体的权利和义务,也没有规定明确的法律后果,只设定了标准,划定了范围。法律原则与法律规则不同,原则考虑的是案件的一般性,而交通运输管理实务千变万化,一些具体案件以及行使自由裁量权时并不完全符合法律规定的条款,甚至有很大的弹性。法律的适用不可能像使用精准的仪器一样,输入案件事实,就能输出裁决结果。执法人员如果僵化的、凭个人喜好处理,就会产生不公平的处罚,侵犯管理相对人的合法利益。为解决这样的矛盾,就需要运用法律原则来指导执法人员进行合法、合理并且适当的行政处罚裁量。

针对复杂多变的交通运输行政处罚案件,执法人员在行使自由裁量权的时候,就要根据行使原则,不能无限制地适用自由裁量权,导致权力滥用现象的发生。因此,法律原则是判定行使自由裁量权合理界限的最重要因素和评价指标,在规范自由裁量权上有无可比拟的优势。

(三)交通运输行政处罚自由裁量权行使原则的特征

首先,交通运输行政处罚自由裁量权的原则具有不确定性、抽象性。这与法理上所说的原则不确定性是一样的。原则不是具体的规则,即便是法律规则也不能针对每一件千奇百变的事件做出准确的规定,所以法律原则笼统地规定了立法者的立法理念,以得到社会的普遍认同和大多数人的遵守。

但同时自由裁量权的行使原则还是一种行为规范,虽然极为抽象,但是也具有行为准则和审判准则的功能,它超越了一切具体裁量规定,只针对抽象违法行为设定一般标准,其内涵极为丰富且具有伸缩性,所以原则只为人们的行为规定了标准、范围,没有具体的权利义务和明确的法律后果。因此执法人员要时刻谨记按原则行使行政处罚自由裁量权,才能做到合法、合理行使裁量的同时,兼顾行政管理相对人的利益,维持交通运输行业管理秩序。

其次,交通行政处罚的自由裁量权原则具有衡平性。法律规则是确定的,但是很多情况下不能与真实事件相对应,执法人员不能生搬硬套,这样会犯教条主义的错误,造成处罚案件不公的情况,而处罚不公是法律面临的根本性挑战。所以在面对具体法律规则解决不了问题时,要适当使用原则来达到处罚结果的公平性、合理性。

最后,交通行政处罚自由裁量权的原则具有法律约束力。自由裁量权的行使原则贯穿交通运输行政处罚自由裁量权始终,并具有普遍约束效力。行使原则对行政处罚自由裁量权具有法律拘束力,具有鲜明的指导力,如果执法人员在行使行政处罚自由裁量权时不遵守这些行使原则,法院在司法审查时可能撤销或者变更行政执法人员做出的行政处罚决定。

二、处罚法定原则

1. 处罚法定原则的含义

处罚法定原则是行政合法性原则在行政处罚中的具体体现和要求,指行政处罚必须依法进行。处罚法定原则包含:①实施处罚的主体必须是法定的行政主体;②处罚的依据是法定的;③行政处罚的程序合法;④行政处罚的职权是法定的。处罚法定原则不仅要求实体合法,也要求程序合法,即应遵循法定程序。

行政处罚法定原则是在汲取古代法治思想的基础上建立起来的,是近现代依法行政、法治原则的直接体现。正确理解并把握这一原则对行政处罚具有十分重要的法律价值。

处罚法定原则是行政处罚的核心原则。处罚法定原则指的是法无明文规定不处罚。如道路运输经营者的行为,只有在法律明确规定为违法行为时才可以处罚,只要法律没有规定的就不能处罚。自由裁量权的"自由"是相对的,是在法律规定范围内的自由,而不是执法机关和执法人员的任意裁量。处罚法定原则意味着,处罚的范围、种类、幅度以及程序等都应由法律明确规定,并依法实施。例如《水路运输违章处罚规定》(交通运输部令2009年第7号)规定了对违章行为的处罚种类、幅度,执法人员在实施处罚时必须严格按照规定实施,不能违反程序,也不能突破规定的种类和幅度。

2. 处罚法定原则的功能

行政处罚法定原则确立的初衷在于控制行政权的滥用。任何拥有权力的人都会滥用权力。行政执法人员不是天使,也会滥用权力,对之同样需要加以限制。处罚法定原则是依法行政、依法治国的具体体现。

依法行政要求国家行政机关必须依照法律规定,在法定的权限范围内,以法定的程序,公正、合理地行使行政权力,管理公共事务。由于行政权体现着国家政权的性质,如果运用不当,极易侵害社会公共利益和公民个人利益,因此,对行政权的行使必须通过法律加以规范,并根据法定原则,建立相应的制度和程序加以制约。行政处罚法定原则,是法治原则在行政处罚制度上的具体体现,法治原则要求立法机关必须创设良法,要对制止行政权的滥用提供法律保障,政府必须有效地维护经济法律秩序,保护公民的合法权益。

行政处罚作为行政机关或者法定组织对违法行为经常使用的制裁手段,应当维护公共利益和社会秩序,但是长期以来,在许多方面,由于没有严格地遵守处罚法定原则,反而破坏了社会秩序,侵害了公民的利益。诸如无权设定行政处罚的一些行政机关,甚至一些社会团体、企业组织,随意设定行政处罚,违法设定或者越权设定行政处罚,许多没有行政处罚权的组织和人员在行使着行政处罚权,不遵循处罚程序随意处罚等。这些都与处罚法定原则不相容,更与法治行政背道而驰。要实现依法行政,在行政处罚领域就要严格遵守处罚法定原则,依法处罚。

3. 处罚法定原则的要求

第一,实施行政处罚的主体是法定的。是指交通运输行政处罚的主体必须是交通运输行政机关或法律、法规授权的组织。行政处罚的主体要合法,根据《中华人民共和国行政处罚法》第十五、十六、十七、十八、十九条的明确规定,行政处罚由以下机关行使:①法律、法规规定具有行政处罚权的行政机关。②国务院或经国务院授权的省级人民政府可以决定一个行政机关行使有关行政机关的行政处罚权。③法律、法规授权的具有管理公共事务职能的组织。④具备依法成立管理公共事务,具有熟悉有关法律、法规、规章和业务的工作人员,对违法行为需要进行技术检查或技术鉴定的,应当有条件进行相应的技术检查或者技术鉴定这三个条件的事业组织可以接受行政机关的委托实施行政处罚。除此以外,任何机关、组织和个人不得行使行政处罚权。否则,公民有权拒绝。

第二,实施行政处罚的职权是法定的。是指交通运输行政机关或法律、法规授权的组织,必须有相应的行使交通运输行政处罚的职权。实施行政处罚应当由具有行政处罚权的行政机关在法定职权范围内实施;其他机关或者组织必须经法律、行政法规、地方性法规明确的授权或者经法律、法规和规章规定的委托才有权实施行政处罚。如公路管理机构,虽然依据《中华人民共和国公路法》第八条规定县级以上地方人民政府交通主管部门可以决定由公路管理机构依照本法规定行使公路行政管理职责。但是依据该法第八十二条的规定,公路管理机构不得对擅自在公路上设卡、收费和未经有关交通主管部门批准擅自进行公路建设项目施工的这两类违法行为进行处罚。因该法明确规定对这两项交通运输行政处罚的职责只能由县级以上地方人民政府交通主管部门行使,公路管理机构不能行使这两项交通运输行政处罚权。

第三,行政处罚的依据是法定的。行政处罚的依据是有效的法律规定,即法律、行政法规、地方性法规或政府规章可以设定行政处罚。依据现行法律规定,只有法律、法规和规章这三种规范性文件可以设定行政处罚。也就是说,行政处罚的依据被限定为法律、法规和规章。行政处罚必须由有权设定行政处罚的国家机关在《中华人民共和国行政处罚法》规定的权限范围内设定,并依法定的程序制定、公布;无权的,不得设定;有权的,也不得越权设定;不公布的,不得作为行政处罚的依据,即依据《中华人民共和国行政处罚法》的规定,由交通运输有关部门进行合法并符合权限的处罚设定,予以严格遵守。

在我国的法律体系中,不同层次的法律规范,其效力是不一样的。因此,作为行政处罚的依据,法律、法规和规章也是不完全一样的。高层次的规范性文件已经作出行政处罚规定的,低层次的规范性文件需要作出具体规定,必须在高层次规范性文件给予行政处罚的行为、种类和幅度的范围内规定。这就要求法律、法规和规章必须要遵循其各自的设定权限。一旦超出了行政处罚的设定权限,就不能作为行政处罚的依据。执法人员在适用处罚依据的时候要遵循该适用规则。

第四,行政处罚的程序合法。处罚法定原则不仅要求实体合法,也要求程序合法,即应遵循法定程序。程序是保障交通行政处罚行为能否合法的基本保障,违反法定程序实施,交通行政处罚同样是违法行为。《中华人民共和国行政处罚法》第三条明确规定"没有法定依据或不遵守法定程序,行政处罚无效"。行政机关实施行政处罚必须严格依法定程序进行。要做到依法行政,在形式上也要严格依照法定的程序进行。交通运输行政处罚的执法人员在进行处罚时,要依照法律上的程序规定,例如在处罚时要出示有效证件,着正式服装等。同时实施交通运输行政处罚,应当严格遵守调查、取证、告知等法定程序,充分保障行政相对人的陈述权、申辩权和救济权。对符合法定听证条件的违法案件,应当依法组织听证,充分听取行政相对人的意见,自由裁量减轻幅度较大等违法案件,由集体讨论决定。

4. 处罚法定原则的运用

自由裁量权毕竟是行政主体在一定情况下可以依照自己的判断作出适当处罚决定的行为,这种权力如不控制,必然会走向膨胀,导致自由裁量权滥用,损害行政管理相对人的利益。这就要求严格依法处罚,不得违背处罚法定原则,在此前提下合理行使自由裁量权,处理好二者间的关系,绝不可抛开处罚法定原则,滥用自由裁量权。

例如,在一起处罚货运车辆超限的案件中,执法人员要向当事人出示执法证件、表明执法身份后再用车辆超限检测仪进行检验,出示车辆超限检测单后核对数据,还要请当事人签字确认。并及时将超限车辆进行行政强制,发出指定停放凭证,最后通过当事人询问,罚款才能完成处罚程序。

总之,自由裁量权的行使一定不得违背处罚法定原则,应正确处理处罚法定原则与自由裁量权行使间的关系,同时也要防止滥用自由裁量权的行为。

三、过罚相当原则

1. 过罚相当原则的含义

交通运输行政处罚自由裁量权行使的过罚相当原则是指对违法事实、性质、情节及社会危害程度等因素基本相同的同类行政违法行为,所采取的措施和手段应当必要、适当,所适用的法律依据、处罚种类和幅度应当基本相同,行政处罚的种类、轻重程度、减免应与违法行为相适应,防止处罚畸轻畸重、重责轻罚、轻责重罚等。

交通运输行政处罚自由裁量权行使的过罚相当原则是对行政法比例原则的具体运用。对过罚相当原则的理解应先掌握行政法学界比例原则。传统比例原则产生于19世纪德国的警察法学,是早期德国各邦行政法院在审理警察实践中发展起来的,是法院用来控制行政裁量权自由空间的重要工具。其最初的含义是指警察权力的行使只有在必要时才能限制人民的权利,也即警察在对人民作出任何不利之处分时,都必须以侵犯人民权利最小的方式为之。所以,比例原则在行政法学上又被称为"最小侵害原则"。比例原则虽然最初产生于警察法学,但此后不断向整个行政法学扩展,乃至向宪法学发展。比例原则现在应用范围甚为广泛。

传统行政法中的比例原则要求国家应当将其限制在为实现目标而可能限制的范围内,法律必须服务于有益的目的,适合于所要实现的目的,并且在手段和目的之前确立足够的因果关系。其主要包括以下几方面内容。

(1)行政行为应当具有适合性,也称妥当性,即行政权力的行使,行政措施的采取,必须适合于所追求的法定目的。如果一项行政权力的行使,一个措施的采取不是为了达到法定目的,或者达不到法定目的,则违反了妥当性要求,从而违反了比例原则。适合性的核心问题是行政执法行为能够实现法定目的,如果法律规定的措施不能实现法定目的,行政执法行为可以超越法律的规定。例如,法律规定的罚款最高数额明显低于违法行为人因违法行为所谋取的经济利益,从而使罚款不能起到惩罚和预防违法行为的效果时,行政机关可以超过法律规定的最高罚款限额,直到与违法行为牟取的暴利相适应为止。实践中,不适合的行政行为为之甚少,因此适合性原则只适用于不符合目标的极端案例。

(2)必要性,也称不可替代性。必要性是指行政行为所造成的侵害不能超过实现目的的需要,必须是可供选择的各种措施中对公民权益限制或者损坏最小的措施。必要性原则所指的必要性是"绝对必要性",即对目的的现实来说,所采取的措施是绝对必要,除此之外,别无他法。对行政执法而言,必要性原则要求在法律规定可以达到相同法定目的可供选择的各种行为方式之中,行政执法人员应当选择对公民权益侵害或者限制最小的措施。

(3)比例性,也称相称性。即行政机关在经过适合性和必要性的考虑之后,所采取的措施可能产生的成本或损害须与其所达到的目的之间合比例或相对称。具体地说,是指一项行政措施虽然为达到行政目的所必要,但如果其实施的结果会给人民带来超过行政目的价值的侵害,那么,该项行政权力的行使就违反了比例原则。也即是说,行政主体在行使某项行政权力前,必须将行政目的达到的利益与给人民造成的后果之间进行权衡,只有在证明行政目的重于所侵害的人民权利时才能采取。反之,则不能采取。

比例原则的内容在我国台湾地区的《行政程序法》中第七条进行了全面规定,要求行政行为应依下列原则为之:第一,采取之方法应有助于目的之达成(学理上所称"合目的性原则"或"适当性"原则);第二,有多种同样达成目的之方法时,应选择对人民权益损害最少者(学理上所称"必要性"原则);第三,采取之方法所造成之损害不得与欲达目的之利益显失均衡("比例"原则)。比例原则的着眼点是目的与手段之间的正当关系,要求作为实现某种目的或结果的手段或措施,必须符合正当性。要求行政主体合乎目的、正当合理行使行政权,这样行政主体在自由裁量权上就会受到很大的限制。

具体到交通运输行政处罚自由裁量权上即要做到过罚相当,交通运输行政执法主体在行使自由裁量权的时候要依法处罚,根据相对人触犯法律的事实情节、造成后果、配合态度等方面协调考虑,适当做出裁定。

2. 过罚相当原则的功能

过罚相当原则在规范交通运输行政处罚裁量权行使中具有特殊的功能:

(1)过罚相当原则是公平与正义的具体化,有助于正义价值的实现。正如古希腊先哲所言:"公正,就是合比例;不公正,就是破坏比例。"用破坏性极大的行政手段仅获得极小的行政目的,这实际上是对社会资源的浪费。尤其是在现代社会,自由与民主是人类追求的终极目标,行政权力的设置和行使也是为了人人更好地实现这一目标,所以行政权力对人的权利和自由的影响必须是适当的、合理的,追求一个最大效率的平衡点。同样,评价某一法律是良法还是恶法,也有赖于以比例原则衡量其正义价值。

(2)过罚相当原则体现了公共利益的价值和对行政相对人利益的保护。比例原则要求行政主体实施行政行为时要以牺牲行政相对人最小利益来行为,做到公益与私益并重,消除相对人不满和对立情绪,从而使社会秩序稳定。同时,比例原则对自由裁量权的规制,控制了行政主体的行为度,防止其滥用职权,从而也保护了行政相对人的权利。

(3)过罚相当原则有助于实现行政程序与行政效率动态的比例平衡。程序和效率是一个矛盾体,它们之间的平衡制约关系直接关系着行政资源节约、行政目的实现和行政相对人保护等诸多要素的平衡。比例原则就是要求行政主体以最小的投入取得最大的行政效益,最大限度地节约行政资源。

3. 过罚相当原则的要求

过罚相当就是要求做到比例适当,这是具体实践中最难把握的,要求行政执法人员行使自由裁量权要做到行政裁量的具体手段和目的相协调、相适应。

(1)行政处罚的种类、轻重程度、减免应与违法行为相适应,防止处罚畸轻畸重、重责轻罚、轻责重罚等。

比例适当原则具体运用到交通行政执法自由裁量权中,要求我们的执法人员做到过罚相当,被处罚的行为种类和处罚幅度要与违法行为人的违法过错相适应,既不轻过重罚,也不重过轻罚,从而避免行政处罚畸轻畸重的不合理、不公正情况。例如行政主体履行监督检查职责时,有权责令违法者停止其违法行为的继续发生并限期改正,如果违法者拒不履行,那么在行使自由裁量权时则应依法从重处罚,反之从轻。

处罚必须与违法行为人的过失相适应,这是行政法上适当、合理原则在行政处罚中的体现。罚重于过,无以服人;罚轻于过,难以达到震慑和制止违法行为的目的。但必须指出,过罚相当原则并不意味着比如违法行为人造成50元财产损失,就对之处以50元罚款。过罚相当不仅是一个量的概念。例如,违法行为人因为违法行为不仅造成50元的可见损失,而且给社会秩序带来了一定危害,所以对该行为的处罚必须超过50元的可见损失,还能达到弥补社会损失的目的。这正是过罚相当原则的体现,同时也反映了增强行政处罚力度的要求。

(2)对违法事实、性质、情节及社会危害程度等因素基本相同的同类行政违法行为,所采取的措施和手段应当必要、适当,所适用的法律依据、处罚种类和幅度应当基本相同。

自由裁量行为在具体行政行为中前后一致，保持同一性。法律、法规根据社会和行政管理的需要，赋予行政主体在法定范围、幅度和种类内有自由选择和决定的权力，除提高行政效率外，使社会生活形成一种比较稳定的秩序也是立法不可或缺的目的。所以行政主体在具体行政行为中采取措施时，同样的措施应针对事实、情节、后果相类似的行为，使行政相对人能够预测自己的行为结果。在执法实践中，一些部门由于从本部门、本地区的局部利益出发以及考虑相对人的社会地位、政治背景、经济状况等因素，往往对类似的事实、情节、后果作出不一致的具体结果，甚至个别执法人员利用手中的权力索贿受贿，对相同的事实、情节、后果却作出截然不同的具体措施，明目张胆地滥用自由裁量权进行权力寻租。

4. 过罚相当原则的运用

在执法实践中，交通运输管理法律、法规赋予了执法部门根据权力的目的自由判断行为条件、自由选择行为方式，对行政相对人采取合理处罚措施，做到标准基本统一，结果基本公正。但由于行政执法人员在理解法律方面的局限性以及受一些不良外部因素的影响，在行使自由裁量权时，往往发生自由裁量超过一定标准，超出一定范围、种类，出现畸轻畸重的现象，造成行政自由裁量权的滥用，这就出现了处罚显失公正的结果，与过罚相当原则的要求背道而驰。在交通运输行政处罚自由裁量权行使过程中，应掌握好该原则的内在要求和精神实质，避免出现处罚结果不正的情形发生。

例如，吴某超限驾驶案件，执法人员经过检验，吴某的车辆超限，检测数据单上显示：该车车货总重是 3 170kg，核定车货总重为 2 000kg，总重超限 1 170kg，超限 1.17t。经过一系列调查取证，路政执法人员认为该超限运输车辆未经批准擅自行驶于高速公路，违反了《中华人民共和国公路法》第五十条和《超限运输车辆行驶公路管理规定》第三条、第十三条的规定，依据《中华人民共和国公路法》第七十六条和《超限运输车辆行驶公路管理规定》第二十三条的规定，经路政大队负责人同意后，对吴某发出交通违法行为通知书，告知吴某拟处罚 1 000 元罚款的理由依据和陈述、申辩的权利。违法行为通知书经吴某确认后，路政大队作出了罚款1 000元的交通行政处罚决定书和赔偿损失100元的公路路产赔（补）偿处理决定书。吴某收到以上两项决定书后表示由于到指定银行路途遥远不便交款，愿意接受当场处罚，经吴某当场缴款的书面申请，向路政大队缴纳了赔偿款和罚款，由路政执法人员向银行代为交纳，吴某在指定的停车场卸去超限部分货物1 170kg，由指定停车场出具超限车辆货物卸载证明，经路政执法对卸载后的车辆状况进行现场拍照后放行。

虽然执法人员的程序合法，但是根据《公路安全保护条例》第六十四条规定，违反本条例的规定，在公路上行驶的车辆，车货总体的外廓尺寸、轴荷或者总质量超过公路、公路桥梁、公路隧道、汽车渡船限定标准的，由公路管理机构责令改正，可以处3万元以下的罚款。同时，由于该省对处罚幅度设定了超限率的裁量标准，该处罚应以超限率作为决定超限处罚幅度的关键情节，处罚的幅度取决于该种违法行为对公路路产的破坏程度。从物理学角度分析，车辆对路面的损害程度取决于作用于路面的压强和受力面积。在车轴数量一定的情况下，总质量越大，作用于路面的压强越大，其损害也越大。因为只有通过超限的质量算出该车超限率才能准确地反映出其对路面的损坏程度。本案中执法人员仅测出车辆的总质量和超限质量，未进一步明确超限率，并就此对当事人实施了1 000元的处罚，属于没有很好地运用裁量权的表现，根据该省出台的裁量权标准的要求，该违法超限率已达到55.3%，应该给予超过2 100元的处罚。

该案例说明了执法人员在依法使用行政处罚自由裁量权的同时，要权衡违法的程度、其所带来的危害，再做出相对应的成比例的处罚，才可以体现法律的公平正义。

因此，交通运输行政执法人员行使自由裁量权时，应该充分考虑各方面所涉及的因素，使执法更加公正、合理，从而更好地维护交通运输行政管理秩序、社会秩序和公共利益，保护公民、法人和其他组织的合法权益，促进交通运输事业的健康发展。

四、教育与处罚相结合原则

1.教育与处罚相结合原则的含义

处罚与教育相结合的原则即要求交通运输行政执法人员实施交通运输行政

处罚,纠正交通运输违法行为,应当坚持处罚与教育相结合,通过对违法行为人施加与其违法行为的社会危害程度相当的处罚,教育公民、法人或者其他组织自觉遵守交通运输法律、法规和规章,杜绝"重处罚轻教育"、"只处罚不教育"现象。

处罚与教育相结合原则是《中华人民共和国行政处罚法》所确立的一条基本原则。该法第五条规定:"实施行政处罚,纠正违法行为,应当坚持处罚与教育相结合,教育公民、法人或其他组织自觉守法。"正确完整地认识和理解该原则的内涵、功能和要求,对于确保在行政处罚自由裁量权行使中准确贯彻实施这一原则,具有重要的理论和实践意义。

2. 教育与处罚相结合原则的功能

行政处罚的目的在于消灭行政违法。但行政违法的原因有主观故意,也有过失,所以对于知法犯法和因为不了解法律而违法的当然不能同等对待,因此,教育对于消灭违法的作用不容忽视。

作为法律制裁的一种形式,行政处罚也具有教育的功能。行政处罚对行政违法行为的制裁,确实能起到"罚一人而百人惧,惟恐其似之也"。但是,这种制裁的威慑功能,虽然能起到敲山震虎、罚一儆百的作用,但教育不是要让管理相对人对行政处罚恐惧。单纯靠处罚,并不能保障法律、法规和规章贯彻实施。因此,要维护法的尊严,制止违法行为,必须坚持处罚与教育相结合的原则。否则,搞"不教而诛",就会适得其反。

3. 教育与处罚相结合原则的要求

采取有章可循的柔性执法,提升执法理念,是建设服务型政府的重要内容。《中华人民共和国行政处罚法》第五条规定的这项原则,体现了我国行政处罚的特色。这一原则的基本精神在于处罚少数、教育多数和区别对待。处罚不是目的,而是一种手段,通过处罚教育违法者和广大公民,从而预防和制止违法行为。教育是行政处罚的基础和目的,行政处罚是教育的手段和保证,两者相辅相成,缺一不可。

(1) 要充分发挥教育的功能

一方面要惩前毖后,即通过依法追究交通运输行政管理相对人违法行为的

第五章 交通运输行政处罚自由裁量权的行使

交通运输行政法律责任,依法予以行政处罚,促使其接受教训,深刻反省,及时纠正,不再重犯。对于少数违法者为了个人或小团体的利益而不顾及大多数人的利益,实施扰乱交通运输秩序等违法行为,对这部分违法者进行必要的处罚是非常必要的,让其意识到自己的错误,从而达到教育警戒作用,使之引以为戒,中止违法行为,达到一般预防和教育的目的。

另一方面要惩恶扬善,即通过依法处罚行政违法相对人,对所有行政管理相对人进行具体生动的法制教育,使他们知道什么可以做,什么不可以做,正确预测自己的行为可能产生的法律后果,从而更自觉地遵守和维护交通运输法律、法规。同时,通过处罚、表扬各种见义勇为的行为,弘扬正气,鞭答不良风气,动员和鼓励广大人民群众积极与各种行政违法行为作斗争,共同维护好社会秩序,从而达到积极的教育预防目的。

(2)正确认识和处理处罚与教育的辩证关系

处罚与教育作为原则的两个方面,是不能分割的。处罚是实现教育目的的一种主要手段,教育是目的,处罚离开了教育,就会迷失方向,其结果往往难以达到处罚执行、不再重复等教育目的。同样,教育要以处罚为后盾,教育如果离开了处罚,就会变得软弱无力,难以达到教育的目的。

4.教育与处罚相结合原则的运用

教育与处罚相结合原则的运用过程中,要杜绝"重处罚轻教育"、"只处罚不教育"现象,也要避免过于注重教育而轻处罚、不处罚的情形。

(1)杜绝"重处罚轻教育"和" 只处罚不教育"

重处罚轻教育。在路面执法中,重处罚轻教育的趋势比较明显,基本上是违法必罚,交通运输法规中的警告条款运用得很不够或者是基本上没运用;同时在路面治超执法中,违法当事人交了罚款后而违法行为照旧的现象突出,这样在一定程度上造成治超仅为了罚款,而纠正治超违法的普遍认识得不到公众的认可和支持。

没有惩罚的教育是不完整的教育,没有教育的处罚难以达到处罚的效果。处罚的出发点、落脚点、处罚的目的都是教育、是不再罚,处罚之前对当事人进行教育是执法部门的责任。交通运输行政执法人员在行使行政处罚裁量权过程中应突出行政执法教育的目的和效果,有些情况下,因被执法对象"不了解情况、非主观故意、没有造成后果"等法律可谅解的情况也可以在教育以后不罚。

实践中有些采取不予处罚的原则,要严格依法执行。例如有些执法中采用"首查不罚"的做法,"首查不罚"缺乏法律依据。对于初犯,也应该针对不同情况分析,如果是主观故意、明知故犯,且极有可能造成后果,即使是第一次,也应该严格处罚。如果是初犯,又无意或者不懂,同时没有造成后果,可以只教育不处罚。还有对于没有严重后果是否给予处罚也要具体问题具体分析,如果主观故意、存在侥幸心理,也是一定要罚的。执法一线人员的自由裁量权,就是要根据实际情况来处理,并运用好当地出台的自由裁量细化标准。

(2)避免过于注重教育而轻处罚、不处罚

当然,我们强调说服教育,并不意味着处罚不重要。处罚不是万能的,说服教育也不是万能的。对那些明知故犯的"害群之马",就是不能心慈手软。应当处罚的,必须依法处罚;处罚时,辅之以说服,在说服时,以处罚为后盾;说服无效时,就要敢于处罚。处罚实际也是另一种形式的教育。因此,《中华人民共和国行政处罚法》规定,当事人有下列情形之一的,可以在法定范围内从重给予行政处罚:违法行为造成较严重后果的;妨碍或者逃避执法人员检查的;胁迫、诱骗、教唆他人实施违法行为的等。从重处罚是为了更好地坚持处罚与教育相结合的原则,这对于惩恶扬善和警戒教育有违法行为的相对人,有重要的意义。

例如,驾驶员叶某驾驶大型货车运载碎石,从某地尾石料场运往龙长高速公路 B4 标段,途经国道 319 线 K346+500 处时,因碎石漏撒污染路面,被某县公路路政管理所上路巡查的执法人员发现制止后才意识到自己车辆运载的碎石已对公路造成了污染。据该车驾驶员介绍说,这一路段从石料场运载碎石的车辆相当多,但驾驶员因为赶时间多半不注意运载的碎石是否会出现撒漏情况,如果公路部门没有及时发现,可能还会造成更大的污染面积。经过勘验检查,执法人员当场制作勘验检查笔录,并对驾驶员进行询问,制作询问笔录,确认了该车污染公路的违法事实,驾驶员对污染公路的事实明确加以承认。之后,对当事人进行了罚款人民币 4 500 元的行政处罚并要求缴交公路赔(补)偿费人民币 100 元。

《中华人民共和国公路法》对损坏、污染公路等影响公路畅通违法行为的处罚幅度是 5 000 以下的罚款,就此我们可以看出,路政执法人员在处理公路污染案件是具有相当大的裁量权空间。尽管对于行政违法行为的构成而言,行为人的主观过错并非成为违法行为的要件,但行为人的主观方面对行政处罚的适用具有实际价值,因为《中华人民共和国行政处罚法》第二十七条规定从轻和减轻处罚的适用情形中,明显地考虑到了行为人违法前后的心态。鉴于此,本案在实施对相对人进行处罚时,并没有充分地适用《中华人民共和国行政处罚法》第二十七条的规定,没有很好地将相对人实施违法行为之后积极配合和主动纠错的心态给予考虑。另一方面,从裁量权的裁量等级看,执法人员对相对人实施4 500元的罚款,属于按照法律进行从重处罚的适用。所以在具体使用自由裁量权的时候,要从"处罚和教育相结合"的原则出发,不要任何违法都一罚到底,最主要的是体现法律对当事人的教育作用。

五、综合考量原则

1. 综合考量原则的含义

综合考量原则是指规范交通运输行政处罚自由裁量权应当根据法律规定,全面考虑、衡量违法事实、性质、情节及社会危害程度等相关因素,排除不相关因素的干扰。

综合考量原则要求交通运输行政执法人员在行使行政处罚自由裁量权时,应当全面分析行政违法行为的主体、客体、主观方面、客观方面及社会危害后果等因素,不能片面考虑某一情节,不能受被处罚者身份、职业、性别、地位、财产状况、党派、信仰、种族、能力等各种不相关因素的干扰,应用逻辑、公理、常理和经验,对违法行为处罚与否以及处罚的种类和幅度进行判断,并作出相应的行政处罚处理决定。

2. 综合考量原则的功能

交通运输行政处罚自由裁量权是在法律、法规和规章所规定的行政处罚种类和幅度的范围内,综合考虑违法情节、违法手段、社会危害后果等因素,并对拟适用的行政处罚种类和幅度进行综合裁量,因此,作为交通运输行政执法人员,拥有巨大的自主裁量空间,容易滥用权力造成不公的裁量结果。综合考量原则对此提出了制约的要求,指引、约束执法人员的裁量行为,使其能合理、合法地处理案件。因此,综合考量原则对防止交通运输行政执法人员滥用行政处罚自由裁量权,确保裁量公正行使具有重要作用。

3. 综合考量原则的要求

综合考量原则对交通运输行政执法人员行使行政处罚自由裁量权提出了指导规范。作为执法人员,应当做到:

(1)根据法律、法规和规章所规定的行政处罚种类和幅度,全面考虑违法事实、性质、情节、社会危害程度等相关因素,对拟适用的行政处罚种类和幅度进行综合裁量的权限。在具体实施过程中,交通运输行政执法人员行使行政自由裁量权除涉及上述主要因素外,还应注意自由裁量行为在具体行政行为中的对照,即行政机关在具体行政行为中采取措施时,同样的措施应针对事实、情节、后果相类似的行为,来确保行政行为的统一性。综合考量原则要求执法人员不得机械行使自由裁量权,比如在不违背法律规定的公开、公正基本原则下,合理地考虑违法行为人的经济承受能力是非常必要的,如果作出的行政处罚决定根本不具有实现的可能性,那么就达不到处罚的效果,那这样的裁量决定是无意义的。

(2)交通运输行政处罚自由裁量权的行使应当排除不相关因素的干扰。不相关的因素,包括行政相对人的身份、地位、性别、政治信仰、宗教信仰等;行政相对人与执法机关或执法人员的关系,包括亲属关系、同学关系、师生关系、同乡关系、上下级关系等;相对人是否申辩及态度等。实践中,有些行政执法人员因当事人申辩而加重处罚;一些执法人员为了泄私愤而报复执法,加重对行政相对人的处罚,这都是属于考虑了不相关因素,是不正确地行使自由裁量权的行为。

4. 综合考量原则的运用

行政自由裁量权实际上是一种受法律、法规约束的裁量权,而不是绝对自由的裁量权。综合考量原则要求交通运输行政执法人员行使行政处罚自由裁量权时,应该充分考虑各方面所涉及的因素,使行政处罚更加公正、合理,从而更好地维护交通运输管理秩序和公共利益,保护公民、法人和其他组织的合法权益,促进社会主义市场经济健康发展。

例如,行政执法人员在查处擅自改装车辆时,要调查车主擅自改装车辆的目的,考虑这样的改装行为是否给道路运输安全带来了隐患,而不能以"尺寸不符"作为擅自改装的唯一标准,不能只要发现运输车辆的实际尺寸与道路运输证或行驶证核定尺寸不符,就以"擅自改装车辆"为由对运输业户进行处罚。这样的处罚结果没有完全考虑违法行为的相关因素,严重违背了《中华人民共和国行政处罚法》和《中华人民共和国道路运输条例》的立法精神,损害了运政执法人员在广大运输经营业户中的形象。因此,在对擅自改装车辆的行为进行处罚时,应当全面考量行为是否具有实际危害性,是否带来了运输安全隐患等因素,才能正确做出处罚决定。

再如,《中华人民共和国行政处罚法》第三十二条第二款明确规定了"行政机关不得因当事人申辩而加重处罚"。这是综合考量原则在法律上的体现,这意味着执法人员在对具体案件行使行政处罚裁量权时,不能以违法人对处罚的态度来改变裁量的结果。

六、平等对待原则

1. 平等对待原则的含义

平等对待原则是在同一违法行为或法律事实中,对相对人应一视同仁,不因相对人的身份、地位、财产等不同而在法律适用与处罚上有所区别,做到公平、公正,尊重和保障每个相对人的正当权益。

平等对待原则所宣示的理念是"相同之事物,应为相同之处理;不同之事物,应依其特性,为不同之处理。"平等的追求与实现,是人性尊严的要求与体现,也是行政执法的任务与目的。平等对待原则作为羁束行政的基本原则,主要是行政主体针对多个相对人实施行政行为时应遵循的规则,广义理解具体包括三种情况,即同等情况同等对待,不同情况区别对待,类似情况比例对待。其中同等对待规则要求行政主体在同时面对多个相对人时应一视同仁,反对歧视;在先后面对多个相对人时应当先后一致,反对反复无常。区别对待规则,要求行政主体在实施行政行为时应认真区别各相对人的具体情况。比例对待规则,要求行政主体应当按不同情况的比重来设定相对人的权利义务。在同一案件或法律行为中,这种比例往往与各相对人所起作用的大小、情节轻重相一致。对于不同情况区别对待,类似情况比例对待,主要由过罚相当原则来调整,这里主要适用同等情况同等对待的情况。

交通运输行政执法人员在处罚的过程中,在执法内容上要严格依法平等对待每一个相对人,不能因个人利害得失或相对人身份、地位、性别、民族职业、信仰、财产状况的不同而对其给予差别待遇,在执法程序上要遵守处罚行使的要求,保障相对人权益不受侵犯。例如,对同样的超载行为,路政执法人员对甲、乙都处以最低额罚款,对丙则不能处以不同的罚款,否则,违背了平等对待的原则。

2. 平等对待原则的功能

在交通运输行政处罚上适用平等对待原则对于保障行政相对人合法权益、促进行政机关依法行政具有十分重要的意义。

平等对待原则作为行政法治的重要原则,还包含了关于人性尊严与正义的观念,这些理念对充分保障行政相对人的合法权益意义重大。个人存在的价值系因其生而为人,"只要其系一个具有生命的个体,其即具备了人性尊严的权利主体适格,不因其身份、年龄、职业、性别、地位、阶级、党派、信仰、种族、能力而有所不同,亦不因其对于社会之贡献程度不同而异其评价"❶。长久以来,正义理念的重心就在于平等对待,美国学者戴维斯将之引申为"比较正义"(comparative justice),即在相同的情况获取到相同待遇才是正义。他在其《裁量的正义》一书中有这样一个比喻:假如 X 和 Y 的情况是相同的,而行政机关要求 X 交税,Y 却不用交税,那么与 Y 相比较,X 显然受到了不公平的对待;或者虽然行政机关要求 X 和 Y 都必须交税,但要求 X 比 Y 交得多,X 同样也受到了不公平的对待。现代行政以拥有较多的裁量权而令行政法治难以实现,必要的原则,特别是针对裁量权而运行的平等原则,便成了控制与监督行政机关的重要手段。❷ 这一点诚如博登海默所言,"如果享有实施与执行法律职能的机关能够使赋予平等权利同尊重这些权利相一致,那么一个以权利平等为基础的社会秩序,在通向消灭歧视的道路上就有了长足的进步"。

---

❶ 城仲模:《行政法之一般法律原则》,台北市三民书局出版,1997 年。

❷ 杨建顺:论行政裁量与司法审查——兼及行政自我拘束原则的理论依据,《法商研究》,2003 年第 1 期,第 33~35 页。

第五章 交通运输行政处罚自由裁量权的行使

平等对待原则要求行政行为的一致性,可以控制行政行为的随意性。在交通运输行政处罚裁量权行使过程中,坚持平等对待原则,对控制自由裁量权的行使,保护当事人的合法权益,提高交通运输执法人的威信,增强政府的公信力,具有重要的意义。

3. 平等对待原则的要求

社会主义法律的基本原则就是"公民在适用法律上一律平等"。无论任何法律都要遵守这一基本原则。具体到行使行政处罚自由裁量权上就要求,平等对待原则要求同等情况同等对待如下。

(1)行使交通运输行政处罚自由裁量权要做到公平。

《中华人民共和国行政处罚法》第四条规定,"行政处罚遵循公正、公开的原则"。其中公平原则是指对违法事实、性质、情节及社会危害程度等因素基本相同的同类违法行为,所适用的法律依据、处罚种类和幅度应当基本相同,做到公平、公正、一视同仁。这就要求在行使行政处罚自由裁量权时,要平等对待行政相对人,要使处罚决定与违法的事实、情节、性质、后果以及对社会的危害程度相当,而不得因为事实和法律原则以外的情况而歧视或优待任何人,不管被处罚者是什么人,有什么样的身份、地位和财产状况,都要平等对待。这种平等对待,既包括不同场合的平等对待,也包括不同时间的平等对待,还包括同种场合、相同时间的同等对待。

(2)在适用法律上要贯彻人人平等的原则,对相同的违法行为应适用相同的法律、法规。行政机关实施行政处罚时,必须以事实为根据,以法律为准绳。不得因为与行政相对人存在好的或者不好的关系而故意规避、曲解、误用法律规定。

(3)行政主体行使行政裁量权要保证标准的相对稳定性和连续性,实现人人平等。例如,在某地,当张三非法进行道路客运而没有交通主管部门的许可证,应当罚款5 000元,而李四也是非法进行道路客运而没有交通主管部门的许可证却罚款1 000元,虽然两次行政行为在外在形式上都是合法的,但同样的违法事实受到不同的行政处罚显然属于滥用职权。

4. 平等对待原则的运用

在行政处罚自由裁量权行使实践中,要运用好平等对待原则,应注意以下三个方面。

(1)避免差别待遇

行政执法人员在行政处罚自由裁量权行使中,往往会出现选择性执法的差别待遇现象,主要体现在行政执法主体对不同的行政管理相对人,刻意采取区别对待、有违执法公正的问题。常见的情形有:一是对本应确认和保护的相对人的权利不加以确认或保护;二是对本不应由相对人履行的义务而要求其履行义务,如不适当的行政处罚;三是在同等情况下,偏袒某一部分人,而歧视另一部分人。如同条件同违法情形,一些人给予处罚,一些人不予处罚。

这种差别待遇往往受人情关系等多种因素的影响,无论出于何种原因,这种执法中的差别待遇会扭曲交通运输管理和市场秩序,会大大减低交通运输执法者的威信,降低人们对法律的敬畏。选择性执法不仅摧毁政府的公信力,而且也摧毁了公民对法治精神的理解与对法律的信仰,其后果无疑是灾难性的。

因此,交通运输行政执法人员在行使行政处罚自由裁量权的过程中,应明确以下两个问题:第一,对于不法行为,应严格依法律、法规作出处罚,不能失职;第二,对相似情形的不法行为,应在明确二者的性质后,根据情节上的差别予以相应的处罚。

(2)要做到一事不再罚

此原则是指对当事人的同一个违法行为,不得有两次以上罚款的行政处罚。一事不再罚原则的目的在于防止重复处罚。实践中,一事再罚的情况并不少见。因为我国行政机关之间的职权常有交叉、重复,如大型货运车辆经常出现超载的行为,这时候公安部门就会对车主的超载行为进行罚款,同时交通执法部门又会因为超载行为而产生的对路面的超限进行罚款,因为违反了对道路的承载限制的要求,这样违法人就要对同一行为受到两种处罚,明显加大了违法人的惩治力度,产生不公平的现象,所以无论公安部门还是交通执法部门进行了罚款,另一方都不应该再进行处罚,以确保公平性。因此确立一事不再罚原则是有实际意义的。同时一事不再罚原则也限制了执法机关自由裁量权,以免出现执法机关的权力滥用。

(3)在处罚时要保障相对人的利益

第五章
交通运输行政处罚自由裁量权的行使

此条款是指公民、法人或其他组织对行政机关所给予的行政处罚,享有陈述权、申辩权;对行政处罚不服的,有权依法申请行政复议或提起行政诉讼。因行政机关违法给予行政处罚受到损害的,有权依法提出赔偿要求。行政处罚是直接剥夺相对人权力的一种行政行为,对相对人权力的保障至关重要,为了充分保障相对人的合法利益,执法人员要时刻依法行政,合理运用自由裁量权,否则,一旦给公民人身财产造成损害,给法人或其他组织造成损失的,应当依法予以赔偿,对直接负责的主管人员和其他直接责任人依法给予行政处分,情节严重构成犯罪的还要依法追究刑事责任。

例如,黄某运输粮食行至高速公路时,由于运输超限被执法人员拦截,执法人员出示了执法证件并向当事人说明了情况、告知了其合法的权利,之后对车上物品进行了超限的测定,测定结果表明货车超限数量根据法律应给予 3 000 元的处罚,所以对车辆进行扣押,并要求当事人到有关部门进行事实认定,缴纳罚金等工作。经过调查得知,黄某的货车并没有进行登记,也未拿到道路运输的许可。这种行为属于非法营运,并且超限运输对公路造成了破坏。应该进行处罚。

案件的处理却不是按照法律的规定处理,最后黄某只缴纳了 1 000 元的罚款,对于其没有营运执照和超限的行为决定合并处罚,并责令不可再进行货物运输。因为据黄某辩称他是当地知名面粉加工企业老总的亲戚,其企业为市建设作出了巨大贡献,并且黄某也不是专门非法营运,只为帮忙代为运送。而这家知名企业也为黄某求情,称其是初犯,请求有关部门减轻处罚,所以有关机关决定从轻处罚。

但事实并非黄某辩称得这样,经过调查,黄某多次无照运输,从中赚取劳务费,是有盈利的运输活动,所以属于无照运营,而其又超限行驶,所以有关部门应该对其违法行为分别处罚,此处不应胡乱套用一事不二罚的原则,应该根据不同违法行为进行分别惩处;另外黄某因为是大企业老总的亲戚而获得从轻处理也不符合公平原则,我国的法律不论对谁都应该是平等的。

从此案例我们可以看出,执法人员要做出自由裁量权时不能偏离法律的基本精神,要平等地对待每一个违法者,不能因为其身份、地位而随意减轻、加重处罚。在处罚过程中也要公平裁量,同一违法行为不能多次处罚,相反,多种违法行为也不能合并处罚。

第三节　交通运输行政处罚自由裁量权行使方法

交通运输事务纷繁复杂、变动不居。交通行政违法行为涉及的内容广泛,情况复杂、变化迅速,法律、法规不可能对所有情况下的行政处罚都规定得明确,具体在执行的过程中,交通运输行政执法人员为了更好地行使行政处罚自由裁量权,掌握一定的行使方法能够有效提高自身执法水平与效率。

一、对违法行为罚与不罚的裁量

(一)准确判定违法事实

1. 准确认定违法事实

要判断是否做出行政处罚,首先要准确认定行为事实,进行法律关系的归类。认定行为事实为不同的事实性质,就会有不同的处理结果,直接关系到当事人利益和交通行政管理秩序的维护。

认定行政违法事实遵循"法律事实"原则。

"以事实为根据"是行政机关对行政管理相对人违法事实认定的基本原则。《中华人民共和国行政处罚法》第四条规定,"设定和实施行政处罚必须以事实为依据。"案件事实性质的认定是关键的一步,关系到"是"与"非","合法"与"违法"的判断,直接影响案件处理的结果。对违反交通运输管理秩序行为一般从行政相对人实施违反行政管理秩序行为的过程及其危害后果来判断。

(1)一方面,关于行政处罚认定被处罚人实施违法行为的过程问题

违反行政法律规范的行为分为作为和不作为两种。行政处罚决定认定行政相对人实施了作为的违法行为的事实主要有:实施违法行为的时间(含期间)、地点、手段或方式、违法行为的结果,对多次进行违法行为的要将各次的时间、地点、结果等情节问题一一表述清楚。行政处罚决定认定行政相对人实施不作为的违法行为的事实主要有:行政相对人应在什么地点、条件下,在什么时间内履行其法定的义务,其在何种具体情况下未履行法定义务。

例如，偷工减料、不按施工规范和设计要求施工的违法行为是工程建设过程中最为常见的违法现象，不少建筑工程施工单位往往会通过降低建筑用材用料标准的方法敛取高额利润，导致工程质量难以保障，甚至导致出现豆腐渣工程。对这类交通执法案件的处理首先要注意案件事实性质的认定，明确相对人的行为是否构成偷工减料、不按施工规范和设计要求施工的情形。偷工减料，是指工程施工主体在工程施工的过程中，削减用料，缩短工时的行为。削减用料既包括工程建设的材料用量达不到工程设计要求，也包括使用的材料质量不符合或达不到工程设计的标准等级即以次等材料充当上等材料予以使用的情形；缩短用工主要是指在施工过程中对工序、步骤和用时进行不合规定的压缩减省，从而影响工程质量的行为。执法人员应当根据违法构成要件对案件事实做出正确的判断。

再如，经营性道路运输和非经营性道路运输。经营性道路运输主要是指为社会提供服务，发生费用结算或者获取报酬的道路运输。经营性道路运输过程中发生各种方式结算，除运费单独结算这种方式外，还包括运费、装卸费与货价并计，运费、装卸费与工程造价并计，运费与劳务费、承包费并计等结算方式。非经营性道路运输是指为本单位生产、生活服务，不发生费用结算或者不收取报酬的道路运输。如执法中碰到车辆运输其在经营过程中代理销售的其他厂家产品的案例，其当事人虽然没有发生明显的运输费用结算，但实际采取了运费、装卸费与货价并计的方式来降低产品的成本，已形成了经营性道路运输行为。非法经营的违法行为将受到行政处罚。

比如，认定被处罚人实施违法行为的过程中，如何准确认定违法行为发生地的问题。

《中华人民共和国行政处罚法》第二十条规定："行政处罚由违法行为发生地的县级以上地方人民政府具有行政处罚权的行政机关管辖。法律、行政法规另有规定的除外。"这确定了行政处罚地域管辖的一般原则，因而认定违法行为的发生地关系到确认行政违法案件的管辖权，关系到能否正确、高效地查办行政违法案件，具有重要的现实意义。目前，在行政执法实践中对"违法行为发生地"理解存在争议，主要有以下两种观点：一种是广义的理解，认为违法行为发生地包括违法行为着手地、实施地、经过地、结果地,即包括了实施违法行为各个阶段所经过的空间;另一种是狭义的理解,认为违法行为发生地仅指违法行为实施地,而不包括其他地方,特别是违法行为经过地不应属于违法行为发生地之列。

《中华人民共和国行政处罚法》虽尚未对违法行为发生地作出明确的立法解释,但各行政执法部门普遍作广义的理解,比如交通运输部(原交通部)制定的《海上海事行政处罚规定》第八十四条规定,"海事行政违法行为发生地,包括海事行政违法行为的初始发生地、过程经过地、结果发生地。"应当将违法行为发生地理解为包括行为着手地、经过地、实施地和危害结果发生地,但在确认个案具体的违法行为发生地时还应当注意把握以下两个原则。

一是要有利于提高行政执法有效性。将违法行为发生地作广义理解,囊括行为人实施行政违法行为的全过程,使违法行为人在其实施违法行为的各个阶段被发现,都可以立即依法就地给予行政处罚,有利于行政机关及时制止违法行为,打击行政违法活动,便于行政执法机关对违法事实进行调查、取证,可以有效地节省执法机关的人力、物力,提高工作效率。符合行政执法"便利、效率、为民"的原则。

二是要有利于实现行政法的核心价值。法的价值包括自由、秩序、正义,而行政法追求的核心价值是秩序,并且强调秩序是社会生活的基础和前提。对行政违法行为的查处和打击就是要维护正常的社会生活秩序,对被违法行为破坏了的迅速予以恢复,对良好的予以维持并加以促进,使其发展。一个行政违法行为侵害社会生活秩序往往表现为破坏行政管理秩序,同时侵害其他以实现秩序而得以保护的法益,比如某一地区正常的市场竞争环境,某个自然人或法人合法的财产所有权,甚至是人民群众的人身生命健康。因此,将违法行为发生地作广义理解能更好地分析违法行为对行政管理秩序侵害的程度,掌握违法行为所侵害法益的种类和数量,全面评估违法行为造成的危害后果,便于行政管理者采取适当的措施,恢复正常的行政管理秩序,维护被违法行为侵害的法益,保障社会生活,实现行政法的核心价值。

(2)另一方面,关于行政处罚认定的违法行为的危害后果问题

第五章
交通运输行政处罚自由裁量权的行使

根据我国现行法律、法规的规定,在一般情况下,行政相对人实施了违反行政管理秩序的行为,就应当给予行政处罚。但对一些特殊情况,行政处罚以造成一定的危害后果为法定要件。危害后果的表现形式有两种:一种是显现后果。即违法行为所造成的危害后果通过一定的形式表现出来。行政相对人的违法行为对国家公众的危害性程度对违法行为有显现危害后果的,均应当在行政处罚决定书中表述出来。另一种是隐形危害后果。即违法行为给社会造成的危害后果难以一定形式直接表现出来。例如,某乙无驾驶执照在交通道路上驾车行驶,其危害后果就难以以一定形式表现出来。对于隐形危害后果,在行政处罚决定书中可以不反映出来。

2. 准确认定行政处罚违法行为责任主体

根据我国有关法律、法规的规定,违法行为责任人是实施违反行政管理秩序的公民、法人或者其他组织。在认定违法行为责任人时应注意以下几个问题:

第一,有关隶属关系的问题。在我国单位之间存在隶属关系有两种情况:一种是一方单位是另一方的下属单位,不具有独立法人资格,不能以自己的名义从事民事活动;另一种是虽然一方单位对另一方单位具有一定的领导权力,但双方均是独立的法人,各自均独立核算并可以独立对外从事民事活动。对于前一种情况,其下属单位的违反行政管理秩序行为的行政责任可以由具有法人资格的一方承担。后一种情况,因双方均为独立的法人,各自仅对各自的行为负责,谁实施的行为,由谁承担法律责任。

第二,有关企业承包关系的问题。承包人在承包期间以企业的名义实施的违反行政管理法规范的行为,应当认定为企业的违法行为,而不应认定为个人的违法行为。承包人在承包期间实施承包合同规定的权利范围以外的行为,或者承包以前、以后所实施的行为违法,则应当认定为承包人的违法行为,而不应当认定为企业的违法行为。

第三,有关雇佣关系的问题。在具有雇佣关系的情况下,被雇人按照雇主的要求所实施的行为,该行为能否得到实施一般取决于雇主,所以对这种情况一般应认定为雇主的行为,所产生的行政法律责任应当由雇主承担,而不应当由被雇佣人承担。但是需要注意的是,被雇佣人所进行的雇佣关系以外的行为,应当认定为被雇佣人自己的行为,而不能认定为雇主的行为。

第四,有关委托关系的问题。主要有:①被代理人委托代理人实施民事法律行为合法,委托代理人超出了被代理委托的权限范围实施了违反行政管理秩序的行为,在没有被代理人追认的情况下,违法行为人应当认定为委托代理人,而不应当认定为被代理人。②委托人和被委托人都知道委托代理的行为违反行政管理秩序,只要委托人实施了委托的行为,被委托人与委托代理人应当是共同违反行政管理秩序的行为人。

第五,单独违法还是共同违法的问题。对于单独违法,行政机关应当有证据认定是单独实施违反行政法律规范的行为,证据应当排除共同实施违法行为的可能性。对认定共同实施违法行为的,行政处罚决定应当写明共同违法行为人在实施违法行为中所处的地位、作用和实施的具体内容,并提供相关的证据证实上述事实。

第六,关于无证经营,但有字号或有雇员的单位应认定为公民还是其他组织的问题。公民和法人的概念现行法律有明确规定,较易理解。关于"其他组织",通常都是指不具备法人资格的组织,即"非法人组织",它们虽设有代表人或管理人,但不一定具有独立的财产、营业机构和组织章程。其应具备的要件之一必须是有自己目的的社会组织体,目的可分为非营利性和营利性两种。其中营利目的在我国现行法上表现为经营范围。因此,对于营利性非法人组织来说,应当具有特定的经营范围。非法人组织必须依法进行核准登记,否则不享有非法人资格。综上,那些虽有字号或有雇员的无证经营者,应认定为公民,而不宜认定为其他组织。

3. 行使自由裁量权时合理运用证据,做到以理服人

行政主体在对相对人作出行政处罚决定之时,合理运用证据,同时给以合法、合理的解释,以达到以理服人的目的。在对行政处罚相对人作出处罚决定时,应当在案卷材料中体现裁量的理由和依据,对所有的理由和材料予以说明,真正做到以据证理,以理服人,从而更好地实施行政处罚自由裁量权。

4. 对相关法规烂熟于心,准确把握裁量标准

交通运输执法人员在执法中要做到"以法律为准绳",需首先学习、理解交

第五章 交通运输行政处罚自由裁量权的行使

通运输法律、法规、规章和各地交通管理部门制定的交通运输行政处罚裁量标准。如各地按照高速公路路政、普通公路路政、公路规费稽征、道路运输、水路运输、地方海事、港政、航政、交通建设工程管理、交通建设工程质量监督、交通建设工程安全生产监督等交通行政处罚门类确定了行政处罚自由裁量事项,分轻微、一般、较重、严重、特别严重五个档次撰写情节,并依此细化处罚额度。相应的各类执法人员应就自己执法领域的具体标准包括对自由裁量权的运用范围、行使条件、裁量幅度和实施种类等进行学习、熟悉、理解和掌握,以合理运用。

(二)对违法行为严格依据法律的规定作出裁量

首先,必须严格依法行使自由裁量权,避免超越自由裁量权。

既然我们实行依法治国,就要有法可依、有法必依、违法必究的理念,所以执法人员进行行政处罚时必须严格按照法律规定,法律、法规明文规定应当处罚的,执法人员才可以处罚。即公民、法人和其他组织的行为,依法明文规定是违法行为而应该处罚的,才能予以行政处罚。不是法律上所规定的违法犯罪,执法人员不能随意处罚。

超越自由裁量权的行为,是指行政机关行使自由裁量权,超越了法律规定的范围和幅度,是一种违法的行政行为。交通运输行政执法人员有权对具体行政行为是否合法进行审查。例如,对于加班车、顶班车、接驳车无正当理由不按原正班车的线路、站点、班次行驶的违法行为,依据《中华人民共和国道路运输条例》第七十条、《道路旅客运输及客运站管理规定》第八十九条规定:违反本规定,客运经营者有下列情形之一的,由县级以上道路运输管理机构责令改正,处1 000元以上3 000元以下的罚款;情节严重的,由原许可机关吊销道路运输经营许可证或者吊销相应的经营范围。如果没有存在法定减轻情节,交通运输行政执法人员对该违法行为处以800元的罚款,这就明显超越了自由裁量权的行政处罚行为。对于该行政行为,人民法院可以在行政诉讼过程中撤销。

其次,自由裁量权行使必须符合法律目的。尤其是涉及罚款、没收财物等财产性处罚,罚没的数额应以立法目的为标准。

第三,自由裁量权行使中不能放弃其权力。

自由裁量权是一种行政职权,具有不可放弃性,否则即为失职,因此执法者在执法时不能因怕当被告而对违法者处罚时利用自由裁量权随意减轻处罚甚至放弃处罚。

(三)准确判断是否存在免除处罚的情形

应当罚的要做出处罚。不应当罚的要严格依法来做出决定。是否可以不罚,即首先要准确判断是否存在免除处罚的情形。

"以事实为根据、以法律为准绳"是行政执法的根本原则。交通行政执法人员在执法中对相对人实施行政处罚,首先要查明当事人的基本违法事实和违法行为情节。基本违法事实是决定是否给予当事人行政处罚的前提条件。对当事人实施行政处罚,在有基本违法事实的基础上,还要考虑违法行为情节,如违法行为人主观过错程度如何,社会危害后果是轻还是重,是否积极减轻危害后果等。违法行为情节实际上也是违法事实,但这种违法事实只是作为免除、减轻、从轻、从重处罚的事实根据。

在交通运输行政处罚中,执法人员在认定基本的违法事实作出行政处罚决定,如果忽视查清并依据违法行为情节来决定更合理的行政处罚,必然影响行政处罚的合法性、合理性和公正性。因此,执法人员在实施行政处罚过程中,必须查清相对人有没有免除、减轻、从轻、从重处罚的情节事实,然后依据其情节再作出合法、合理、公正的行政处罚决定。

交通运输执法人员对违法行为是否作出处罚的自由裁量权行使中,要准确判断是否存在免除处罚的情形。对于不存在免除处罚的情形,必须严格依法对当事人做出相应的行政处罚。因此,执法人员首先要掌握免除处罚及其条件、情节和事由,以在行使自由裁量权过程中作出正确的判断。

1. 免除处罚

免除处罚,是行政主体对行政相对人实施的违法行为轻微并及时纠正,没有造成危害后果或其他依法应当不予行政处罚的,不予追究法律责任,即不对违法行为人作出行政处罚。

2. 免除处罚的条件

免除行政处罚,应当坚持以下三个前提条件:

一是相对人已经实施了违法行为。这里的"违法行为",指的是基本违法事实。基本违法事实是实施行政处罚的前提条件,因此,相对人没有实施违法行为,就谈不上违法行为情节问题,就不可能受到行政处罚,故也就不存在免除处罚问题。

二是违法行为人依法负有法律责任。当事人实施某种违法行为,法律对该违法行为有明文规定的法律责任。如果其违法行为没有法律责任,本身就不受行政处罚,更谈不上免除处罚问题。

三是必须有法定的免除处罚的情节或事由。

3. 免除处罚的情节和事由

免除处罚的情节和事由,是不予追究行政处罚责任的违法行为的具体事实情况和法律规定的理由。根据《中华人民共和国行政处罚法》和其他有关法律的规定,对当事人的违法行为予以免除处罚的法定情节和事由主要有以下几种。

(1)违法行为轻微并及时纠正,没有造成危害后果的。《中华人民共和国行政处罚法》第二十七条第二款规定:"违法行为轻微并及时纠正,没有造成危害后果的,不予行政处罚。"执法机关适用这条规定,以情节轻微为由,对擅自占用挖掘公路违法行为人免除行政处罚,应当同时把握如下三个条件:一是相对人实施的占用挖掘公路违法行为在情节上必须轻微。比如擅自挖掘占用极小面积公路,且不在影响通行的区域;二是相对人已经及时纠正违法行为,其自行停止施工并能及时修复;三是没有造成危害后果。

在实践中,应当注意:当事人确有经济困难,实在无法交纳罚款,不是免除罚款处罚的法定事由,再者,罚款处罚对违法行为人和社会有着法制教育的效果和意义,因此应当作出罚款处罚决定,但在执行程序中,经当事人申请和执法机关批准,可以暂缓或者分期交纳。

(2)未到法定行政责任年龄,即违法行为人实施违法行为时不满14周岁的。根据《中华人民共和国行政处罚法》规定,我国自然人行政责任年龄为14周岁。凡是不满14周岁的自然人,属于无责任能力人。这些人实施违法行为,一律免除行政处罚。这里需要强调的是,未到法定行政责任年龄的自然人实施交通运输违法行为,除了对其本人免除处罚外,根据不牵连原则,其法定监护人和其他有关人员也不为其承担行政处罚责任。

在现实生活中,偶然遇见的是,不满14周岁的自然人在成年人的指使下为指使人的非法利益而实施违法行为。对这种情况,应当处罚成年的指使人,而不能处罚未成年人,也不能把未成年人作为共同违法行为人一起处罚。

(3)精神病人在不能辨认或者不能控制自己行为时有违法行为的,全部丧失行政责任能力。全部丧失行为能力的精神病人,不能辨认是非,不知道自己的行为是否违法,也不知道是否会造成社会危害后果,因此应当予以免除处罚。

(4)已经超过追诉时效。追诉时效,是行政主体追究行政相对人违法行为所应承担的法律责任的有效期限。《中华人民共和国行政处罚法》第二十九条规定:"违法行为在两年内未被发现的,不再给予行政处罚。法律另有规定的除外……"两年期限从违法行为发生之日起计算;违法行为有连续或者继续状态的,这两年的追诉时效应当以违法行为结束之日起计算。

(5)初次实施违法行为,没有造成危害后果的。

(6)属于紧急避险的。

(7)其他依法不予行政处罚的。免予处罚则是对违法行为人的违法行为进行认定,基于法定情节而决定免对其处罚,称免予处罚。

对于非在免予处罚范围的,执法人员应严格依法对违法行为进行相应的行政处罚。决定进行行政处罚首先要确定做出何种类型的处罚。

二、对处罚类型的裁量

行政处罚包括六种:(一)警告;(二)罚款;(三)没收违法所得;(四)没收非法财物;(五)责令停产停业;(六)吊销许可证。每一种处罚类型具有不用的作用、意义和效果,其立法理由、意义和目的不尽相同。执法人员应明确行政处罚种类之间的轻重关系,正确选择处罚类型,这需要从多方面来考虑。

1. 认定事实

对违反行政管理秩序行为,应准确判断行政相对人的主观过错、实施违反行政管理秩序行为的过程及其危害后果等各个方面,根据具体的案件情况选择处罚类型。

2. 考虑相关因素

未考虑相关因素或考虑了不相关因素,或者过分强调或轻视了一个相关因

第五章 交通运输行政处罚自由裁量权的行使

素,都有可能影响裁量结果的公正。行使交通行政处罚自由裁量权时要将各种因素,尤其是相互冲突又各具价值意义的因素进行综合权衡。

行使交通行政处罚自由裁量权时,须建立在正当考虑基础上并合乎情理。所谓正当考虑是指在做出行政处罚时,对相关因素应当考虑,对不相关因素应排除。如进行处罚时,当事人过错产生的客观原因、危害程度和当事人的认错态度、经济状况以及法律、法规做出的特殊规定等因素应当考虑。而对于人情关、各种"关照"等则应当排除。此外,运用自由裁量权做出行政行为,还必须符合情理。这里的情理,是指事物的客观规律以及大多数人普遍认为的公平合理的标准。

3.确定处罚类型

首先要准确理解各类处罚类型的意义和特征。一些执法人员对行政处罚的理解片面化,认为处罚就是罚款,且处罚幅度调整思路单一。在执行中,绝对化倾向明显,偏重对行政处罚数量幅度的调整,忽视对行政处罚种类的调整,背离了处罚与教育相结合、查处与规范相结合的原则。对违法违规行为绝对化,偏重处罚数量幅度调整,忽视处罚种类调整的倾向较为突出,给予警告、责令改正、责令停业整顿、吊销营业执照、移送司法机关处理等案件不多。在行使交通行政处罚自由裁量权时要尽量避免这类现象的发生。

执法人员在做出处理决定时,需要首先将处罚的各个罚种进行一个轻重的排序。交通行政处罚领域基本不涉及人身罚,但要区别个人和组织处罚对象。不同处罚种类的轻重关系先要分门别类进行比较。申诫罚中,通报批评重于警告;财产罚中罚款和没收因个案而不同,没有办法比较轻重,往往也无此必要;资格罚中,暂扣处罚要远远轻于吊销。困难的是对申诫、财产和资格罚三者之间进行比较,根据处罚设定的相关规定、执法人员的生活常识和人们的一般理解并结合处罚实践的实际效果,一般认为申诫、财产到资格罚是按照从轻到重的顺序排列的。但是对通报批评不能一概而论,对商业组织的通报批评,其往往比罚款还要严重,如在交通建设市场、交通质量监督领域的通报批评。

例如,我国现行海事法律、法规和规章规定,海事行政处罚主要有警告、罚款、扣留证书、吊销证书、没收船舶等。有些法规同时规定了可选择的几种处罚种类。例如,《海上海事行政处罚规定》第四十条第(一)项规定"对船长处以200元以上1 000元以下罚款,并可扣留船员职务证书3个月至6个月",也就是说,海事执法人员可以选择一个处罚种类进行处罚,也可以选择罚款和扣留船员职务证书两个处罚种类同时处罚。执法人员要充分考虑各相关因素后做出决定。

对于没有制定自由裁量权标准的,要结合案件事实和法规综合考虑。对已制定自由裁量权标准的,要严格遵照执行。

三、处罚幅度的裁量

(一)正确运用基准制度

交通运输行政执法人员在具体行使交通运输行政处罚自由裁量权时,应正确运用基准制度。

面对过多的自由裁量权催生了行政效率低下、随意处置相对人权利、权力"寻租"等多种弊端共存的现实情况,对交通运输行政处罚自由裁量权引入规则的细化、量化等裁量基准技术,把违法情节和处罚程度分成不同等级,让所有行政处罚都"对号入座",从源头上解决过于"自由"的问题,无疑具有很强的针对性和积极意义。但尽管采用基准的方式详细限定自由裁量权的行使细节,可以有效防止恣意行政,减少侵权、滥权的可能,甚至现实中某些过度规则化的自由裁量约束制度不仅是要"控制自由裁量权",实质上是要"消灭自由裁量权"。然而,相对于多变的社会生活而言,规则永远是相对静止的,根本无法全面、精确地预测和规范所有的行政管理事项,很难和实践一一对应,更存在着对事实本身在什么角度以及如何评价、取舍剪裁等问题,企图满足"贪得无厌"的现实,做到"一把尺子量到底",是一件勉为其难的事情。

千百年来的行政实践证明,自由裁量权虽常被认为是政府滥权、政治腐败的原因,但是根本不可能将其从行政领域彻底删除——"裁量对规则体制的运转在逻辑上是完全必要的,实际上是不可消除的:它们无法消除,除非消除规则体制自身。"[(英)卡罗尔·哈洛、理查德·罗林斯,《法律与行政》]也就是说,裁量基准的设计无法穷尽现实多样性这一基本事实。虽然建立了自由裁量基准制

第五章 交通运输行政处罚自由裁量权的行使

度,但行政自由裁量权仍恒久存在,这是由于行政情景的变化莫测、立法领域的预留空间、立法者不可能制定出绝对完美的行政规则,而自由裁量权恰好能应对规则的不完美等原因决定的。即便是细化了交通运输行政处罚自由裁量权的基准制度,仍然存在裁量的空间。具体到个案的违法行为程度有轻重之别,危害有大小之分,如果只规定一个标准而没有相应的自由裁量空间来处理不同行为,这看似公平"一视同仁",实质上却掩盖了极其大的不公平性。给执法者适度的自由裁量权,便于做到区别对待有的放矢,以达到法律规则无论适用于哪一种事实都能得到同样公正的效果,在一定程度上反而弥补了法律规定僵化的缺陷。

事实上,自由裁量控制的核心问题,是寻求人与制度、规则的普遍性正义与裁量的个别化正义之间的平衡问题。制定量化细则固然重要,以便有一个大致的标准可供采用,避免天马行空,但关键还要对滥用自由裁量权进行控制,任何实体的公正都必须以程序的公正为支持。只有建立健全告知制度、职权分解制度、行政时效制度、执法责任追究制度、合议制度、听证制度等,通过规范行政处罚程序,切实保障当事人的知情权、陈述权、申辩权、救济权,不仅能对行政处罚自由裁量权的滥用起着控制作用,更能给予当事人进行"自卫"或"抵御"的机会。

如某省高速公路路政处罚自由裁量权基准中,对擅自占用挖掘高速公路的违法种类进行了裁量权行使的细化,依据《中华人民共和国公路法》第七十六条"有下列违法行为之一的,由交通主管部门责令停止违法行为,可以处三万元以下的罚款:(一)违反本法第四十四条第一款规定,擅自占用、挖掘公路的;"和《路政管理规定》第二十三条的规定,该基准制度对违法程度分为五类,即"轻微、一般、较重、严重和特别严重",并对每一类的情节危害后果做了明确规定,如对于什么是"轻微",作出规定"擅自挖掘占用高速公路一平方米以下,自行停止施工,并及时修复,没有造成危害的;一平方米以下,在交通执法部门责令停止违法行为后,停止施工行为,或及时足额赔(补)偿,没有造成危害的。"对什么是"一般",作出规定"一平方米以上,三平方米以下,交通执法部门责令停止违法行为后,在规定时间内自行停止施工并及时修复的,或及时足额赔(补)偿。"对什么是"特别严重",作出规定"十平方米以上,交通执法部门责令停止违法行为后仍未停止施工,并造成其他严重危害的"。该基准针对每一违法程度在前述法律规定范围内,规定了相应的处罚幅度及处理方式,对于"轻微"的危害后果规定了"不予处罚"的处理结果;对"一般"的危害后果规定了"处500元罚款"的处理结果;对"特别严重"的危害后果规定了"处15 000元罚款"的处理结果。对于该行政处罚自由裁量权的行使,该基准制度已细化为五种程度,但以其每种程度规定来看,执法人员仍无法直接一对一地做出机械判断,还需要根据案件具体情况作出相应的处理决定。如对于轻微的认定,"并及时修复",这其中面临着对什么是"及时修复"的判断问题,这就要取决于执法人员的经验和常识判断,如果认为是非及时修复的,是否还会做出不予处罚的决定,直接影响到管理相对人的利益。再如对"特别严重"的认定,要求"造成其他严重危害的",这就需要在执法过程中对什么是"严重危害"做出判断,这个性质的判断,直接影响到处罚的结果,即15 000元的罚款,还是5 000元的罚款,或其他更少的数额,这样的处罚数额差距之大对管理相对人产生重要的影响。因此,可以看到,精细的自由裁量权基准制度仍然无法形成简单的套用公式,自由裁量权是永不消逝,无法消逝的,交通运输行政执法人员仍然面临着如何能够合法合理行使自由裁量权的问题。

行政处罚自由裁量权基准制度,针对不同的违法行为和种类,制定公平、公正的行政处罚实施标准,增强行政执法透明度,规范行政处罚行为,做到合法、合理。但裁量基准制度与生俱来的局限性这一基本事实要求每一位交通运输行政执法人员面对细化的自由裁量权基准制度,仍需注意行使自由裁量权的几个重要方面,做到正确行使自由裁量权。

(二)正确决定处罚幅度

1.认定事实

准确认定情节轻重。对违法事实情节轻重的准确认定,是正确确定处罚幅度的前提条件。所谓情节是指事物发生、发展的因果关系和演变过程。违法行为的情节可以分为主观和客观两个方面。主观方面包括目的、动机、心理状态和态度表现等,客观方面包括时空、对象、方式手段和危害后果等。在实施行政处罚时,必须认真考虑上述主观和客观两个方面的违法情节。在实务中,行政执法人员往往违反比例性、适度性和必要性，随意选择具体事实是属于"情节较轻"还是"情节严重"，从而随意适用从重从轻或减轻的规定。

例如，在海事法律、法规和规章中，有不少法条规定的是酌定情节。即在量罚时，需由海事部门酌定违法情节的范围、程度和轻重。法条中经常可见"根据不同情节、视情节严重、造成严重污染"等模糊语言来概括、规定，其本身没有明确的内涵和外延，又缺乏认定情节轻重的法定条件，具体理解和适用，只有听凭海事执法人员去判定。如《内河交通安全管理条例》第六十四条："违反本条例的规定，船舶未持有合格的检验证书、登记证书或者船舶未持有必要的航行资料，擅自航行或作业的，由海事管理机构责令停止航行或者作业；拒不停止的，暂扣船舶；情节严重的，予以没收。"又如《水上安全监督行政处罚规定》第十八条："船舶不按规定办理变更或注销登记，或者使用过期的船舶国籍证书或临时船舶国籍证书，情节严重的，船籍港登记机关可以处以本规定第十六条规定的罚款数额的10%的罚款。"执法人员要根据具体案件情节进行裁量。

2. 确定阶次

进行量罚前，对于没有制定自由裁量权标准的，要结合案件事实和法规进行综合考虑。对已制定自由裁量权标准的，要严格遵照执行，准确确定阶次。确定阶次，找准处罚幅度。执法人员要尽量避免出现合法但不合量的决定。往往表现在两个方面：一是执法结果与立法目的相悖，如对违规行为处理不适当；二是未将相关因素纳入考虑，如对从事个体经济违规行为的个别处罚，没有顾及国家有关"优惠政策"和扶贫政策。

3. 量罚

量罚要求合理把握裁量尺度。首先，准确理解不予行政处罚、减轻行政处罚、从轻行政处罚和从重行政处罚的含义和内容；其次，要熟练掌握行政处罚相关法规的规定。

例如，碎石洒漏等公路污染案件在公路路政行政处罚中占有相当大的比重，《中华人民共和国公路法》对损坏、污染公路等影响公路畅通违法行为的处罚幅度是五千元以下的罚款，路政执法人员在处理公路污染案件时具有相当大的裁量权空间。因此，根据什么样的违法情节对相对人实施何种程度处罚的裁量权问题成争议的关键所在。还有,路政执法人员在执法过程中,面对高速公路上打千斤顶损坏路面的情况,同样是损坏路面的违法事实,就要根据行为的性质作出不同的处理,对那些不采取保护措施甚至损坏逃逸的要重处重罚,而对采取了保护措施的要处理得轻些。

在实行中要掌握处罚规则。禁止不分情节轻重一律实行上限罚款。如从重处罚:主观恶意的,从重处罚;后果严重的,从重处罚;区域敏感的,从重处罚;屡罚屡犯的,从重处罚。对其中由国家机关任命的人员,交通运输部门应当移送任免机关或者监察机关依法给予处分。从一重处罚:多个行为分别处罚,一个主体的多个环境违法行为,虽然彼此存在一定联系,但各自构成独立违法行为的,应当对每个违法行为同时、分别依法给予相应处罚。

再如,对首次违章的行为,可以按法律、法规规定的最低处罚方式标准进行处罚;对于罚款的幅度以百分比或者倍数计算罚款,第一次查获的均以最低数基数点,以后依次提高百分点或倍数,直至罚款的最高限。在送达行政处罚决定书前,要有减轻或从轻、从重等方面各项因素的充分证据,按规定细划的计数标准加减合计事项及结果,制作附件说明书,并将附件说明书放入行政处罚案件卷宗一并存档。若以前有违章处罚记录的,也要将以前的所有行政违章处罚决定书复印件放入卷宗一并存档。综上所述就是以违章次数为基准数,其他应考虑的相关各项积极因素、消极因素为上下浮动线,进行公式化计算。有条件可以制作相关软件,就更加方便、快捷、准确。

例如《中华人民共和国道路运输条例》第七十四条:"违反本条例的规定,机动车维修经营者签发虚假的机动车维修合格证,由县级以上道路运输管理机构责令改正;有违法所得的,没收违法所得,处违法所得2倍以上10倍以下的罚款;没有违法所得或者违法所得不足3 000元的,处5 000元以上2万元以下的罚款;情节严重的,由原许可机关吊销其经营许可;构成犯罪的,依法追究刑事责任。"当第一次查获某某机动车维修经营者签发虚假的机动车维修合格证,违法所得6 000元,没收违法所得6 000元,并处6 000元×2(倍)=12 000元的罚款,规定有减轻或从轻、从重的因素一项按30%加减计算;当第二次又查获该机动车维修经营者签发虚假的机动车维修合格证,违法所得2 000元,没收违法所得 2 000。

（三）避免处罚幅度不当

行政处罚显失公正是指行政主体在自由裁量权限范围内作出的虽然在形式上不违背法律、法规的规定，在法律规定的手段、范围、幅度内，但在实际上与法律精神相违背，没有依据立法目的和公正合理的原则精神来执行法律，行政机关不正当地行使了权力，损害了社会或个人的利益，而表现出明显的不公正的违法处罚。"显失公正"虽然在形式上合法，但违背了合理性原则，表现出明显的不公正。

"显失公正"只限于具有行政处罚权的行政主体作出的行政处罚，没有行政处罚权的行政主体或其他组织作出的显失公正的处罚属于超越职权的行为，行政处罚以外的行政行为也不构成行政诉讼法上的"显失公正"；"显失公正"只能发生在自由裁量行为中，超越权限范围就构成其他形式的违法。羁束行为由于法律、法规规定明确、详细、具体，行为人实施该行为只能严格依法办事，不存在自由选择的幅度，因而只发生是否合法的问题，不会发生是否合理正当的问题。只有在自由裁量行为中，由于行为人在法律许可范围内作出行为选择时，有责任考虑哪一种选择更符合立法的意图和法律目的，才会发生行使职权是否合理正当的问题。因此，对于交通运输行政执法机关违反羁束性法律规范的，其执法行为构成违法，相对人可以向人民法院提起诉讼；交通运输行政执法机关违反法律授权目的、超越自由裁量范围的执法行为构成违法，但在自由裁量范围内的偏轻偏重，甚至畸轻畸重行为，属于不当或严重不当行为，是一种违法的行政行为，与法律精神相违背，损害了社会或个人的利益。对于自由裁量行为，如果不是显失公正，人民法院不予受理，或不予进行审查。"显失公正"是一种滥用行政处罚自由裁量的行为，人民法院有权进行司法审查并行使司法变更权。我国《中华人民共和国行政诉讼法》第五十四条第（四）项规定，行政处罚显失公正的，人民法院可以判决变更。

显失公正的行政处罚行为主要有以下几种情形。

（1）畸轻畸重。即行政处罚与相对人应受处罚的违法事实严重背离，与相对人应承担的行政责任极不相称；行政处罚虽然在法定的幅度之内，但是与被处罚人违法行为实际应受的处罚相差很大。法律、法规规定给予违法行为人行政处罚，就行政处罚本身而言，并不是法律所追求的目的。法律、法规规定行政处罚的目的是为了预防新的违法行为的出现，防止、纠正侵犯权利的行为，保障人民权利和社会秩序。要达到法律的目的，必须做到违法行为人所受到的行政处罚与其过错大小相一致，所有的违法者不论地位高低，只要违法情节相同的，一般都应给予相同的行政处罚，如果给予过错很大的违法行为人很轻的行政处罚，就不能使其畏惧法律的威慑作用；如果对于过错很小的违法行为人给予很重的行政处罚，就有可能使其对社会产生报复心理，亦不可能起到防止、纠正违法行为的作用。因此说行政处罚不相称，是无法达到法律所求的目的，属于一种不合理的表现形式。

（2）同责不同罚。即对同样责任的两个相对人采取轻重不同的处罚方法或幅度，如同样行为，不同处罚；不同样行为，同样处罚，执法不一致。我国宪法规定，法律面前人人平等。根据这一原则，对每一个公民、法人或其他组织违反行政法律规范的行为，性质、情节相同的，应给予相同的行政处罚。尽管法律、法规没有规定对这种情况应该处以何种处罚，但对同样责任者给予不同轻重的行政处罚，就违反了法律面前人人平等的原则或公正原则，也是一种不合理的表现形式。比如在海事行政处罚中，吨位相等的不同船舶，相同或不同时间，同样的违法行为而有不同的裁决结果，或者是吨位大的船舶，相同或不同时间，同样违法行为其处罚的金额要低于吨位小的船舶；不同船舶，同一性质不同行为形态给予相同处罚或虽是不同处罚，但处罚与行为的过错程度不相适应。如某地查处的两条船舶，两条船的吨位都相差不大，而且两条船的违法行为都一样，都是船舶最低安全配员不足，按规定两条船的处罚结果也应差不多，但从处罚的结果来看，两条船在不同的时间处罚的结果就大不相同。一条处罚了300元，而另一条却被处罚了800元。

（3）过罚颠倒。即在同一案件中重者轻罚或轻者重罚，无一定标准，处罚幅度任意性大，高低悬殊。在同一案件中，行政主体给予违法责任重者较轻的行政处罚，或给予违法责任轻者较重的行政处罚，这种情况往往仅从单方行政处罚来看，并无明显的畸轻畸重，但这种处理相比较之下有失公正，因此，难以使被处罚

第五章
交通运输行政处罚自由裁量权的行使

者心服口服,甚至有可能使被处罚者产生逆反心理,公开与社会对抗,起不到纠正违法者的错误,防止以后类似违法行为再发生的作用,亦属不合理的一种形式。

(4)考虑不当。考虑了不应考虑的情况,或者应该考虑情况没有考虑。没有考虑相关的因素。行政执法应当考虑的相关因素,如违法行为发生的时间、地点、动机、故意、过失、目的、造成的危害社会的后果、违法行为的次数、是偶犯还是惯犯、违法金额的大小、是否主动消除了违法行为产生的后果等事实和法律因素。再如没有考虑被处罚者的实际承受能力。行政主体在作出行政处罚时,应考虑到被处罚者的实际承受能力,不能使被处罚人无法生活。如果给予行政处罚人的行政处罚到其无法承担的程度,不但其无法承担行政处罚所规定的义务,使其无法生活下去,而且也难以使其认识错误,纠正错误,有可能导致其作出新的违法行为,不利于社会的安定团结,也属于不合理的一种形式。

不正确考虑相关的因素。执法人员运用自由裁量权做出的某项处罚决定,如果是根据不相关的因素做出的,或者是因为没有考虑而必须应当考虑的相关因素做出的,该种自由裁量的行使则成为一项不合理的决定。例如,在对船舶违章抛锚的违法行为进行处罚时,发现该船舶还存在国籍证书过期的情况,而根据此对违章抛锚进行从重处罚的不合理情形。再如,船舶在港区水域内,由于不可抗力造成海洋水产资源的轻微破坏,执法人员在实施处罚时没有考虑"不可抗力"等相关因素而直接做出处罚决定的行为。不相关的因素还包括相对人的身份、地位、性别、政治信仰、宗教信仰;相对人与执法机关或执法人员的关系,包括亲属关系、同学关系、师生关系、同乡关系、上下级关系等;相对人是否申辩及态度;有些行政执法主体因当事人申辩而加重处罚。实践中,一些执法人员为了泄私愤而挟嫌报复、公报私仇,加重对相对人的处罚,也属于考虑了不相关因素。

(5)反复无常。行政机关对同一违法行为前后处理结果不一致,今天这样处理,明天那样处理。如对同一艘船舶的同一违法行为,在不同的航次中往往表现为不同的裁决结果,时重时轻;对同一船舶,不同航次、不同违法行为形态给予相同处罚,或虽是不同的处罚,但处罚结果与行为的过错程度不相适应。如某一艘船在三个航次中都超载运输,并且每次都被查处,并进行了处罚,但是这三次的处罚结果都不同。在这三次处罚中,对超载这一违法行为的罚款分别为10 000元、900元和300元。又如一条船舶在从徐州装煤炭到南通的行程中,一共被罚了六次款。按规定该船的六次违法行为的处罚标准都差不多,但这六次处罚的额度从200～1 500元不等,裁决的结果随意性比较大,没有一个相对具体处罚标准。

四、处罚减轻的裁量

就交通运输行政处罚自由裁量权的分级制度而言,可以考虑将交通运输行政处罚自由裁量权划分为免除处罚、减轻处罚、从轻处罚、从重处罚等裁量等级。

1. 免除处罚

前文已论述。

2. 减轻处罚

减轻处罚是指在法定的处罚种类或处罚幅度最低限以下,对违法行为人适用的行政处罚。可以减轻处罚的量罚因素包括:①已满14周岁不满18周岁的人实施违法行为的;②情节轻微,社会影响和危害较小且主动纠正违法行为的;③主动中止违法行为的;④主动消除或者减轻违法行为危害后果的;⑤受他人胁迫有违法行为的;⑥配合查处违法行为有立功表现的;⑦又聋又哑的人或者盲人实施违法行为的;⑧初次实施违法行为,危害后果极小的;⑨其他依法可以减轻处罚的。

3. 从轻处罚

从轻处罚是指在法定的处罚种类和处罚幅度内,对违法行为人在几种可能的处罚种类内选择较轻的处罚方式,或者在一种处罚种类中法定幅度内选择较低限至中限进行处罚。可以从轻处罚的量罚因素有:①已满14周岁不满18周岁的人实施违法行为的;②主观无恶意,社会影响和危害较小的;③主动中止违法行为的;④在执法机关查处违法过程中,积极配合调查,如实陈述违法情况的;⑤主动交代违法行为的;⑥在共同违法行为中起次要或者辅助作用的;⑦初次实施违法行为,危害后果较小的;⑧其他依法可以从轻处罚的。

4. 从重处罚

从重处罚是指在一种处罚种类中法定幅度内选择中限至高限进行处罚。应当或可以从重处罚的量罚因素包括:①情节恶劣,造成严重后果的;②违法行为社会影响恶劣,造成影响面较广的;③违法行为被群众多次举报的;④逃避、妨碍执法、暴力抗法尚未构成犯罪的;⑤转移、隐匿、销毁违法证据,故意提供虚假证据,或者拒不配合交通行政执法人员调查取证的;⑥经执法人员劝告后,继续实施违法行为或者在规定期限内未停止、改正违法行为,以及未采取其他补救措施的;⑦在共同违法行为中起主要作用的或者胁迫、诱骗他人实施违法行为的或者教唆未成年人实施违法行为的;⑧多次实施违法行为,或者被处罚后一定期限内再次实施相同违法行为的;⑨在发生突发公共事件时或者专项整治期间实施违法行为的;⑩违法行为引发群体性事件的;⑪侵害残疾人、老年人、未成年人等群体利益的;⑫对举报人、证人或者执法人员打击报复的;⑬其他依法应当从重处罚的。

第六章
交通运输行政处罚自由裁量权行使的典型案例分析

本章主要分析交通运输行政处罚自由裁量权行使的典型案例,包括公路管理、道路运输管理、城市客运管理、水路运输管理、海事行政处罚、港口管理行政处罚、航道管理、交通建设工程管理、交通安全生产监督管理领域。对每个案例分析主要包括三方面内容,即案情介绍、争议焦点与案例分析和执法启示。案例分析将交通运输行政处罚自由裁量权行使的理论与实际相结合,对于交通运输行政执法人员正确行使行政处罚裁量权具有指导意义。

一、公路管理领域

案例一 大型货车运载碎石漏撒污染公路案

(一)案情介绍

2009年3月24日下午,某县公路路政所路政员在国道319线K346+500处巡查时发现沿路有碎石料漏撒的痕迹,顺着漏撒痕迹看去,前方100米有一辆大货车正在行驶中,依稀看见一些碎石还在洒漏。路政人员立即驾驶巡查车对该车进行了拦截,向驾驶员出示了执法证件,引导驾驶员在指定地点停放。经询问得知,驾驶员叶某驾驶大型货车运载碎石,途经国道319线K346+500处时,因碎石漏撒污染路面,被执法人员发现制止后才意识到自己车辆运载的碎石已对公路造成污染。随后路政人员检查了该车驾驶员的行驶证和驾驶证,并对碎石污染的路面进行了现场勘查,发现该车运载碎石因漏撒造成污染公路仅该路段

第六章 交通运输行政处罚自由裁量权行使的典型案例分析

就达6平方米之多。执法人员当场制作勘验检查笔录,对驾驶员进行询问,并制作了询问笔录,确认了该车污染公路的违法事实,驾驶员对污染公路的事实亦明确承认。执法人员依据《中华人民共和国公路法》相关规定,对当事人进行了罚款人民币4 500元的行政处罚,并要求缴交公路赔(补)偿费人民币100元。

(二)争议焦点与案例分析

本案违法事实比较清楚,争议焦点在于罚款的额度如何确定,其实也就是行政执法自由裁量权在处罚幅度上如何行使的问题。《中华人民共和国公路法》第七条规定:"公路受国家保护,任何单位和个人不得破坏、损坏或者非法占用公路、公路用地及公路附属设施。任何单位和个人都有爱护公路、公路用地及公路附属设施的义务,有权检举和控告破坏、损坏公路、公路用地、公路附属设施和影响公路安全的行为。"第四十六条规定:"任何单位和个人不得在公路上及公路用地范围内摆摊设点、堆放物品、倾倒垃圾、设置障碍、挖沟引水、利用公路边沟排放污物或者进行其他损坏、污染公路和影响公路畅通的活动。"第七十七条规定:"违反本法第四十六条的规定,造成公路路面损坏、污染或者影响公路畅通的,或者违反本法第五十一条规定,将公路作为试车场地的,由交通主管部门责令停止违法行为,可以处五千元以下的罚款。"《路政管理规定》第二十四条也作了相应规定。根据上述规定,对损坏、污染公路等影响公路畅通违法行为的处罚幅度是罚款五千元以下。可以看出,路政执法人员处理公路污染案件具有较大的行政处罚裁量权。因此,根据什么样的违法情节对相对人实施何种程度处罚的裁量权问题是产生处罚争议的焦点所在。

本案罚款幅度裁量失当。一方面,《中华人民共和国行政处罚法》第二十七条规定的从轻或者减轻处罚的适用情形中,明显考虑到了行为人违法前后的心态。本案在实施处罚时,并没有充分适用《中华人民共和国行政处罚法》第二十七条的规定,没有很好地将相对人实施违法行为之后积极配合和主动纠错的心态考虑进去。另一方面,从裁量权的裁量等级看,执法人员对处罚相对人实施4 500元的罚款,属于按照法律从重处罚的情形。在行政处罚实践中,一般下列情形会考虑从重处罚:①情节恶劣,造成严重后果的;②违法行为社会影响恶劣,造成影响面较广的;③违法行为被群众多次举报的;④逃避、妨碍执法、暴力抗法尚未构成犯罪的;⑤转移、隐匿、销毁违法证据,故意提供虚假证据,或者拒不配合交通行政执法人员调查取证的;⑥经执法人员劝告后,继续实施违法行为或者在规定期限内未停止、改正违法行为,以及未采取其他补救措施的;⑦在共同违法行为中起主要作用的或者胁迫、诱骗他人实施违法行为的或者教唆未成年人实施违法行为的;⑧多次实施违法行为,或者被处罚后一定期限内再次实施相同违法行为的;⑨在发生突发公共事件时或者专项整治期间实施违法行为,或者违法行为引发群体性事件的;⑩侵害残疾人、老年人、未成年人等群体利益的;⑪对举报人、证人或者执法人员打击报复的;⑫其他依法应当从重处罚的。而在本案整个案件中,并没有符合上述能够进行从重处罚的情节,也没有相关证据能够证明具有从重处罚的情节。而执法人员给予当事人4 500元的罚款,显然不符合"过罚相当"与"处罚和教育相结合"的行政处罚原则。

根据《路政管理规定》第三十一条:"公民、法人或者其他组织造成路产损坏的,应向公路管理机构缴纳路产损坏赔(补)偿费。"本案人员要求当事人缴交公路赔(补)偿费人民币100元是有法律根据的。不足的是,何以确定补偿数额是100元,没有说明理由。

(三)执法启示

在交通运输行政执法过程中,执法人员除了要熟练运用交通法律、法规外,也要注意《中华人民共和国行政处罚法》基本原则的适用,避免"以罚代管"和执法趋利的思想观念,同时在依据法律规定实施处罚时还要充分考虑违法的具体情节。

案例二 超限运输车辆擅自行驶高速公路案

(一)基本案情

2008年8月18日,吴某未办理超限运输车辆通行证擅自超限运输行驶上高速公路,被某高速公路路政大队查获。经路政人员现场依法检测,该车车货总重是3 170kg,核定车货总重为2 000kg,总重超限1 170kg,该车超限1.17t。路政执法人员和吴某在车辆超限检测数据单上签字确认。随后,路政执法人员发出指定停放凭证,要求吴某将该车辆停放在路政大队后接受行政检查。8月19日,路政执法人员对当事人吴某及该车的基本情况、运载何物、何时何地起运,运

第六章 交通运输行政处罚自由裁量权行使的典型案例分析

到何地,所载货物是否可解体,是否经过行政许可超限等情况进行了询问,并告知该车超限值和违反法律、法规的规定。当事人承认超限并对有关情况进行了陈述,承认该车属于装载零担,没有办理超限通行证。经过调查取证,路政执法人员认为该超限运输车辆未经批准擅自行驶于高速公路,违反了《中华人民共和国公路法》第五十条和《超限运输车辆行驶公路管理规定》第三条、第十三条的规定,依据《中华人民共和国公路法》第七十六条和《超限运输车辆行驶公路管理规定》第二十三条的规定,经路政大队负责人同意后,对吴某发出交通违法行为通知书,告知吴某拟处罚1 000元罚款的理由、依据和陈述、申辩的权利。违法行为通知书经吴某确认后,路政大队作出了罚款1 000元的交通行政处罚决定书和赔偿损失100元的公路路产赔(补)偿处理决定书。吴某收到以上两项决定书后表示由于到指定银行路途遥远不便交款,愿意接受当场处罚。吴某提交了当场缴款的书面申请,并向路政大队缴纳了赔偿款和罚款,由路政执法人员向银行代为交纳。吴某在指定的停车场卸去超限货物1 170kg,由指定停车场出具超限车辆货物卸载证明,经路政执法对卸载后的车辆状况进行现场拍照后放行。

(二)争议焦点与案例分析

从本案基本情况看,案件争议的焦点主要有:①超限运输车辆违法情节即决定对违法行为实施处罚幅度的关键情节应该是什么?②本案涉及对当事人申请当场缴纳罚款这一事实认定的问题。这两个问题均存在行政处罚自由裁量权的运用。

根据本案情况,应该以超限率作为决定超限处罚幅度的关键情节。为保护公路路产,《中华人民共和国公路法》第五十条规定:"超过公路、公路桥梁、公路隧道或者汽车渡船的限载、限高、限宽、限长标准的车辆,不得在有限定标准的公路、公路桥梁上或者公路隧道内行驶,不得使用汽车渡船、超过公路或者公路桥梁限载标准确需行驶的,必须经县级以上地方人民政府交通主管部门批准,并按要求采取有效的防护措施;运载不可解体的超限物品的,应当按照指定的时间、路线、时速行驶,并悬挂明显标志。运输单位不能按照前款规定采取防护措施的,由交通主管部门帮助其采取防护措施,所需费用由运输单位承担。"第七十六条规定,在公路上擅自超限行驶的,由交通主管部门责令停止违法行为,可以处三万元以下的罚款。从上述法律规定来看,对在公路上擅自超限行驶的,执法人员享有相当幅度的处罚自由裁量权,而处罚的幅度如何确定,在本案中应当取决于该种违法行为对公路路产的破坏程度。从物理学角度分析,车辆对路面的损害程度取决于作用于路面的压强和受力面积。车轴数量一定的情况下,总质量越大,作用于路面的压强越大,其损害也越大。只有通过超限的质量算出该车超限率才能准确地反映出其对路面的损坏程度。本案中执法人员仅测出车辆的总质量和超限质量,未进一步明确超限率,并就此对当事人实施了1 000元的处罚,应该说,属于没有很好地运用裁量权的表现。根据该省出台的裁量权标准的要求,该车违法超限行驶,超限率已达到55.3%,应该给予超过2 100元的处罚,这样才能体现"过罚相当"的原则。

本案中当事人提出要求当场缴纳罚款的请求,涉及执法人员对其申请所依据事实理由进行判定的裁量。如果当事人申请所依据的实施理由符合关于当场缴纳罚款规定的情形,执法人员应该受理当事人的申请,否则应该驳回请求。根据《路政管理规定》第三十三条的规定:"路产损坏事实清楚,证据确凿充分,赔偿数额较小,且当事人无争议的,可以当场处理。当场处理公路赔(补)偿案件,应当制作、送达'公路赔(补)偿通知书',收取公路赔(补)偿费,出具收费凭证。"本案中,吴某违法事实清楚无争议,证据充分,赔偿数额100元,属于数额较小,吴某本人也提交了当场缴款的书面申请,并向路政大队缴纳了赔偿款和罚款,由路政执法人员向银行代为交纳。执法人员进行的当场处理是符合法律规定的,属于认定事实正确,裁量适当。

(三)执法启示

执法人员执法时,要根据违法实际情况,熟悉法律的相关规定,遵循"过罚相当"原则,才能做到裁量适当。

二、道路运输管理领域

案例一 小型客车从事非法经营运输案

(一)案情介绍

某年3月14日上午9时许,某市A区运管所稽查队在巡查中发现满载食品的"五菱之光"小型客车开过,至辖区内"多利食杂店",稽查人员认为其可疑并拦截了该车辆。该车驾驶员从车上卸下10多箱"奥必佳"饮料、100多包各类蜜饯、60多袋面包等食品。稽查人员依法向该车驾驶员林某表明身份后进行询问,得知该车属于该市B区海峡食品批发市场内批发商王某所有,林某每天负责驾驶该车为市内各区的食杂店上门送货,结算货款等。林某向稽查人员出示了当天的送货清单8份,均详细记有送货方、收货方、食品数量、价格,并有个别收货方的签名。经向食杂店主调查询问,确认情况属实。由于该车无法出示有效的道路运输证,稽查人员认定该车经营者涉嫌未取得道路运输经营许可擅自从事道路运输经营,便依照程序暂扣了该小型客车,并通知批发商王某至A区运管所接受调查询问。3月15日上午,批发商王某至A区运管所接受调查询问,所陈述的情况与驾驶员林某所述相符。之后A区运管所执法人员进行立案处理。3月17日,A区运管所向批发商王某送达了"交通违法行为通知书",拟对其罚款3万元。王某申辩称该小型客车是自己公司所有,运送的是自己公司的商品,送货上门,方便客户,未另收运输费用,属于自货自运,无需办理道路运输证。A区运管所认为此案情节复杂,经集体讨论一致认定该违法行为事实清楚,证据确凿。3月20日,A区运管所向批发商王某送达了"交通行政处罚决定书",依据《中华人民共和国道路运输条例》第六十四条规定,对其处以罚款3万元。王某不服,向A区交通局提出行政复议申请。经A区交通局复议,认为王某有减轻处罚的情节,决定变更A区运管所的行政处罚决定,对王某的公司处以5 000元罚款。

(二)争议焦点与案例分析

案件双方争议的焦点主要在于本案中的"自货自运"如何定性?该问题涉及对事实性质认定的裁量权。同时,对执法人员实施的处罚数额也是本案的另一焦点,该问题涉及处罚幅度的自由裁量权行使。

(1)关于"自货自运"的概念界定。"自货自运"从含义上理解可以有狭义和广义之分,狭义的"自货自运"可以理解为非经营性道路运输,而广义的"自货自运"则包含了经营性道路运输的形式。因而,"自货自运"的提法不科学,理解上容易出现分歧,造成误会。应当摒弃"自货自运"的提法,对此类案件的处理应把握经营性道路运输和非经营性道路运输的内涵,予以准确定性。

(2)关于经营性道路运输和非经营性道路运输的认定。经营性道路运输主要是指为社会提供服务,发生费用结算或者获取报酬的道路运输。经营性道路运输过程中发生各种方式结算,除运费单独结算这种方式外,还包括运费、装卸费与货价并计,运费、装卸费与工程造价并计,运费与劳务费、承包费并计等结算方式。非经营性道路运输是指为本单位生产、生活服务,不发生费用结算或者不收取报酬的道路运输。本案中,王某在对该车的实际使用中减少了运输成本,增加了经济效益,已经超出了非经营性道路运输的范畴。因为该车辆所运输的货物是其在经营过程中代理销售的其他厂家的产品,虽然没有发生明显的运输费用结算,但实际上采取了运费、装卸费与货价并计的方式,性质上属于经营性道路运输行为。

(3)关于处罚幅度内的自由裁量权行使。根据《中华人民共和国道路运输条例》的规定,凡参加经营性道路运输的单位和个人,必须向道路运输管理机构提出申请并取得道路运输经营许可证,运输车辆必须取得道路运输证。没有取得道路运输经营证从事道路运输经营活动的,道路运输管理机构应当依据《中华人民共和国道路运输条例》第六十四条的规定,责令其停止经营;有违法所得的,没收违法所得,处违法所得 2 倍以上 10 倍以下的罚款;没有违法所得或者违法所得不足 2 万元的,处 3 万元以上 10 万元以下的罚款。构成犯罪的,依法追究刑事责任。所以,经营性道路运输和非经营性道路运输的界定直接关系到当事人的切身利益,因此在界定和实施行政处罚过程中,一定要慎之又慎。本案中,执法人员认定王某实际上进行了经营性道路运输行为,根据这一违法事实和收集的证据,依据上述规定作出了较为适当的行政处罚。但是,复议机关作出的减轻处罚的复议决定,缺乏法律依据,属于不规范应用行政处罚裁量权的行为,应当予以避免。

(三)执法启示

道路运输行业的经营与非经营性道路运输的划分一直以来都是执法人员办案的难点,问题主要在于处罚证据的取证难、违法事实的认定难。因此,要求执法人员要有较高的法律素养,准确理解法律、法规,准确认定违法事实和裁量标准。

案例二　未经许可擅自从事危货运输案

(一) 基本案情

2008年8月20日下午,某市B区运输管理所稽查队在例行路查中发现一辆微型货车闽PX2096正在运送液化气。执法人员向该车驾驶员唐某表明身份后进行了调查询问,并制作了询问笔录。经了解,当天下午驾驶员唐某从建达液化气公司装好66瓶液化气运往吉安液化气公司准备换瓶,该趟次的运费是80元。微型货车闽PX2096未办理危险货物运输许可,驾驶员唐某也未取得危险货物运输从业资格证。B区运管所执法人员认定该车涉嫌未取得危险化学品运输企业资质,擅自从事危险化学品运输,违反了《危险化学品安全管理条例》,依照程序暂扣了微型货车PX2096,向该车驾驶员唐某签发了"××省交通稽查暂扣凭证",同时要求驾驶员唐某自行联系有危险货物运输资格的车辆转运该车上的液化气。当日,B区运管所执法人员制作"交通违法行为调查报告",提出处理意见并报B区交通局负责人审核。8月22日,B区运管所以B区交通局名义向驾驶员唐某送达了"交通违法行为通知书",依据《危险化学品安全管理条例》,拟对其罚款2万元。唐某要求举行听证会。9月1日,B区交通局组织了听证会,案件调查人员出示了询问笔录。唐某对违法事实无异议,但提出自己经济困难,无力承受重罚,请求减轻处罚。B区交通局经集体讨论,决定对唐某给予罚款6 000元,相关人员均在违章运输处罚困难审批表上签署了意见。第二天,唐某持送达的交通行政处罚决定书向指定银行交纳了6 000元罚款,取回了暂扣的车辆。

(二) 争议焦点与案例分析

本案涉及交通运输行政处罚自由裁量权的问题有:①处罚的依据选择方面。国务院《危险化学品安全管理条例》第七十一条第二款规定:"民用爆炸品、放射性物品、核能物质和城镇燃气的安全管理,不适用本条例。"本案中查处的液化气属城镇燃气,不适用《危险化学品安全管理条例》。根据《××省燃气管理条例》第二十九条"从事燃气运输的机动车辆,应当依法向交通和质量技术监督部门办理有关手续"之规定,交通部门对燃气的运输实施许可和监管。交通部2005年8月1日颁布实施的《道路危险货物运输管理规定》,根据《中华人民共和国道路运输条例》和《危险化学品安全管理条例》对违法运输危险化学品或危险货物行为做出了具体规定,可以作为处罚的法律依据。②危险品认定方面。在执法中应当认真区分危险化学品和危险货物,对其认定应严格依照国家标准《危险货物品名表》、《危险货物分类和品名编号》及国家安全生产监督管理局汇总公布的《危险化学品名录》进行。③减轻处罚方面。B区交通局以驾驶员唐某经济困难为由减轻处罚不符合《中华人民共和国行政处罚法》相关规定。违法从事危险货物或化学品运输是一种严重的违法行为,危害到公共安全,不宜随意减轻处罚。

(三)执法启示

危险货物具有易燃、易爆、剧毒、放射性、腐蚀等特性,危害性大,国家对危险货物运输实施严格管理。使用汽车从事瓶装液化气供应运输属于道路危险货物运输,不管是经营性道路危险货物运输,还是非经营性道路危险货物运输,都应当向道路运输机构提出申请,取得道路运输许可。违反规定,应当受到相应的处罚。执法人员在实施处罚中,要熟悉并掌握相关法律规定,并能正确理解和运用,才能做到处罚合法、公正,裁量适当。

案例三 某集团公司货车未经许可擅自改装案

(一)基本案情

忙碌了一天的福州市某区运输管理所执法人员李某,正打算下班回家,突然迎面开来一辆东风大货车,车身格外长。经验丰富的执法人员立即反应过来,判断这辆车可能经过改装加长,于是向该车驾驶员示意停车,出示证件表明身份后,对车辆进行勘验核查。经查,这辆属某电器集团公司的车辆长度为16米,但该车行驶证上核定的长度只有13米,经营者承认加长车厢的长度为3米,用来多装货物。执法人员依据相关法律、法规和规章规定,对该车辆实施暂扣,并做了现场笔录和驾驶员笔录及勘验检查笔录,对车辆进行了拍照录像。2008年10月22日,李某所在单位某电器集团公司负责人吴某收到交通违法通知书后,对

第六章
交通运输行政处罚自由裁量权行使的典型案例分析

案件的定性表示异议,认为对其车辆加长定性为擅自改装已取得营运证的车辆不妥,事实不成立,认为车辆加长3米是经过省交通厅批准并领取了超限运输通行证(有效期3个月)。根据《中华人民共和国道路运输条例》第七十一条规定,经营者擅自改装已取得营运证的车辆才构成违法,而该车改装是经过相关部门的批准,是为了适应不可解体物品运输的需要。因此向运输管理所提出听证申请,要求撤销案件,不予处罚。

根据当事人的申请,某区运管所组织相关人员进行听证。

调查人员举证:违法改装车辆证据来源于车辆行驶证、加长车辆实物登记证、车辆相片,认为事实清楚,证据确凿,适用法律正确。

申请人陈述申辩:车辆是运输电器等专用物资,车辆必须加长,否则会发生安全隐患,并提供省交通厅核发的超限运输通行证,以加长是经过审批为由,要求撤销案件,不予处罚。

调查人员认为,该车辆加长与省交通厅核发的超限通行证没有关系。省交通厅核发的超限运输通行证是批准该车辆运输的货物长度为16米,而非批准车辆加长到16米。

申请人认为,省交通厅批准的超限运输通行证允许该车辆能运输16.5米长的货物(电冰箱),就是批准该车辆可以加长到16.5米,否则货物无法装载;如果车长达到了16.5米,那么就没有必要向省交通厅申请核发超限运输通行证。

听证结论及处理意见:①调查人员举证的违法事实成立,适用法律正确,处理程序正当,予以维持。②根据《中华人民共和国道路运输条例》第七十一条第二款规定,决定予以罚款5 000元的行政处罚。③责令当事人对改装车辆立即整改,恢复原状。

当事人表示愿意接受处罚,在缴纳罚款后,本案结案。

(二)争议焦点与案例分析

本案的争议焦点在于如何正确认识超限运输通行证核定内容。

根据相关法律规定,交通主管部门核发的超限运输通行证,是许可申请车辆可以运输超越车辆装载箱体积,大宗、不可解体载货物的审批,其前提是不得危及道路交通安全,并且沿途公路桥梁、隧道可以承受。该许可并没有赋予超限运输车辆申请者对车辆进行改装加长的权利。本案中当事人对交通主管部门核发的超限通行证所包含的许可内容的推理,是没有法律依据的,不能采纳。该案执法人员对案件事实的性质认定是合法适当的。

根据《中华人民共和国道路运输条例》第七十一条第二款的规定,"客运经营者、货运经营者擅自改装已取得车辆营运证的车辆的,由县级以上道路运输管理机构责令改正,处5 000元以上2万元以下的罚款。"本案执法人员结合上述规定,参照《××省交通行政处罚自由裁量权基准制度》的裁量基准,对相对人实施罚款5 000元的行政处罚是合理适当的,能够体现过罚相当的原则。同时,在程序方面,执法机关也依法举行了听证,确保自由裁量权正确行使。需要指出的是,本案中执法人员对相对人实施暂扣车辆的行政强制行为是缺少法律依据的。在行政执法中,只有对未取得道路运输经营许可、擅自从事道路运输经营的车辆可以暂扣。本案显然不属于此种情况。再次,本案中由李某一人执法,也不符合《行政处罚法》的规定,正确的处理方式为拦停车辆后,通知报告单位,立即派出同事共同处理该案。

(三)执法启示

对当事人争议比较大的案件,要进行相应的听证程序,多方听取意见,在事实清楚、证据充分、程序合法的基础上,做出适当的裁量。

三、城市客运管理领域

案例 小型面包车在城区非法营运案

(一)案情介绍

本案为上诉案件。上诉人(原审原告)唐某,被上诉人(原审被告)××市交通行政执法总队直属支队,法定代表人为陈某,是支队长。

2007年4月17日,××市交通行政执法总队直属支队的行政执法人员在巡查中发现,原告唐某将CA1420号小型面包车停靠在××区某花园门口载人,遂对其进行检查,在××区高速路口将唐某的车辆拦截。经现场勘查及对唐某、证人的询问,认定唐某属于未取得道路运输经营许可证擅自从事道路运输经营,并于当日对唐某的车辆予以暂扣。经查,同年1月唐某就曾因擅自从事道路运输经营被某执法单位处罚,因此认定唐某并非第一次非法从事道路运输经营活动。交通执法支队于7月4日向唐某邮寄送达了行政处罚通知书,8月28日作出行政处罚决定,对唐某处以5万元的行政处罚。

唐某认为执法人员滥用了行政自由裁量权,不服交通执法支队做出的行政处罚,向人民法院提起了行政诉讼。

(二) 争议焦点与案例分析

本案争议的焦点是交通执法支队的执法人员做出的处罚,是否存在滥用自由裁量权,对唐某的处罚量罚是否适当。

在本案中,根据交通执法支队出示的询问笔录、现场勘验笔录等证据,确认唐某的行为违反了《中华人民共和国道路运输条例》第十条的规定。其未取得道路运输经营许可证擅自从事道路运输经营,属于违法行为,应当受到行政处罚。交通执法支队作为道路运输管理部门,根据国家有关法律、法规的规定,负责其区域内道路运输管理工作,对违反道路运输管理的行为进行处罚是其法定职责,执法人员作出的制作询问笔录、暂扣车辆、发送处罚通知书、举行听证、作出行政处罚的一系列行政行为,符合法律程序。《中华人民共和国道路运输条例》第六十四条规定"未取得道路运输经营许可,擅自从事道路运输经营的……处3万元以上10万元以下的罚款",执法支队在法律规定的范围内,综合考虑唐某在相对较短的时期内再次实施违法行为的违法情节,对唐某处以5万元的处罚有理有据且合理恰当,并不存在滥用自由裁量权的情形。

(三) 执法启示

执法人员对违法行为的认定和合理裁量,是正确做出行政处罚的关键。执法人员的文化素质、专业素质等综合素质对行政处罚裁量权的正确运用也起着重要的作用。在交通运输行政执法过程中,执法人员要熟练运用交通专业法律、法规和规章,要注意将行政法基本原则贯彻到具体执法中。这不仅要求执法人员熟知有关法律、法规的内容和立法原意,更要认清违法行为的事实情节,准确分析因果关系、当事人心理状态和危害后果等,做出比例性、适度性和必要性的处罚结论。

四、港口管理领域

案例 某公司违法进行危险货物港口装卸作业案

（一）案情介绍

2007年5月21日上午，某市特种油有限公司未经港务局批准，私自通知"兴龙舟108"船舶在某市码头进行危险货物港口装卸作业，被执法人员当场查获。执法人员立即责令停止作业，拍下装卸作业现场录像，并对"兴龙舟108"船长余某及某市特种油有限公司工作人员陈某进行询问，制作询问笔录两份。随即，执法人员到某市海事处查阅复印了船舶进出港签证记录单。经查，某市特种油有限公司虽已向执法单位进行船舶作业申请，但因条件不符未经批准。该行为违反《中华人民共和国港口法》第三十五条规定。执法单位经立案调查取证后，于5月26日发出交通违法行为通知书并送达，拟给予当事人罚款人民币一万元的行政处罚，同时告知当事人依法享有的陈述、申辩权利。5月31日，执法单位依据《中华人民共和国港口法》第五十三条"未依法向港口行政管理部门报告并经其同意，在港口内进行危险货物的装卸、过驳作业的，由港口行政管理部门责令停止作业，处五千元以上五万元以下罚款。"的规定作出上述行政处罚决定。当事人接到行政处罚决定书后，按规定期限和处罚决定履行其义务，且在法定期限内未提出行政救济。执法单位于8月2日制作交通行政处罚结案报告送上级部门备案，本案完结。

（二）争议焦点与案例分析

本案争议焦点在于码头特种油装卸、过驳等作业是否属于码头危险货物装卸、过驳作业行为。如果属于码头危险货物装卸、过驳作业行为，必须事先经过港口行政管理部门的审查批准，否则就是违反《中华人民共和国港口法》的行为。该问题的界定涉及执法人员裁量权的应用。

根据《中华人民共和国港口法》第三十五条"在港口内进行危险货物的装卸、过驳作业，应当按照国务院交通主管部门的规定将危险货物的名称、特性、包装和作业的时间、地点报告港口行政管理部门。港口行政管理部门接到报告后，应当在国务院交通主管部门规定的时间内作出是否同意的决定,通知报告人,并通报海事管理机构。"的规定,在港口内进行危险货物的装卸、过驳作业必须事先经过港口行政管理部门批准。而本案中作业的特种油是否属于危险货物,要看《危险货物品名表》(GB 12268—2005)中规定的危险货物的范围。只有将两者进行对照才能确定。

本案中,根据执法人员的调查取证查明,某市特种油有限公司虽已向执法单位提出过船舶作业申请,但因条件不符未经批准。经比照,本案中进行装卸、过驳作业的特种油与《危险货物品名表》(GB 12268—2005)中包含的类型相吻合,可以被认定为是危险品。该公司的装卸作业行为经执法人员及时制止,未造成严重后果,且船长余某与该公司负责人积极配合执法人员的检查,及时停止了违法行为,并坦诚违法事实,态度良好,因此,执法人员本着行政处罚教育与处罚相结合的原则,在法律法定的裁量范围内,执法人员对相对人实施了一万元的处罚。这个处罚额度对当事人来说是比较恰当的。

(三)执法启示

港口是一个城市和地区的重要资源,在地方经济发展中发挥着非常重要的作用。在港口危险品运输、作业过程中,稍有疏忽,就有可能发生危险品重特大事故,不仅会对港口设施和船舶造成直接的经济损失,还可能会对所在城市及下游地区的生态环境带来严重损害。加强对港口内危险品作业的安全防范和监督管理,杜绝和控制重特大事故的发生,对港口城市来说极为重要,对交通行政执法提出了更高的要求。

一是交通行政执法人员应加强对《中华人民共和国行政许可法》、《中华人民共和国港口法》、《港口危险货物管理规定》、《船舶载运危险货物安全监督管理规定》等有关法律、法规的学习,认真领会立法精神,切实做好交通安全监督管理工作。

二是要严格把好船舶申报审核关,强化现场监督检查。交通行政执法机构对船舶装运危险品进出港口办理申报签证核准手续,是对装运危险品船舶的运输和作业提供安全保障的一道重要关口。船舶只有在办理了装运危险货物的申报手续经核准后,方可进出港口或进行装卸作业。但办理装运危险货物船舶进出港的申报核准手续,只是执法机构对港口危险品运输、作业的监督管理过程中的一个环节,而对危险品作业现场的监督检查才是安全作业的保证。因此必须强化对危险品作业现场的监督检查。

三是执法人员在处理此类案件时,要严格遵循行政处罚自由裁量权的行使原则,综合考量违法者的违法情节、社会危害后果等因素,正确把握案件的关键点,熟悉并能正确运用相关法律、法规,做到适用法律正确,行使裁量权得当。

五、航道管理领域

案例一　非法倾倒碍航物体案

(一)案情介绍

某日下午,××省航道局航政执法人员在××航道巡查时,发现该航道部分水面出现混浊现象,执法人员推测可能是附近有泥驳正在向航道卸泥造成的。执法人员顺着混浊水面源头方向继续巡查下去时,果然发现有一艘泥驳正在向航道卸泥。执法人员立即向该泥驳靠拢并向该船驾驶员示意要登船进行调查。执法人员登上船并向驾驶员亮证说明身份后,责令立即停止违法行为。经执法人员调查询问后发现,该泥驳是当地某实业公司的一艘作业泥驳。当问及为何要在非卸泥水域进行卸泥时,驾驶员称是为了缩短运程,减少运输成本才这么做的,并称这是初次在这类水域内卸泥。执法人员根据调查询问制作了现场询问笔录和勘查检验笔录。

次日,本案执法人员按照《中华人民共和国航道管理条例》第二十二条第一款的规定,对当事人的违法行为立案调查。经立案调查取证,认为当事人违法事实清楚,证据确凿,发出了违法行为通知书、行政处罚决定书并送达,告知当事人享有陈述、申辩权利。对当事人作出如下处理:根据《中华人民共和国航道管理条例》第二十二条第一款、《中华人民共和国航道管理条例实施细则》第三十条第一款、第三十八条第(四)项规定,责令当事人在本日内纠正违法倾倒泥土行为;对当事人罚款人民币10 000元,要求当事人在收到行政处罚决定书之日起15日内到行政机关的行政处罚专户银行缴交罚款,并告知当事人对本处罚决定不服在 15 日内向上级申请复议或向人民法院起诉。

(二) 争议焦点与案例分析

(1) 该案执法主体是否适当。根据《中华人民共和国行政处罚法》第十八条、《中华人民共和国航道管理条例》第二十八条、《中华人民共和国航道管理条例实施细则》第十条第（九）项、《××省行政执法程序规定》的规定，本案的执法单位航道局某处，以委托单位的名义对当事人作出处罚，执法主体适当。

(2) 适用法律是否正确。本案依据《中华人民共和国航道管理条例》第二十二条第一款"禁止向河道倾倒沙石泥土和废弃物"、《中华人民共和国航道管理条例实施细则》第三十条第一款"除疏浚、整治航道所必须的排泥、抛石外，禁止向河道倾倒泥沙、石块和废弃物"、第三十八条第（四）项"违反《条例》第二十二条，本《细则》第三十条第一款的，责令停止违法行为，限期清除碍航物体，所需费用由违法者承担，并处以相当于清除费用二倍的罚款"的规定，对当事人作出相应处罚，依据正确，适用法律得当。

(三) 执法启示

执法人员在作出行政处罚决定时，要综合考虑违法行为的多种因素，分阶次实施量罚。量罚即是与违法行为人或其侵害行为密切相关的，反映行为社会危害性和行为人主观恶性程度，并进而决定处罚从重、从轻、减轻或者免除处罚时必须予以考虑的各种具体事实情况。对违法行为恶劣、造成社会危害较大的情况，和违法情节较轻、当事人态度诚恳、造成社会危害较小的情况，应当在处罚幅度的限度以内确定不同程度的处罚。

案例二　某吸砂船破坏航道设施案

(一) 案情介绍

2007 年 4 月 15 日，航道行政执法人员在航道检查中发现，某吸砂船在某市内河水域，距离丁坝坝头 30 米的距离进行违法吸砂作业，航道行政执法人员立即制止，对施工现场进行拍照取证，对当事人依法进行调查，制作询问笔录，对现场进行初步的勘察，并听取当事人的申辩、陈述。当事人对违法行为无异议，表示愿意配合协助调查。4 月 16 日经过技术人员对丁坝坝头和坝头前沿的水域测量,发现该处坝头下沉 0.5 米,需补抛石 500 立方米。4 月 17 日,某省航道局执法人员依据《中华人民共和国航道管理条例》第十三条、《中华人民共和国航道管理条例实施细则》第十六条、第三十八条规定,对当事人做出以下处罚:①向丁坝坝头填砂 900 立方米,以加固坝体;②赔偿损失 5 000 元;③处以 2 000 元罚款。同时,告知当事人享有陈述、申辩的权利。当事人接到行政处罚决定书后已按规定期限和处罚决定履行其义务,且在法定期限内未提出行政救济。执法单位于同年 4 月 25 日制作交通行政处罚结案报告送上级部门备案,本案顺利完结。

(二)争议焦点与案例分析

本案中,当事人进行违法吸砂作业,其行为破坏了航道,显然违反《中华人民共和国航道管理条例》第十三条"航道和航道设施受国家保护,任何单位和个人不得侵占或者破坏。交通部门应当加强对航道的养护,保证航道畅通。"及《中华人民共和国航道管理条例实施细则》第十六条"航道和航道设施受国家保护,任何单位和个人不得侵占或者破坏。航道主管部门负责管理和保护航道及航道设施,有权依法制止、处理各种侵占、破坏航道和航道设施的行为。"以及第三十八条第一款第(一)项"违反《条例》第十三条、本《细则》第十六条,侵占、破坏航道或航道设施的,除责令其纠正违法行为,限期采取补救措施,排除妨碍,赔偿损失外,处以不超过损失赔偿费的 40% 的罚款"的规定,执法人员依据上述规定处罚是正确的。本案争议焦点在于:一是对《中华人民共和国航道管理条例实施细则》三十八条第一款规定如何理解和适用?即采取补救措施和赔偿损失能否同时适用;二是罚款的幅度如何把握?以上两个问题都不同程度地涉及执法人员行政处罚自由裁量权的行使。

对于第一个问题,有一种观点认为,该案执法人员的处理存在不当。理由如下,本案执法人员要求相对人对被破坏的丁坝坝头填补恢复原状的同时,还要求相对人赔偿 5 000 元,属于对上述规定中"侵占、破坏航道或航道设施的,航道管理机构除责令纠正违法行为,限期采取补救措施,排除障碍,赔偿损失外"的错误理解。相对人实施了恢复丁坝坝头原状的行为,就不应当再受到赔偿损失的处罚。本书认为,《中华人民共和国航道管理条例实施细则》第三十八条的规定并没有明确采取补救措施、排除障碍、赔偿损失三种处罚措施不可以并处。因此,执法人员要求当事人对被破坏的丁坝坝头填补恢复原状,并赔偿损失,并无不当。

对于第二个问题,从本案反映的情况看,相对人事后积极配合,并及时恢复原状弥补损失,在罚款数额上就不应当适用最高幅度的罚款对相对人进行处罚,这样不利于法律设置处罚的良性指引价值的发挥。同时,执法人员在行使自由裁量权方面也没有体现公正合理的要求。

(三)执法启示

作为执法人员,一定要对条文规定非常熟悉并且能够正确理解和适用,这样才能保证适用法律正确。在处罚时,还要做到理由充分,依据确实。在本案中,赔偿的数额确定为 5 000 元的依据,执法人员没有明确说明,是一个疏忽。从法律基本原理上来讲,赔偿损失额是与实际损失相适应的,实际损失多少就应当赔偿多少。这样当事人也比较信服。在罚款数额上,要考虑多方因素,尽可能在法律规定的幅度内,做出适当的处罚,而不是一味地就高或者就低,以体现处罚的公正性。

六、海事管理领域

案例一 出借船员适任证书案

(一)案情介绍

2001 年 1 月 4 日至 7 月 23 日,××海事局因"××舟606"轮沉没事故对该轮原轮机长张某进行了三次海事调查。张某在调查笔录中陈述,自己 2000 年 8 月被调下船工作时,公司指派接班的轮机长不具有"××舟606"轮等级适任证书,而当时自己是公司唯一具有"××舟606"等级船舶适任证书的轮机长;张某还主动承认,自己离船后仍将适任证书留在船上,并在"××舟606"轮进出港时冒用其证书办理签证。同时,××海事局取证的"船舶出港签证报告单"显示,"××舟606"轮于 2000 年 11 月 28 日在大连港使用轮机长张某适任证书办理出港签证,而张某本人当时实际并不在船。

据此,××海事局于2001年9月5日对张某作出"海事违法行为通知书",告知其存在出借船员适任证书的违法行为,并于同年10月24日举行了听证会,形成了"行政处罚案件听证会笔录"。同年12月30日,××海事局在调查和听证会的基础上,作出港监罚字(2001)1002012号海事行政处罚决定书,认定张某于2000年8月离船后,将本人适任证书留在"××舟606"轮上,以供该轮使用其适任证书办理进出港签证,违反了《中华人民共和国海船船员适任考试、评估和发证规则》的规定,根据《中华人民共和国水上安全监督行政处罚规定》(以下简称《处罚规定》)第三十条"伪造、涂改、买卖、出借、转让、冒用下列证件、证书……(含船员适任证书)……对违法人员处以500元至1000元罚款,并吊销相应的证件、证书"以及第十二条第(三)项"配合主管机关查处违法行为的,应当从轻或减轻行政处罚"的规定,对张某作出吊销轮机长适任证书的行政处罚。

张某于2001年12月31日签收该处罚决定书,并于同年1月13日提起行政诉讼,请求撤销海事行政处罚决定。根据法释[2001]27号《最高人民法院关于海事法院受理案件范围的若干规定》第三条第40项的规定,该案最终由××海事法院受理。

××海事法院经审理认为,张某在法定起诉期间内行使了诉权。××海事局具有海事行政处罚的执法主体资格,其执法程序符合法律规定,处罚决定依据的事实清楚、证据充分。但是,涉案海事行政处罚的法律适用不当,违反了《处罚规定》第三十条和第十二条第(三)项的规定。××海事局对张某单处以吊销适任证书而未同时处以罚款的处罚方式有悖于该条关于并处条款的规定。依照《中华人民共和国行政诉讼法》第五十四条第二项规定,并参照《处罚规定》第十二条第(三)项和第三十条的规定,判决撤销××海事局港监罚字(2001)1002012号海事行政处罚决定。

××市高级人民法院经审理认为:××海事局具有法律赋予的××市沿海、沿长江水域和××港区所有水域内水上安全等行政执法权,具备对张某的行为作出海事行政处罚的行政执法主体资格;其所作海事行政处罚执法程序符合法律规定;××海事局提供的证据能够证明张某出借适任证书的违法事实。

××海事局作出的行政处罚决定所依据的是《处罚规定》第三十条规定的

并罚方式和第十二条第(三)项从轻减轻处罚的规定。虽然减轻处罚可以在法定的处罚幅度最低限度以下或法定的处罚方式以下进行处罚,但行政机关无权任意变更法定的并罚处罚方式。××海事局擅自选择法定并罚的两种处罚方式之一进行处罚,于法无据。××海事局的具体行政行为不具有合法性,其上诉理由不能成立。据此,依照《中华人民共和国行政诉讼法》第六十一条第(一)项之规定,判决驳回上诉,维持原判。

(二)争议焦点与案例分析

本案先由××海事法院根据《最高人民法院关于海事法院受理案件范围的若干规定》受理并一审,是由××市高级人民法院二审审理的首起海事行政诉讼上诉案件。本案主要涉及海事行政机关行政处罚决定的证据是否确凿及法律适用是否正确等问题。

关于××海事局提供的证据能否证明张某出借适任证书违法事实的问题。××海事局提供的调查笔录中张某的陈述是对自己行为和主观认识的自认,与××海事局取证的出港签证报告单所证明的张某证书被非法使用的客观事实相互印证。张某离船工作时有权携带自己的适任证书,但在明知自己是公司唯一具备涉案船舶适任证书的轮机长、而自己证书被船上非法借用以出港签证的前提下,张某仍将自己的适任证书留在船上供公司使用,其主观上存在许可、放任他人借用的故意。××海事局据此作为海事行政处罚的事实依据并无不当。

本案的关键问题是涉案海事行政处罚决定的法律适用是否正确,即当法律、法规规定对违法行为应当并处两种处罚方式时,行政机关能否因同时适用减轻处罚的规定而变更并罚方式,仅选择两种并罚方式之一进行处罚。××海事局作出处罚决定所依据的是《处罚规定》第三十条罚款、吊销证书两种处罚方式并罚条款以及该规定第十二条第(三)项从轻或减轻处罚的规定。减轻处罚通常是指在法定的处罚幅度最低限度以下处罚,或者在法定的处罚方式以下选择较轻的处罚方式实施处罚。无论是减轻处罚幅度还是减轻罚种,都不能免除这种处罚,否则将与免除处罚混同。而根据《处罚规定》第三十条的规定,罚款、吊销证书这两种处罚方式之间的关系并非互相依附,而是相对独立并应同时适用,该规定并没有赋予行政机关在两种处罚方式中选择免除任何一种的权力。因此,在两种处罚方式法定并罚的情况下,适用减轻处罚也不应免除法定并罚的两种处罚方式之一,变法定并罚为单罚。因此,××海事局对《处罚规定》第三十条和第十二条第(三)项的适用不当,其具体行政行为不具有合法性,依法应予撤销。

(三)执法启示

本案原告采用了"以退为进"的诉讼策略,其真正目的在于将遭受的"吊销"证书处罚减轻为"扣留"证书,而外加并罚的罚款则是原告为使被告行政处罚被撤销而权衡接受的"副作用"。如果行政机关重新作出行政处罚决定,是否会出现行政相对人被处以罚款并吊销证书这种比原单处吊销证书更重的处罚结果,从某种程度上说,这将取决于行政机关如何在法律、法规及规章允许的范围内行使自由裁量权。根据《处罚规定》第十二条第(三)项的规定,行政机关在适用该规定时可以在"从轻"或"减轻"处罚两者之间自由裁量,如选择"从轻"处罚,则可能出现罚款和吊销证书并罚的处罚结果。但是,这并非唯一可能的结果。《处罚规定》第六条规定的处罚方式中就含有扣留证书这种相对吊销证书较轻的处罚方式,《中华人民共和国行政处罚法》第八条也在吊销证书之下规定了扣留证书的法定处罚方式;《中华人民共和国海上交通安全法》第四十四条也规定了扣留或吊销证书两种可选择的法定处罚方式。因此,如果行政机关在重新作出处罚决定时,在原处罚决定依据事实的基础上对法律适用作出调整,并作出"减轻"处罚的自由裁量,也完全可以作出相对较少罚款和扣留证书的较轻处罚决定。

案例二 某货船超载运输案

(一)案情介绍

2007年9月12日11时许,某货船在乌龙江吴山水域航道上超载运输,被某市地方海事局执法人员查获。经过调查取证,现场取得勘验检查笔录、现场笔录、现场船舶照片,该船违法事实清楚,证据确凿,当事人承认其违法事实。执法人员认定其违反了《中华人民共和国内河交通安全管理条例》第二十一条的规定。9月25日,执法单位发出"交通违法行为告知书",拟给予当事人罚款人民币20 000元的行政处罚,同时告知当事人相关程序和权利。当事人当即表示要求组织听证。9月28日公开举行了听证会。听证会上委托代理人对本案调查人员认定的超载运输事实没有异议,但要求减轻处罚。听证会听取了本案调查人员对违法事实的举证和提出的处罚内容和依据,听取了委托代理人的陈述和申辩。认为:该船舶超载运输事实清楚,证据确凿,本案调查人员在案件调查过程中适用法律正确,程序合法,但考虑到当事人能够当场卸载,及时消除安全隐患,并有悔过表现,其行为符合《中华人民共和国行政处罚法》第二十七条减轻处罚的条件。因此,建议给予当事人10 000元罚款的行政处罚,并报局领导集体研究决定。9月29日下午经集体研究决定,认为该船舶超载运输事实清楚,证据确凿,本应罚款20 000元,考虑到当事人能够当场卸载,及时消除安全隐患,并有悔过表现,其行为符合《中华人民共和国行政处罚法》第二十七条减轻处罚条件,决定给予当事人10 000元罚款的行政处罚。9月29日,发出"交通行政处罚决定书"并送达。当事人在接到行政处罚决定书后按规定期限和处罚决定履行了义务,且在法定期限内未提出行政救济。执法单位于10月5日制作"交通行政处罚结案报告"送上级部门备案,本案完结。

(二)争议焦点与案例分析

本案双方争议的焦点在于,处罚数额是否过大,相对人提出要求减轻处罚的理由和依据是否成立。

根据《中华人民共和国内河交通安全管理条例》第二十一条"从事货物或者旅客运输的船舶,必须符合船舶强度、稳性、吃水、消防和救生等安全技术要求和国务院交通主管部门规定的载货或者载客条件。任何船舶不得超载运输货物或者旅客。"及该法第八十二条"违反本条例的规定,船舶不具备安全技术条件从事货物、旅客运输,或者超载运输货物、旅客的,由海事管理机构责令改正,处2万元以上10万元以下的罚款,可以对责任船员给予暂扣适任证书或者其他适任证件6个月以上直至吊销适任证书或者其他适任证件的处罚,并对超载运输的船舶强制卸载,因卸载而发生的卸货费、存货费、旅客安置费和船舶监管费由船舶所有人或者经营人承担;发生重大伤亡事故或者造成其他严重后果的,依照刑法关于重大劳动安全事故罪或者其他罪的规定,依法追究刑事责任。"的规定,执法单位听证前给出20 000元幅度的处罚是法定幅度内的最低额,属于从轻处罚;而经过听证后执法单位给出的处罚数额,则属于减轻处罚。

根据《中华人民共和国行政处罚法》第二十七条的规定,"当事人有下列情形之一的,应当依法从轻或者减轻行政处罚:(一)主动消除或者减轻违法行为危害后果的;(二)受他人胁迫有违法行为的;(三)配合行政机关查处违法行为有立功表现的;(四)其他依法从轻或者减轻行政处罚的。违法行为轻微并及时纠正,没有造成危害后果的,不予行政处罚。"因此,无论是从轻或减轻处罚都要符合该法第二十七条规定的情形才能适用。

从本案交代的情节看,本案相对人能够当场卸载,及时消除安全隐患,并有悔过表现,确实存在主动消除或者减轻违法行为危害后果的情形,据此执法单位可以根据该法规定对当事人从轻或减轻处罚。根据上述法律规定,本案中适用减轻处罚或者从轻处罚都是合法的。因此,选择这两者之一进行适用就涉及行政处罚自由裁量权的适用问题。本案中,执法单位鉴于该裁量权在适用上的复杂性,在依法举行听证之后,经过单位集体研究讨论的方式决定适用减轻处罚,是比较适当的。但本案在案件取证方面不够充分,欠缺能够体现超载运输行为违法程度的情节证据,比如超限率等。

(三) 执法启示

在涉及从轻或减轻处罚等重大复杂案件时,通过听证、集体讨论等形式决定处罚的做法值得提倡和借鉴。同时,办案时一定要力求证据充分。

七、交通建设工程质量监督领域

案例一　某工程建设公司桥梁施工违法案

(一)案情介绍

2008年8月6~7日,某省交通质监站执法人员对晋江大桥连接线第三合同段K0+850大桥桥面西伸缩工程施工进行检查时发现,该工程施工中存在偷工减料、违反施工规范和设计要求等工程施工质量问题。现场调查发现:桥面右幅伸缩缝位置预留宽度不足(设计3.7cm),最小处仅1cm;左幅伸缩缝施工中存在偷工减料,未按设计要求浇筑 C50 钢纤维混凝土,用普通混凝土代替。8 月 11 日执法单位在以上调查基础上进行了立案,15 日向当事人及项目相关负责人合并送达一份"交通行政处罚告知书",当事人及项目相关负责人均放弃陈述、申辩及要求听证的权利。同日,根据证人证言和当事人陈述,依据《建设工程质量管理条例》第六十四条、第七十三条对当事人及项目相关负责人分别作出了 3.88 万元人民币和 1 940 元人民币罚款的行政处罚,当天送达了处罚决定书。

(二)争议焦点与案例分析

本案执法过程中涉及裁量权适用的事项主要有:①对偷工减料这一违法事实性质的认定;②对处罚具体数额的确定;③对单位和对个人的处罚决定书能否适用同一份处罚决定书。

偷工减料、不按施工规范和设计要求施工的违法行为是工程建设过程中最为常见的违法现象,不少建筑工程施工单位往往通过降低建筑用材用料标准的方法敛取高额利润,导致工程质量难以保障,甚至导致出现豆腐渣工程。实践中,此类交通执法案件在处理过程中要注意以下几个问题:

第一,案件事实性质的认定。偷工减料,是指工程施工主体在工程施工过程中,削减用料,缩短工时的行为。削减用料既包括工程建设的材料用量达不到工程设计要求,也包括使用的材料质量不符合或达不到工程设计的标准等级即以次等材料充当上等材料的情形;缩短用工主要是指在施工过程中对工序、步骤和用时进行不合规定的压缩减省,从而影响工程质量的行为。本案中执法人员经过现场调查发现当事人负责施工的晋江大桥连接线第三合同段 K0+850 大桥桥面右幅伸缩缝位置预留宽度不足(设计 3.7cm),最小处仅 1cm;左幅伸缩缝施工中存在偷工减料,未按设计要求浇筑 C50 钢纤维混凝土,用普通混凝土代替。这属于典型的偷工减料不按规定和设计要求进行施工的违法行为。因此本案对案件事实的定性正确。

第二,案件的法律适用。就本案而言,法律适用应注意几个方面的要求:一是法律条文的援引要全面到位。本案处罚涉及单位和个人两个方面的主体,即某工程建设总公司和项目经理葛某、项目总工程师程某。援引法律依据时既要有对单位进行处罚的条文依据,也要有对个人进行处罚的条文依据,即《建设工程质量管理条例》的第六十四条和第七十三条,本案在引用时虽然引用该两条法律,但对单位处罚和对个人处罚依据没有分别引用第六十四条和第七十三条。二是法律条文的援引要准确具体,不能只列出所依据的法律的名称,如果要引用的条文包含款、项、目,援引时要具体到款、项、目,本案在这方面处理上没有问题。三是适用条文时,要注意对条文中关键词含义的界定。比如《建设工程质量管理条例》第六十四条规定"违反本条例规定,施工单位在施工中偷工减料的,使用不合格的建筑材料、建筑构配件和设备的,或者有不按照工程设计图纸或者施工技术标准施工的其他行为的,责令改正,处工程合同价款百分之二以上百分之四以下的罚款……"该条文中"工程合同价款"的界定直接决定着该违法行为的罚款数额,根据立法宗旨和法律精神,我们认为该法条所说的"工程合同价款"是指与当事人违法行为有直接关联的分部工程合同价款,而非总承包合同价款,这一点结合《建设工程质量管理条例》第二十七条"总承包单位依法将建设工程分包给其他单位的,分包单位应当按照分包合同的约定对其分包工程的质量向总承包单位负责,总承包单位与分包单位对分包工程的质量承担连带责任"的规定就不难理解。本案中晋江大桥连接线第三合同段 K0+850 大桥桥面系分部工程价款 129.19 万元,属于与当事人违法行为有直接关联的分部工程合同价款。

　　第三,案件文书制作的问题。文书是每一个行政执法案件整个执法过程的记录和体现,是行政复议机关和司法机关对行政执法案件合法性、合理性进行审查的依据。从本案文书的制作看,要注意文书制作的几点要求:一是要正确处理文书制作的效率和规范的关系。文书制作的效率关乎案件处理的速度,对执法人员成功处理案件,有效实施行政管理具有重要作用,因此在文书使用的种类上要善于应用制作便捷快速的填写式文书,同时可以对文书部分格式化的事项进行电脑套打制作,从而提高执法过程中文书制作的效率,比如本案中的立案审批表、告知书等几类文书的制作。但仅仅讲求效率显然是不够的,文书还要符合规范性的要求,对法律要求必须使用书写式文书的时候就不能采用填写式文书,需要相关人员亲笔签名的时候就不能用电脑机器打印,比如本案询问笔录中的被询问人和执法人员要亲笔签名,审批表中的相关人员亲自签章。二是要注意对单位和个人实施双罚的文书制作。根据《建设工程质量管理条例》的规定,施工单位的施工质量责任是一种双重责任,违反规定在施工中存在偷工减料的既要追究单位的责任,同时还要追究直接负责的主管人员和其他直接责任人员的责任。本案中对单位和相关个人进行双罚时,应分别制作对单位即某工程建设总公司和对个人即项目经理葛某、项目总工程师程某的处罚告知书和处罚决定文书。

(三)执法启示

在交通行政执法中正确使用裁量权的基础,是对事实的准确认定和对法规的准确理解。交通建设质量监管执法中,要特别重视认定事实的准确性,为正确使用裁量权打下坚实的基础。

案例二 某设计院工程设计不符合强制性标准案

(一)基本案情

2008年12月9日,××交通质监站执法人员在检查某船舶重工改扩建工程时发现,××航道规划设计研究院在××船舶重工改扩建工程施工图设计中,预应力空心板封锚混凝土强度仅为C30,低于预应力空心板本体混凝土强度等级,不符合工程建设强制标准。12月25日,××交通质监站在调查取得相关证据的基础上进行了立案,同日向当事人××航道规划设计研究院送达"交通行政处罚告知书",送达声明中当事人明确表示放弃陈述、申辩及要求听证的权利,愿意当场接受处理。同日,依据《建设工程质量管理条例》第六十三条对当事人作出了罚款10万元人民币的行政处罚,当天送达了处罚决定书。

(二)争议焦点与案例分析

该案件争议焦点在于处罚的额度如何确定。

本案定性正确。工程建设强制性标准是在一定范围内通过法律、行政法规等强制性手段加以实施的工程建设标准,属于国家强制性标准的一种。《中华人民共和国标准化法》规定,"强制性标准必须执行,不符合强制性标准的产品,禁止生产、销售和进口"。本案中,执法人员经过现场调查发现,××航道规划设计研究院在××船舶重工改扩建工程施工图设计中,预应力空心板封锚混凝土强度仅为C30,低于预应力空心板本体混凝土强度等级,不符合工程建设强制标准。因此,将××航道规划设计研究院承担的××船舶重工改扩建工程施工设计定性为不符合工程建设强制性标准行为是正确的。执法人员收集了六份当事人陈述作为本案的定案证据,证据比较充分。

《建设工程质量管理条例》第六十三条规定,"勘察单位未按照工程建设强制性标准进行勘察的,责令改正,处10万元以上30万元以下的罚款。造成工程质量事故的,责令停业整顿,降低资质等级;情节严重的,吊销资质证书;造成损失的,依法承担赔偿责任。"处罚幅度从10万到30万,具有相当大的自由裁量空间。××省所有具有自由裁量权的交通行政处罚已全部纳入《××省交通行政处罚自由裁量权基准制度》的规范,执法人员在适用法律时,根据当事人的实际情况,参照该制度的相关要求确定了10万元的处罚额度,裁量是适当的。

(三)执法启示

工程设计是工程质量的最初保障,是实现工程质量合格的源头依据,工程设计不符合工程建设强制性标准的违法行为是工程建设过程中较为常见的违法现象。实践中,处理此类案件要注意以下几个问题:第一,案件事实性质的认定;第二,案件证据的收集;第三,案件的法律适用。在涉及行政处罚自由裁量权的行使时,最好能够参照以往相关案例,或者建立交通行政处罚自由裁量权基准制度,保证裁量适当合法。

八、交通安全生产监督管理领域

案例 某施工单位现场临时用电违法案

(一)案情介绍

2009年5月8日,××高速扩建××段PA2合同段施工单位,××高速公路发展路桥工程有限公司因现场施工临时用电不符合安全技术规范强制性要求,造成1名生产工人触电身亡。事故发生后,××省交通质监站对事故现场进行了调查,询问了当事人和证人,制作了讯问笔录,于5月12日向上述项目施工单位、业主及监理公司发出了"现场安全监督检查整改通知书",责令施工单位在15日内整改完毕。6月1日,××省交通质监站执法人员对施工单位整改情况再次进行检查,发现该单位未按整改通知书的要求进行整改,仍然存在违反施工安全强制性规范要求的情况。6月22日××省交通质监站进行立案处理,当日向××高速公路发展路桥工程有限公司及项目负责人张××发出了"交通行政处罚通知书",当事人签收通知书时表示放弃陈述、申辩和要求听证的权利。6月23日,××省交通质监站发出"交通行政处罚决定书",对××高速公路发展路桥工程有限公司作出罚款1.9万元和项目负责人张××罚款2万元的行政处罚,并要求当事人在7日内对上述违法行为进行整改。

(二)争议焦点与案例分析

本案执法过程中涉及行政处罚自由裁量权的事项主要是对××高速公路发展路桥工程有限公司作出罚款1.9万元和对项目负责人张××罚款2万元的行政处罚。

本案中,××高速公路发展路桥工程有限公司因现场施工临时用电不符合安全技术规范强制性要求,造成1名生产工人触电身亡,违法事实清楚,证据确凿。根据《中华人民共和国安全生产法》和《建设工程安全生产管理条例》的规定,对××高速公路发展路桥工程有限公司作出罚款1.9万元和项目负责人张××罚款2万元的行政处罚是符合法律规定的,裁量是适当的。事故发生后,执法人员责令施工单位在15日内整改完毕。而在执法人员对整改情况进行再次检查时发现施工单位未按整改通知书的要求进行整改,仍然存在违反施工安全强制性规范要求的情况,遂责令当事人在7日内对上述违法行为进行整改也是适当的。

(三)执法启示

施工建设安全生产关系重大。执法人员要及时进行检查,发现问题要严肃处理,不能姑息放任。在处罚时要准确理解和正确使用裁量权,分清单位和个人的责任,做到不枉不纵。

附录

关于规范交通运输行政处罚自由裁量权的若干意见

交政法发[2010]251号

各省、自治区、直辖市、新疆生产建设兵团交通运输厅(局、委),天津市、上海市交通运输和港口管理局,天津市市政公路管理局,部海事局,长江航务管理局,长江口航道管理局:

为进一步贯彻落实《全面推进依法行政实施纲要》,不断提升交通运输行政执法水平,促进交通运输行政处罚权合法、合理、公平、公正、公开行使,确保交通运输行政法律、法规和规章的正确实施,维护公民、法人或者其他组织的合法权益,根据相关法律、法规和规章规定,结合交通运输行政执法现状,现就规范交通运输行政处罚自由裁量权工作提出如下意见:

一、充分认识规范交通运输行政处罚自由裁量权的意义

行政处罚自由裁量权,是指根据法律、法规和规章所规定的行政处罚种类和幅度,综合考虑违法情节、违法手段、社会危害后果等因素对拟适用的行政处罚种类和幅度进行综合裁量的权限。规范行政处罚自由裁量权是国务院关于规范行政执法要求的一项重要内容,也是进一步深化行政执法责任制的重要环节。2004年,国务院印发的《全面推进依法行政实施纲要》明确提出:"行政机关行使行政自由裁量权的,应当在行政决定中说明理由"。2008年,《国务院关于加强市县政府依法行政的决定》强调指出:"要抓紧组织行政执法机关对法律、法规、规章规定的有裁量幅度的行政处罚、行政许可条款进行梳理,根据当地经济社会发展实际对行政自由裁量权予以公布执行"。交通运输行政执法是交通运输行政管理的重要手段,交通运输行政执法机构及其执法人员能否正确、合法、合理地行使行政处罚自由裁量权,直接影响到交通运输法律、法规和规章的有效实施,关系到交通运输部门的形象,也关系到行政相对人的切身利益。全面规范行

政处罚自由裁量权,合理限定行政处罚裁量幅度,既是交通运输行政执法机关规范行政权力和行政执法行为、进一步推进依法行政工作的需要,也是构建预防和惩治腐败体系的需要。因此,有必要对交通运输行政处罚自由裁量权进行规范,从制度与机制层面预防权力滥用,提高交通运输行政执法水平,为加快现代交通运输业发展创造良好的法治环境。

二、规范交通运输行政处罚自由裁量权的原则

(一)处罚法定原则

处罚法定原则是行政合法性原则在行政处罚中的具体体现和要求,指行政处罚必须依法进行。处罚法定原则包含:①实施处罚的主体必须是法定的行政主体;②处罚的依据是法定的;③行政处罚的程序合法;④行政处罚的职权是法定的。处罚法定原则不仅要求实体合法,也要求程序合法,即应遵循法定程序。

(二)过罚相当原则

对违法事实、性质、情节及社会危害程度等因素基本相同的同类行政违法行为,所采取的措施和手段应当必要、适当,所适用的法律依据、处罚种类和幅度应当基本相同,行政处罚的种类、轻重程度、减免应与违法行为相适应,排除不相关因素的干扰,防止处罚畸轻畸重、重责轻罚、轻责重罚等。

(三)教育与处罚相结合原则

实施交通运输行政处罚,纠正交通运输违法行为,应当坚持处罚与教育相结合,通过对违法行为人施加与其违法行为的社会危害程度相当的处罚,教育公民、法人或者其他组织自觉遵守交通运输法律、法规和规章,杜绝"重处罚轻教育"、"只处罚不教育"现象。

(四)综合考量原则

规范交通运输行政处罚自由裁量权应当根据法律规定,全面考虑、衡量违法事实、性质、情节及社会危害程度等相关因素,排除不相关因素的干扰。

(五)平等原则

对违法事实、性质、情节及社会危害程度等因素基本相同的同类违法行为,

所适用的法律依据、处罚种类和幅度应当基本相同,做到公平、公正、一视同仁。

三、规范交通运输行政处罚自由裁量权的配套制度

(一)陈述、申辩制度

交通运输行政处罚决定之前,应当告知当事人依法享有陈述、申辩等权利。对基于交通运输行政自由裁量权作出的处罚,应当认真审查当事人陈述、申辩提出的事实、理由和证据,避免行政自由裁量权行使不公正、不合理。

(二)听证制度

交通运输行政执法部门作出行政处罚决定时,凡法定需举行听证的情形,应告知当事人有权要求举行听证。听证实行告知、回避制度,依法保障当事人陈述、申辩和质证的权利。

(三)集体讨论制度

在发生下列情况时,交通运输行政执法机构应成立集体讨论组织,在案件调查报告基础上讨论应实施的行政处罚。

一是重大行政处罚案件:指交通行政执法部门作出的吊销证照、责令停产停业、五千元以上罚款的行政处罚决定;

二是复杂、争议较大的案件:认定事实和证据争议较大的,或适用的法律、法规和规章有较大异议的,或违法行为性质较重或者危害较大的,或执法管辖区域不明确或有争议的;

三是其他重大、复杂案件。

集体讨论会议的记录人员必须全面客观记录会议讨论意见,形成集体讨论意见书。集体讨论意见书为交通运输行政处罚案件如何处(理)罚的书面凭证。

(四)裁量说理制度

交通行政执法机构应当就违法行为的事实、性质、情节、社会危害程度和当事人主观过错等因素及最终选择的处罚种类、幅度等情况作出详细说明,说明应当充分,理由应当与行政处罚结果相关联。其中当场作出行政处罚决定的,应当向当事人当面作出口头说明,并据实记录在案,由当事人签字或者盖章;一般程

序作出行政处罚决定的,可以在行政处罚通知书或者决定书中向当事人作出书面说明。

(五)监督、评查和问责制度

交通运输行政执法部门的法制工作机构负责监督交通运输行政处罚自由裁量权实施的内部监督检查工作,根据工作需要邀请纪检、监察等机构派员组成交通运输行政处罚案卷评查小组进行案件评查工作;对行政自由裁量权的实施要引入执法问责制,因行使行政自由裁量权失当引起显失公平、错案或者复议、诉讼败诉的追究相关当事人责任。

四、规范交通运输行政处罚行政自由裁量权的主要内容

(一)制定交通运输行政处罚的裁量标准

省级交通运输主管部门、交通运输部海事局、长江航务管理局应当在法律、法规、规章规定的行政处罚的行为、种类、幅度内,研究制定规范本地区、本系统的交通运输自由裁量权的具体标准。

一是省级交通运输主管部门、交通运输部海事局、长江航务管理局应当根据法律、法规、规章的变更或执法工作中的实际情况,及时补充、修订或废止行政处罚自由裁量权规范和标准。

二是法律、法规、规章规定可以选择行政处罚幅度的,应当根据涉案标的、过错、违法手段、社会危害等情节划分明确、具体的等级。原则上可将每种违法行为细化为轻微、一般、较重、严重、特别严重五个等级。具体标准可以综合考虑违法行为的事实、性质、情节、危害程度、实际后果等。

三是省级交通运输主管部门、交通运输部海事局、长江航务管理局行政执法机构要根据各类违法行为的违法程度,综合考虑当地社会经济发展水平、相对人承受能力和消除社会危害是否及时等因素,确定相应的处罚裁量标准,并及时向社会公布。

(二)严格执行交通运输行政处罚裁量标准

各级交通运输行政主管部门和交通运输行政执法机构要按照公布的交通运输行政处罚裁量标准,综合考虑个案违法行为的事实、性质、情节、社会危害程度

等,选择适用的处罚种类和法律依据,确定适当的处罚幅度行使行政处罚权。对违法行为调查取证时,要同时收集与确定违法程度和不予、减轻、从轻、一般、从重等量罚情节有关的证据。在告知行政相对人陈述申辩或者听证权前,要掌握确定违法程度和量罚情节的证据,按照行政处罚裁量标准告知拟给予的处罚内容。

(三)加强对交通运输行政处罚自由裁量权的监督

交通运输主管部门和交通运输行政执法机构发现行政处罚自由裁量权行使不当的,应当及时、主动纠正。

一是要将处罚程序、裁量标准公开。各级交通运输行政执法机构在实施行政处罚裁量行为时,应当依法履行执法程序,明确执法流程与裁量标准,并向社会公开。

二是各级交通运输行政管理部门要通过行政执法投诉、行政执法检查、重大案件备案制度、行政执法案卷评查等形式加强对行政执法机构行使行政处罚自由裁量权情况的监督检查。

三是明确监督的内容。主要应当包括是否制定并公布交通运输行政处罚裁量标准;是否按照公布的行政处罚行政裁量标准行使行政处罚权;是否随意确定处罚种类和罚款数额,是否对同一性质案件不同处(理)罚;执法程序和文书是否符合规范行政处罚自由裁量权要求;不当行使行政自由裁量权行为是否得到及时纠正等。

四是各级交通主管部门法制工作机构要加强对执法案件的审核工作,应当将办案机构的行政自由裁量权行使情况作为审核的重要内容之一,审核机构认为办案机构行使自由裁量权不当的,应当责令改正。

五是各级交通主管部门审理行政复议案件时,应当将有关法律法规和行政裁量执行标准作为审理行政处罚行为适当性的依据之一。

六是各级交通主管部门和交通行政执法机构应当建立健全行使行政处罚自由裁量权过错责任追究制度,对因处罚决定违法或不当,造成严重后果的,依照有关规定追究执法人员的过错责任。

五、做好规范交通运输行政处罚自由裁量权的工作要求

(一)规范行政处罚自由裁量权工作是推进依法行政的一项系统的基础工

程。各地、各单位要高度重视,精心组织,周密部署,切实加强领导,将规范交通运输行政处罚行政自由裁量权工作与贯彻落实国务院《全面推进依法行政实施纲要》及推行交通运输行政执法责任制工作相结合,与交通运输行政执法证件管理、交通运输行政执法考核评议和交通运输行政执法监督检查工作相结合,根据本意见的要求抓紧抓实抓好各项工作,确保规范交通运输行政处罚行政自由裁量权工作取得实效。

(二)省级交通运输主管部门、交通运输部海事局、长江航务管理局要组织制定适用本地区、本系统的交通运输行政处罚裁量标准,向社会公开,同时向交通运输部备案。制定交通运输行政处罚行政裁量标准,要广泛征求意见,根据本地区、本系统的执法实际,尽量列举与行政处罚阶次相对应的情形,确保行政处罚行政裁量标准具有可操作性。

(三)上级交通运输主管部门要加强对下级交通运输主管部门和交通运输行政执法机构规范行政处罚自由裁量权工作的指导、协调和督查。下级交通运输主管部门和交通运输行政执法机构要将工作中存在的问题及时向上级交通运输行政主管部门反映,确保规范交通运输行政处罚自由裁量权工作顺利进行。

(四)交通运输主管部门和交通运输行政执法机构应建立健全行使行政处罚自由裁量权的信息化系统平台,推动行政处罚行政裁量工作的数字化、程序化、网络化和信息化。借助计算机技术手段,将执法程序、调查和取证的步骤、内容、要求予以强制性规范,使行政处罚简单、快速、规范、统一,增强行政执法的公正性、科学性、准确性。

(五)规范交通运输行政处罚自由裁量权工作既要行动积极又要扎实稳妥,力争做到效率与质量的有机统一。福建、浙江等已经开展此项工作的地方和单位,要注意总结经验,不断加以完善、深化和提高;尚未开展此项工作的单位,应当抓紧运作,稳步推进,务求实效,使交通运输行政执法水平再上新台阶。

中华人民共和国交通运输部(章)
二〇一〇年六月一日

福建省交通行政处罚自由裁量权基准制度

第一章 总 则

第一条 为提高我省交通行政执法质量,规范交通行政处罚自由裁量权行为,依法实施行政处罚,确保行政处罚公正、公开、合理,保障公民、法人和其他组织的合法权益,根据有关法律、法规和规章规定,结合我省交通行政执法工作实际,制定本规范。

第二条 本规范所指的交通行政处罚自由裁量权,是指交通行政执法单位在实施交通行政处罚时,在法律、法规和规章规定的范围内,确定与违法行为事实、性质、情节和后果相适应的处罚,具体包括:

(一)是否对违法行为进行处罚;

(二)交通行政处罚的种类;

(三)交通行政处罚的幅度;

(四)是否减轻交通行政处罚;

(五)依法规定的其他情况。

第三条 本规范适用于福建省行政区域内实施交通行政处罚行为。

第四条 行使交通行政处罚自由裁量权应当遵循法定、公正、公开和合理的原则;必须以事实为依据,与违法行为的事实、性质、情节以及社会危害程度相当。

第五条 对违法行为事实、性质、情节和后果基本相同的,应当给予基本一致的行政处罚。

第六条 实施交通行政处罚时,应当责令当事人改正或者限期改正违法行为。

第七条 坚持教育与处罚相结合的原则。

第八条 交通行政处罚结果应当通过公示栏、网站等方式对外公示,接受社会监督。

附录
福建省交通行政处罚自由裁量权基准制度

第九条 交通行政处罚实行分级自由裁量制,即划分为不予处罚、减轻处罚、从轻处罚、从重处罚等裁量等级。

不予处罚是指违法行为轻微并及时纠正,没有造成危害后果或其他依法应当不予行政处罚的。

减轻处罚是指在法定的处罚种类或处罚幅度最低限以下,对违法行为人适用的行政处罚。

从轻处罚是指在法定的处罚种类和处罚幅度内,对违法行为人在几种可能的处罚种类内选择较轻的处罚方式,或者在一种处罚种类中法定幅度内选择较低限至中限进行处罚。

从重处罚是指在一种处罚种类中法定幅度内选择中限至高限进行处罚。

第十条 应当或可以不予处罚的适用情形:

(一)违法行为轻微并及时纠正,没有造成危害后果的;

(二)精神病人在不能辨认或者不能控制自己行为时有违法行为的;

(三)违法行为在两年内未被发现的,不再给予行政处罚。两年期限从违法行为发生之日起计算;违法行为有连续或者继续状态的,从行为终了之日起计算。

(四)其他依法不予行政处罚的。

第十一条 可以减轻处罚的具体情节:

(一)主动消除或者减轻违法行为危害后果,且有悔过表现的;

(二)受他人胁迫有违法行为的;

(三)配合交通行政执法机关查处违法行为有立功表现的;

(四)情节轻微,社会影响和危害较小且能够主动纠正的违法行为;

(五)国家政策有明确规定可以减轻处罚的;

(六)其他具有减轻行政处罚理由和情节的。

第十二条 可以从轻处罚的具体情节:

(一)主观无恶意,社会影响和危害较小的;

(二)在执法机关查处违法过程中,积极配合调查,如实陈述违法情况的;

(三)主动向交通执法机关交代违法行为的;

(四)其他依法规定应当从轻处理的情节。

第十三条 应当从重处罚的具体情节:

(一)群众多次举报,严重扰乱交通管理秩序的;

(二)一年内发生3次以上违法行为的;

(三)情节恶劣,造成严重后果的;

(四)逃避、妨碍或者暴力阻碍交通行政执法人员检查的;

(五)转移、隐匿、销毁证据或者有关材料的;

(六)不配合交通行政执法人员调查取证,或者故意提供虚假证据的;

(七)不听执法人员劝告或者拒不改正,继续实施违法行为的;

(八)扰乱交通管理秩序,且因此引发群体事件的;

(九)违法行为社会影响恶劣,造成影响面较广的;

(十)对举报人或者执法人员实施打击报复,查证属实的;

(十一)在专项整治期间从事相关违法行为的;

(十二)其他依法应当从重处罚的。

第十四条 对当事人减轻或者不予行政处罚的,应当经执法机关法制机构审核,由执法机关领导集体研究决定。

第十五条 在告知当事人后,行政处罚进行变更的,应当经执法机关法制机构审核,主要负责人审批。重大、情节复杂或者对违法行为给予较重处罚的,应当集体研究决定。

第十六条 对当事人不予处罚、减轻处罚、从轻处罚、从重处罚、变更处罚以及暂缓执行或者分期缴纳罚款的,执法机关及其工作人员必须收集或者提供相应的证据和材料。

第十七条 当事人违法行为已构成犯罪的,应当按法定权限、程序将案件移交司法机关处理。

第十八条 当事人严重违法依法应当吊销经营许可证的,属于办案机关许可的,由办案机关按法定程序吊销许可证;非办案机关许可的,办案机关认为当事人违法行为依法应当吊销许可证的,应当按程序移交原许可机关。

第十九条 依法规定对违法行为应当处以没收违法所得并按违法所得法定

倍数罚款的,应当核定违法所得,并按法定倍数罚款。

第二章 交通行政处罚自由裁量权回避制度

第二十条 实施交通行政处罚时需要运用自由裁量权的应当实行处罚回避的制度。

第二十一条 交通行政执法人员在实施行政处罚时,有下列情形之一的,应当回避:

(一)是本案当事人或与当事人有近亲关系的;

(二)与当事人有其他关系,可能影响公正执法的;

(三)其他法律法规规定应当回避的。

第二十二条 符合回避条件的交通行政执法人员应当主动提出回避申请,当事人也可以申请回避。申请回避的方式可以是口头申请,也可以是书面申请,用口头方式申请回避的,应当予以记录。

第二十三条 中层干部的回避,由单位领导决定,其他交通行政执法人员的回避,由有关科室机构负责人决定。

第二十四条 被申请回避的交通行政执法人员在作出回避的决定前,仍参与本案的处理。

第二十五条 对当事人及有关交通行政执法人员提出的回避申请,应当在两日内以口头或书面的形式作出决定。

第二十六条 交通行政执法人员违反行政执法回避法律、法规规定的,应当依法追究相应的行政责任。

第三章 交通行政处罚自由裁量权陈述、申辩制度

第二十七条 交通行政执法部门作出行政处罚决定之前,应当告知当事人依法享有陈述、申辩的权利。当事人要求陈述、申辩的,应及时受理并充分听取当事人的意见,对当事人提出的事实、理由和证据进行复核。

第二十八条 复核当事人陈述、申辩提出的事实、理由和证据,应当及时、客观、公正。

对基于交通行政自由裁量权作出的交通行政处罚行为,应以更为审慎的方式复核当事人陈述、申辩提出的事实、理由和证据,避免行政处罚自由裁量权的不公正、不合理的应用。

第二十九条 当事人要求陈述、申辩的,应当在交通行政处罚告知书规定的时间内提出,逾期未提出的,视为放弃陈述、申辩。

第三十条 在当事人进行陈述、申辩时,除涉及国家秘密、商业秘密或者个人隐私外,交通行政执法部门视案件具体情况,可以邀请与违法行为有利害关系的当事人以及对行政机关执法负有监督、指导职能的人大及政府法制、监察等部门的有关人员列席旁听。组织陈述申辩的具体程序参照听证程序的规定。

第三十一条 当事人提出的事实、理由或者证据成立的,交通行政执法部门应当采纳,不得因当事人申辩而加重处罚。

第四章 交通行政处罚自由裁量权听证制度

第三十二条 交通行政执法部门在"交通行政处罚告知书"中,告知拟给予下列交通行政处罚决定时,应当告知当事人有要求举行听证的权利。

(一)责令停产停业;

(二)吊销经营许可证;

(三)较大数额罚款,即对公民处 2000 元以上,对法人或其他组织处 1 万元以上的罚款。

第三十三条 听证应当遵循公开、公正、及时、便民的原则。听证实行告知、回避制度,依法保障当事人陈述、申辩和质证的权利。

第三十四条 听证应当围绕案件的事实、证据、程序、法律适用等全面进行。

第三十五条 听证应按下列步骤进行:

(一)听证主持人宣读交通管理部门负责人授权主持听证的决定;

(二)听证主持人宣布听证事由及听证纪律;

(三)听证主持人核对案件调查人和当事人身份;

(四)听证主持人宣布听证的组成人员,交代听证的权利和义务;

(五)听证主持人询问当事人是否申请回避,当事人申请听证主持人回避的,听证主持人应当宣布中止听证,报请组织听证的交通管理部门负责人决定是否回避;申请听证员、记录员、鉴定人、翻译人回避的,由听证主持人当场决定;

(六)案件调查人提出当事人的违法事实、证据和行政处罚建议及法律依据;

(七)当事人进行陈述、申辩和质证;

(八)案件调查人和当事人就案件所涉及的事实、各自出示的证据的合法性、真实性及有关问题进行辩论,听证主持人有权对案件调查人和当事人不当的辩论予以制止;

(九)听证主持人就案件事实、证据和有关法律依据进行询问;

(十)案件调查人、当事人作最后陈述;

(十一)听证主持人宣布听证结束。

第三十六条 听证结束后,听证主持人应当依据听证情况,写出听证报告,连同听证笔录报分管领导。听证报告应当记录听证的时间、地点、案由、参加人、记录员、主持人;当事人与调查人员对违法的事实、证据的认定和对处罚建议的主要分歧;听证主持人的意见和建议。

第三十七条 当事人对举行听证后作出的行政处罚决定不服的,可以依法申请行政复议或者提起行政诉讼。

第五章 交通行政处罚自由裁量权集体讨论制度

第三十八条 交通行政处罚案件涉及下列自由裁量权运用情形之一的,应采用集体讨论的制度。

(一)重大行政处罚案件:指交通行政执法部门作出的吊销证照、责令停产停业、五千元以上罚款的行政处罚决定;

(二)复杂裁量案件:认定事实和证据争议较大的;适用的法律、法规和规章有较大异议的;违法行为性质较重或者危害较大的;执法管辖区域不明确或有争议的;

(三)其他属于重大、复杂案件的。

第三十九条 集体讨论案件的处理,必须在调查人员已查清案件事实且形成调查报告并经分管领导审核的基础上进行。

第四十条 集体讨论案件的处理,应当通过分管领导召集的专题会议集体讨论决定。

第四十一条 在集体讨论中,要坚持民主集中制,坚持少数服从多数;允许保留个人意见,但经集体决定后,个人必须坚决执行,并不得有违背集体决定的言行;因某种特殊情况,本次会议不能形成集体决定时,下次会议再议。

第四十二条 集体讨论事项时,会务人员必须全面客观准确地记录会议的有关情况,并做出会议纪要。

第四十三条 集体会办的处理决定具有确定力,任何人不得擅自更改,不得减免处罚数额,不得降低处分档次。

第六章 交通行政处罚自由裁量权职能分离制度

第四十四条 我省交通行政处罚实行查处分离制度,即将交通行政执法相互联系的调查、审核、决定、执行等职能加以分离,使之分属于不同的工作人员掌握和行使,使行政决定公正、准确。

第四十五条 职能分离程序:

(一)各科室股按照各自职责开展违法案件受理、调查。需要立案的,一般案件经分管领导或部门负责人批准后予以立案,重大案件经主要领导批准后立案。

(二)具体承办人员在交通行政处罚规定的时限内将案件调查情况与初步处理意见提交科室股负责人进行审理,然后提交法制机构进行案件审核。

(三)法制机构审核后报分管领导,一般案件由分管领导或主要领导进行审理,重大案件按集体会办制度进行审定。

(四)经审理后的案件处理意见交违章处理室具体承办人进行落实,各种文书按有关规定执行,对行政处罚涉及听证的,由案件承办人受理,听证会由法制机构负责主持听证。

(五)听证后法制机构按听证的结论,报案件分管领导或主要领导批准后交违章处理机构落实处理。

第四十六条　在执行罚款过程中,实行罚缴分离制度。收缴罚款,使用财政统一印制的收据进行罚款,实行收支两条线制度。

第七章　交通行政处罚自由裁量权监督制度

第四十七条　交通行政执法部门的法制工作机构(以下称法制机构)负责交通行政处罚的内部监督检查工作。内部监督工作的重点主要针对行政处罚自由裁量权运行的情况,主要应做好以下几点:

(一)拟定交通行政处罚监督的相关制度。

(二)审查拟作出的行政处罚决定,纠正交通行政处罚行为在执法主体、依据、内容、程序及执法中存在的违法或者不当问题。

(三)处理行政处罚适用等方面的争议。

(四)处理非复议、非诉讼渠道反映的行政处罚违法案件。

(五)负责交通行政处罚情况的调查和统计分析上报工作。

第四十八条　对拟作出的交通行政处罚决定进行审核时,发现有下列情形之一的,应作出不予行政处罚:

(一)拟实施的交通行政处罚没有法定依据。

(二)违法事实不能成立的。

(三)违法事实不清楚、证据不确凿的。

(四)违法行为轻微,依法可以不予行政处罚的。

(五)超越职权的。

第四十九条　对拟作出的交通行政处罚决定进行审核时,发现有下列情形之一的,应重新对本案进行调查取证:

(一)违反法定回避制度的。

(二)违法进行调查取证的。

(三)拒绝听取当事人陈述或者申辩的。

(四)属于听证范围的行政处罚不告知当事人有要求举行听证权利的。

(五)指派不具备执法资格人员进行调查取证的。

第五十条　对于各种渠道反映认为行政处罚在依据、主体、内容、程序等方面违法或者不当的案件,法制机构应当负责调查,并根据不同情况作出处理。

第五十一条 不定期征求人大代表、政协委员对交通行政执法工作的意见和建议,对其提出的批评、建议和要求及时给予答复,并做好改进工作。

第五十二条 热情接受新闻媒体的舆论监督,积极配合新闻媒体公开报道交通行政执法工作的有关内容及存在问题,做到不护短、不隐瞒。

第八章 交通行政处罚自由裁量权案卷评查制度

第五十三条 我省各级交通行政执法单位,在结合本单位实际的基础上建立健全交通行政处罚案卷评查制度。

第五十四条 交通行政处罚案卷评查由各单位分管法制工作的领导组织,法制工作机构具体实施,可以根据需要请纪检、监察等机构派员参加。

案卷评查根据需要成立评查工作组,评查组有三名以上奇数人数组成;由单位分管法制工作的领导任组长,法制机构负责人任副组长,其他人员任评查组成员。

第五十五条 交通行政处罚案卷评查每个季度组织实施一次,各单位可以根据需要安排临时的评查活动。

第五十六条 各单位每次案卷评查的处罚案卷数不得少于 25 份,每次评查的处罚案卷必须为本季度新办理的案卷,作为评查的案卷应采用随机的方式提取。

随机提取的 25 份卷宗应当涉及本季度新办理的各个种类的违法处罚。

各单位本季度新办理的处罚案卷不足 25 份的,应将本季度办理的全部处罚卷宗列入评查范围。

第五十七条 列入季度评查的卷宗应当在评查情况记录表中具明案卷号。

第五十八条 案卷评查应本着文书填写规范准确、法律适用正确无误、程序合法有效、取证确实充分、自由裁量权公正合理、卷宗装订整齐有序的要求,对文书填写、法律适用、处罚程序、调查取证、自由裁量权以及卷宗装订等情况进行全面客观的评价检查。

第五十九条 案卷评查可以采用座谈讨论或集中讲评的方式进行。各单位可以根据实际采用更为有效生动的方式进行，可以使用视听资料对反映执法过程的录像进行点评。还可以将以上各种方式有机结合起来进行评查。

第六十条　案卷评查的具体情况应当详细记录在"福建省交通行政处罚案卷评查记录表"中。

案卷评查记录采用一案一评一表，每个案卷评查的情况独立记录在一份表中。

第六十一条　年度最后一次评查应将本年度的案卷评查的所有材料集中并整理归档，列入年度考核单位执法人员的重要依据。

第六十二条　本制度涉及的"福建省交通行政处罚案卷评查记录表"作为本制度附件与本制度配套实施。

第九章　交通行政处罚自由裁量权责任制

第六十三条　行政执法责任制实行主要领导负责与执法人员层层负责相结合，执法责任与执法保障、执法监督相结合，执法奖励与过错追究相结合的制度。

第六十四条　主要领导人是本单位行政执法第一责任人，对本单位行政执法负全面责任，分管领导负责协助主要领导人组织、指导、协调具体的行政执法工作，就分管的行政执法工作向主要领导人负执法责任。

第六十五条　各职能股室负责人是本股室（站、队）直接执法责任人，就承担行政执法工作向分管领导负责；岗位交通行政执法人员是具体执行法律法规的责任人，就承担的执法工作向本股室执法责任人负责。

第六十六条　直接承办具体行政行为的执法人员，是该行政行为的具体责任人；共同承担具体行政行为的执法人员，是该行政行为的共同责任人；承担具体行政行为审核任务的是审核责任人；承担具体行政行为批准任务的是批准责任人。

第六十七条　本单位各职能部门必须履行职责，严格执法，依法行政，具体行政行为应做到：

（一）所适用的法律、法规、规章必须正确有效；

（二）有充分的事实根据和确凿的证据；

(三)具体行政行为必须符合法定的构成要件；

(四)执法程序必须合法；

(五)符合管辖和职权范围；

(六)处理结论合法、适当。

第六十八条 执法人员在行政执法过程中,由于故意或者重大过失,有下列情形之一的,应当追究责任。

(一)违反规定权限办理行政许可,给法人及其他组织造成损害的。

(二)违反规定办理交通各类变更或者撤销手续的。

(三)违反规定办理减免的。

(四)违反规定实施行政处罚的。

(五)违反规定不履行或故意拖延履行法定职责的。

(六)行使自由裁量权造成显失公平甚至错案的。

(七)因行使自由裁量权引起诉讼、复议败诉的。

(八)其他依法应当追究责任的行为。

第六十九条 行政执法责任追究视其情节按照下列规定执行,法律、法规和规章另有规定的,按有关规定执行。

(一)责令改正,责令写出书面检查；

(二)通报批评；

(三)暂停行政执法工作,调离行政执法岗位；

(四)给予行政处分、党纪处分；

(五)因行政执法过错引起行政赔偿的,承担全部或者部分赔偿金额；

(六)涉嫌犯罪的,交司法机关处理。

第七十条 追究责任遵循实事求是、有错必纠、处罚与过错相适应、教育与惩处相结合的原则。

第十章 附 则

第七十一条 本基准制度由福建省交通厅负责解释。

第七十二条 本基准制度自 2008 年 8 月 1 日实施。

福建省交通运输行政处罚自由裁量权基准

　　福建省交通运输行政处罚自由裁量权基准包括了高速公路路政行政处罚、公路路政行政处罚、道路运输行政处罚、水路运输行政处罚、地方海事行政处罚、港政管理行政处罚、航政管理行政处罚、交通建设工程管理行政处罚、交通建设工程质量监督行政处罚、交通建设工程安全生产监督管理行政处罚十个领域的自由裁量权基准。下面仅摘录了各领域的部分内容，以做参考。

表一 福建省高速公路路政处罚自由裁量权基准

序号	违法种类	法律依据	违法程度	情节危害后果	处罚幅度
1	擅自占用挖掘高速公路	《中华人民共和国公路法》第七十六条"有下列违法行为之一的,由交通主管部门责令停止违法行为,可以处以三万元以下的罚款:(一)违反本法第四十四条第一款规定,擅自占用、挖掘公路的;"《路政管理规定》第二十三条	轻微	擅自挖掘占用高速公路1平方米以下,自行停止施工,并及时修复,没有造成危害的	不予处罚
			一般	擅自挖掘占用高速公路1平方米以下,在交通执法部门责令停止违法行为后,停止施工行为,或及时足额赔(补)偿,没有造成危害的	处500元罚款
			较重	擅自挖掘占用高速公路1平方米以上3平方米以下,交通执法部门责令停止违法行为后,在规定时间内自行停止施工并及时修复的,或及时足额赔(补)偿的	处1 000元罚款
				擅自挖掘占用高速公路1平方米以上3平方米以下,交通执法部门责令停止违法行为仍未停止施工,采取强制措施后,才停止施工行为的	处2 000元罚款
			严重	擅自挖掘占用高速公路3平方米以上10平方米以下,交通执法部门责令停止违法行为后,在规定时间内自行停止施工并及时修复的	处2 000元罚款
				擅自挖掘占用高速公路3平方米以上10平方米以下,交通执法部门责令停止违法行为仍未停止施工,在采取强制措施后,才停止施工行为的	处5 000元罚款
			特别严重	擅自挖掘占用高速公路10平方米以上,及时停止施工,交通执法部门责令停止违法行为后,在规定时间内自行停止施工并及时修复的	处15 000元罚款
				擅自挖掘占用高速公路10平方米以上,交通执法部门责令停止违法行为后仍未停止施工,并造成其他严重危害的;暴力抗法	处30 000元罚款

附 录
福建省交通运输行政处罚自由裁量权基准

续上表

序号	违法种类	法律依据	违法程度	情节危害后果	处罚幅度
12	超限运输车辆擅自行驶于高速公路,几何超限	《中华人民共和国公路法》第七十六条"有下列违法行为之一的,由交通主管部门责令停止违法行为,可以处三万元以下的罚款:(五)违反本法第五十条规定,车辆超限使用公路或者擅自超限行驶汽车渡船或者在公路上超限行驶的";《路政管理规定》第二十三条	轻微	1. 车货总高度从地面算起在4～4.1米,集装箱车货总高度算起4.2～4.3米; 2. 车货总长度在18～18.1米(汽车列车为20～20.1米)。 3. 车货总宽度在2.5～2.6米。及时纠正以上行为并没有造成危害后果的	不予处罚
			一般	1. 车货总高度从地面算起4.1～4.2米	$P = 200 + (500 - 200) \div (4.2 - 4.1) \times (L - 4.1)$
				2. 集装箱车货总高度从地面算起4.3～4.4米	$P = 200 + (500 - 200) \div (4.4 - 4.3) \times (L - 4.3)$
				3. 车货总长度在18.1～18.6米	$P = 200 + (500 - 200) \div (18.6 - 18.1) \times (L - 18.1)$
				4. 车货总宽度2.6～2.7米	$P = 200 + (500 - 200) \div (2.7 - 2.6) \times (L - 2.6)$
			较重	1. 车货总高度从地面算起4.2～4.4米	$P = 500 + (1000 - 500) \div (4.4 - 4.2) \times (L - 4.2)$
				2. 集装箱车货总高度从地面算起4.4～4.6米	$P = 500 + (1000 - 500) \div (4.6 - 4.4) \times (L - 4.4)$
				3. 车货总长度18.6～20米	$P = 500 + (1000 - 500) \div (20 - 18.6) \times (L - 18.6)$
				4. 车货总宽度2.7～3米	$P = 500 + (1000 - 500) \div (3 - 2.7) \times (L - 2.7)$
			严重	1. 车货总高度从地面算起4.4～4.8米	$P = 1000 + (2000 - 1000) \div (4.8 - 4.4) \times (L - 4.4)$
				2. 集装箱车货总高度从地面算起4.6～4.8米	$P = 1000 + (2000 - 1000) \div (4.8 - 4.6) \times (L - 4.6)$
				3. 车货总长度在20～25米	$P = 1000 + (2000 - 1000) \div (25 - 20) \times (L - 20)$
				4. 车货总宽度3～3.5米	$P = 1000 + (2000 - 1000) \div (3.5 - 3) \times (L - 3)$

续上表

序号	违法种类	法律依据	违法程度	情节危害后果	处罚幅度
12	超限运输车辆擅自行驶高速公路,几向超限	《中华人民共和国公路法》第七十六条"有下列违法行为之一的,由交通主管部门责令停止违法行为,可以处三万元以下的罚款:(五)违反本法第五十条规定,车辆、船舶擅自超限行驶或者超限行驶公路的;"《路政管理规定》第二十三条	特别严重	1. 车货总高度从地面算起在4.8米以上	处3 000元罚款
				2. 集装箱车货总高度从地面算起4.8米以上	
				3. 车货总长度在25米以上	
				4. 车货总宽度在3.5米以上	
				5. 对抗检查、暴力抗法	处5 000元罚款
13	超限运输车辆擅自行驶高速公路	《中华人民共和国公路法》第七十六条"有下列违法行为之一的,由交通主管部门责令停止违法行为,可以处三万元以下的罚款:(五)违反本法第五十条规定,车辆、船舶擅自超限行驶或者超限行驶公路的;"《路政管理规定》第二十三条	轻微	超限在1吨以下的	免于处罚
			一般	1. 超限在10%以下的	$P = 500 + (1\,000 - 500) \div (10\% - 0\%) \times (超限率 - 0\%)$
				2. 超限在10%以上50%以下的	$P = 1\,000 + (2\,000 - 1\,000) \div (50\% - 10\%) \times (超限率 - 10\%)$
			较重	1. 超限在50%以上100%以下的	$P = 2\,000 + (3\,000 - 2\,000) \div (100\% - 50\%) \times (超限率 - 50\%)$
				2. 以驳载为手段短途超限运输的	处2 500元罚款
			严重	1. 超限在100%以上200%以下的	$P = 3\,000 + (5\,000 - 3\,000) \div (200\% - 100\%) \times (超限率 - 100\%)$
				2. 对抗检查、暴力抗法,但未造成严重后果	处5 000元罚款
			特别严重	1. 超限在200%以上的	处10 000元罚款
				2. 超限运输造成公路产实际损坏,影响道路安全畅通的	
				3. 对抗检查、暴力抗法,造成人身伤害或财产严重损失的	处30 000元罚款

续上表

序号	违法种类	法律依据	违法程度	情节危害后果	处罚幅度
19	堆放物品	《中华人民共和国公路法》第七十七条"违反本法第四十六条的规定,造成公路路面损坏,污染或者影响公路畅通的,或者违反本法第五十一条规定,将公路作为试车场地的,由交通主管部门责令停止违法行为,可以处五千元以下的罚款。"《路政管理规定》第二十四条	轻微	临时性且及时搬走、清理的,堆物面积在5平方米以下的	不予处罚
			一般	占用紧急停车带面积在5平方米以上10平方米以下	处500元罚款
			较重	占用紧急停车带面积在10平方米以上20平方米以下	处1 000元罚款
			严重	占用紧急停车带面积在20平方米以上,或在高速公路行车道上堆放物品,影响交通安全畅通的	处2 000元罚款
			特别严重	占道堆物造成交通堵塞或造成交通事故	处5 000元罚款
21	设置障碍	《公路法》第七十七条"违反本法第四十六条的规定,造成公路路面损坏,污染或者影响公路畅通的,或者违反本法第五十一条规定,将公路作为试车场地的,由交通主管部门责令停止违法行为,可以处五千元以下的罚款。"《路政管理规定》第二十四条	轻微	临时性且及时搬走、清理的	不予处罚
			一般	设置障碍物影响到高速公路使用功能的	处1 000元罚款
			较低	设置障碍物给高速公路安全带隐患的	处2 000元罚款
			严重	在高速公路上设置障碍,影响交通安全畅通的	处3 000元罚款
			特别严重	设置障碍造成交通堵塞或造成交通事故的	处5 000元罚款

续上表

序号	违法种类	法律依据	违法程度	情节危害后果	处罚幅度
23	污染高速公路	《中华人民共和国公路法》第七十七条"违反本法第四十六条的规定，造成公路路面损坏，污染或者影响公路畅通的，或者违反本法第五十一条规定，将公路作为试车场地的，由交通主管部门责令停止违法行为，可以处五千元以下的罚款。"《路政管理规定》第二十四条	轻微	因交通事故或机械故障漏油污染高速公路	不予处罚
			一般	发生污染后自行处置干净，当事人已经采取必要的补救措施	处200元罚款
			较重	发生污染后没有及时报告的，当事人没有采取相应措施进行补救	处500元罚款
			严重	污染路面没有及时报告，影响道路畅通	处1 000元罚款
			特别严重	污染路面没有及时报告，严重影响道路畅通，造成交通阻塞	处5 000元罚款
28	在高速公路用地范围内设置公路标志以外的标志	《中华人民共和国公路法》第七十九条"违反本法第五十四条规定，在公路用地范围内设置公路标志以外的其他标志的，由交通主管部门责令限期拆除，可以处二万元以下的罚款；逾期不拆除的，由交通主管部门拆除，有关费用由设置者负担。"《路政管理规定》第二十六条	轻微	非营利性质，主动拆除的	不予处罚
			一般	初次违法，不按照审批要求设立的	处1 000元罚款
			较重	拒不改正的	处3 000元罚款
			严重	通过隐瞒欺骗手段取得行政许可的	处5 000元罚款
			特别严重	给高速公路的通行安全造成重大隐患的；占用路肩或高速公路弯道内侧、隧道上方和桥梁上方设立非高速公路交通标志的；暴力抗法的；挖除中央隔离带、破坏绿化带或毁坏其他路产进行搭接的	处20 000元罚款

附录
福建省交通运输行政处罚自由裁量权基准

续上表

序号	违法种类	法律依据	违法程度	情节危害后果	处罚幅度
30	在高速公路控制区内修建建筑物、地面构筑物	《中华人民共和国公路法》第八十一条"违反本法第五十六条规定，在公路建筑控制区内修建建筑物、地面构筑物或者擅自埋设管线、电缆等设施的，由交通主管部门责令限期拆除并可以处五万元以下的罚款。逾期不拆除的，由交通主管部门拆除，有关费用由建筑物、构筑物者承担。"《路政管理规定》第二十条，《福建省公路路政管理条例》第二十九条	轻微	正在修建，经执法人员制止，及时主动拆除的	不予处罚
			一般	距离高速公路隔离栅 25～30 米范围内，地面构筑物、建筑面积在 50 平方米内	处 500 元罚款
			较重	距离高速公路隔离栅 20～25 米范围内，地面构筑物、建筑面积在 50 平方米以上 100 平方米以下的	处 1 000 元罚款
			严重	距离高速公路隔离栅 15～20 米范围内，地面构筑物、建筑面积在 100 平方米以上 拒不改正的	处 5 000 元罚款
			特别严重	距离高速公路隔离栅 15 米范围内的，侵占、损坏路产路权的 通行车安全的，或影响交 暴力抗法的	处 30 000 元罚款

注：以公式换算部分，P 代表最后处罚额，L 代表实际违法程度值。

表二 福建省公路路政行政处罚自由裁量权基准

序号	违法种类	法律依据	违法程度	情节与后果	处罚幅度
1	擅自占用挖掘公路	《中华人民共和国公路法》第七十六条："有下列违法行为的，由交通主管部门责令停止违法行为，可以处三万元以下的罚款：(一)违反本法第四十四条第一款规定，擅自占用、挖掘公路的;"《路政管理规定》第二十三条	轻微	擅自挖掘占用公路1平方米以下，自行停止施工并能及时修复，未造成危害后果的	不予处罚
			一般	擅自挖掘占用公路1平方米以下，停止违法行为后，在路政部门责令停止违法行为并能及时修复的	县乡道处500元的罚款 国省道处1 000元的罚款
			较重	擅自挖掘占用公路1平方米以上3平方米以下	县乡道处1 000元的罚款 国省道处2 000元的罚款
			严重	擅自挖掘占用公路3平方米以上10平方米以下	县乡道处1 500元的罚款 国省道处3 000元的罚款
			特别严重	擅自挖掘占用公路10平方米以上，并造成其他危害后果的	处15 000元的罚款
				使用暴力阻碍路政人员依法执行职务的	处30 000元的罚款
11	损害公路路面的机具擅自行驶于公路	《中华人民共和国公路法》第七十六条："有下列违法行为的，由交通主管部门责令停止违法行为，可以处三万元以下的罚款：(四)违反本法第四十八条规定，履带车、铁轮车和其他可能损害路面的机具擅自在公路上行驶的;"《路政管理规定》第二十三条	轻微	机具行驶一开始，就被路政人员制止，并能停止行驶的，造成路面损害10平方米以下的	县乡道处300元的罚款 国省道处500元的罚款
			一般	机具行驶路面距离较短，损坏路面积较小，未给其他车辆行驶造成不便的，造成路面损害在10~100平方米的	县乡道处1 000元的罚款 国省道处3 000元的罚款
			较重	机具行驶路面距离较短，损坏路面积较小，未给其他车辆行驶造成不便的，造成路面损害在100~300平方米的	县乡道处3 000元的罚款 国省道处5 000元的罚款
			严重	机具行驶造成路面损坏面积较大，给车辆安全行驶造成不便的，造成路面损害100~500平方米的	县乡道处5 000元的罚款 国省道处10 000元的罚款
			特别严重	机具行驶严重损害路面造成路面损害500平方米以上，给桥梁带来严重安全隐患的	处20 000元的罚款
				使用暴力阻碍路政人员依法执行职务的	处30 000元的罚款

附 录
福建省交通运输行政处罚自由裁量权基准

续上表

序号	违法种类	法律依据	违法程度	情节与后果	处罚幅度
12	超限运输车辆自行驶于公路，几何超限	《中华人民共和国公路法》第七十六条："有下列违法行为的，由交通主管部门责令停止违法行为，可以处三万元以下的罚款：(五)违反本法第五十条规定，车辆超限使用汽车渡船或者超限行驶自公路上擅自超限行驶的；"《路政管理规定》第二十三条	轻微	1. 车货总高度从地面算起4~4.1米，集装箱车货总高度从地面算起4.2~4.3米； 2. 车货总长度在18~18.1米； 3. 车货总宽度在2.5~2.6米。能及时纠正以上行为并未造成危害后果的	不予处罚
			一般	1. 车货总高度从地面算起4.1~4.2米	$P = 200 + (500 - 200) \div (4.2 - 4.1) \times (L - 4.1)$
				2. 集装箱车货总高度从地面算起4.3~4.4米	$P = 200 + (500 - 200) \div (4.4 - 4.3) \times (L - 4.3)$
				3. 车货总长度18.1~18.6米	$P = 200 + (500 - 200) \div (18.6 - 18.1) \times (L - 18.1)$
				4. 车货总宽度在2.6~2.7米	$P = 200 + (500 - 200) \div (2.7 - 2.6) \times (L - 2.6)$
			较重	1. 车货总高度从地面算起4.2~4.4米	$P = 500 + (1000 - 500) \div (4.4 - 4.2) \times (L - 4.2)$
				2. 集装箱车货总高度从地面算起4.4~4.6米	$P = 500 + (1000 - 500) \div (4.6 - 4.4) \times (L - 4.4)$
				3. 车货总长度18.6~20米	$P = 500 + (1000 - 500) \div (20 - 18.6) \times (L - 18.6)$
				4. 车货总宽度在2.7~3米	$P = 500 + (1000 - 500) \div (3 - 2.7) \times (L - 2.7)$
			严重	1. 车货总高度从地面算起4.4~4.8米	$P = 1000 + (2000 - 1000) \div (4.8 - 4.4) \times (L - 4.4)$
				2. 集装箱车货总高度从地面算起4.6~4.8米	$P = 1000 + (2000 - 1000) \div (4.8 - 4.6) \times (L - 4.6)$
				3. 车货总长度20~25米	$P = 1000 + (2000 - 1000) \div (25 - 20) \times (L - 20)$
				4. 车货总宽度在3~3.5米	$P = 1000 + (2000 - 1000) \div (3.5 - 3) \times (L - 3)$

续上表

序号	违法种类	法律依据	违法程度	情节与后果	处罚幅度
12	超限运输自行驶于公路，几何超限	《中华人民共和国公路法》第七十六条："有下列违法行为的，由交通主管部门责令停止违法行为，可以处三万元以下的罚款：(五)违反本法第五十条规定，车辆超限使用汽车渡船或者在公路上擅自超限行驶的"；《路政管理规定》第二十三条	特别严重	1. 车货总高度从地面算起4.8米以上 2. 集装箱车货总高度从地面算起4.8米以上 3. 车货总长度在25米以上 4. 车货总宽度在3.5米以上 5. 拒绝检查阻碍执法未使用暴力的 6. 使用暴力阻碍路政人员依法执行职务的	处3 000元的罚款 处5 000元的罚款 不予处罚
13	超限擅自行驶于公路	《中华人民共和国公路法》第七十六条："有下列违法行为的，由交通主管部门责令停止违法行为，可以处三万元以下的罚款：(五)违反本法规定，车辆超限使用汽车渡船或者在公路上擅自超限行驶的"；《路政管理规定》第二十三条	轻微	超限在1吨以下的	不予处罚
			一般	1. 超限在10%以下的	$P=500+(1\,000-500) \div (10\% - 0\%) \times (超限率 - 0\%)$
				2. 超限在10%以上50%以下的	$P=1\,000+(2\,000-1\,000) \div (50\% - 10\%) \times (超限率 - 10\%)$
			较重	1. 超限在50%以上100%以下的	$P=2\,000+(3\,000-2\,000) \div (100\% - 50\%) \times (超限率 - 50\%)$
				2. 以驳载为手段短途超限运输的	处2 500元的罚款
			严重	超限在100%以上200%以下的	$P=3\,000+(5\,000-3\,000) \div (200\% - 100\%) \times (超限率 - 100\%)$
			特别严重	1. 超限在200%以上的，或拒绝检查阻碍执法未使用暴力的 2. 超限运输造成公路产实际损坏，影响道路安全畅通的 3. 使用暴力阻碍路政人员依法执行职务的	处10 000元的罚款 处30 000元的罚款

附 录
福建省交通运输行政处罚自由裁量权基准

续上表

序号	违法种类	法律依据	违法程度	情节与后果	处罚幅度
14	涂改、伪造、租借、转让超限运输车辆通行证	《中华人民共和国公路法》第七十六条："有下列违法行为的，由交通主管部门责令停止违法行为，可以处三万元以下的罚款：(五)违反本法第五十条规定，擅自超限使用汽车渡船或者在公路上擅自超限行驶的；"《路政管理规定》第二十三条	轻微	在本县（市、区）辖区内行驶的；单趟运输涂改车号、日期的	处500元的罚款
			一般	初次出租超限运输车辆通行证	处1 000元的罚款
			较重	两次以上出租超限运输车辆通行证	处2 000元的罚款
			严重	跨市、区行驶的；租借转让通行证	处3 000元的罚款
			特别严重	跨省（市）行驶的；伪造通行证；涂改行驶线路的	处10 000元的罚款
				使用暴力阻碍路政人员依法执行职务的	处30 000元的罚款
19	摆摊设点	《中华人民共和国公路法》第七十七条："违反本法第四十六条的规定，造成公路路面损坏，污染或者影响公路畅通的，或者违反本法第五十一条规定，将车场作为试车场地的，由交通主管部门责令停止违法行为，可以处五千元以下的罚款。"《路政管理规定》第二十四条	轻微	临时占道摆摊设点未造成交通堵塞，初次违法能及时纠正的	不予处罚
			一般	摆摊设点不及时纠正，未造成交通堵塞的	处100元的罚款
			较重	经多次告知仍不纠正，未造成交通堵塞的	处200元的罚款
			严重	在弯道等危险路段设置摊点，影响交通安全畅通的	处500元的罚款
			特别严重	摆摊设点拒不改造造成交通堵塞2小时以上或造成交通事故	处1 000元的罚款
				使用暴力阻碍路政人员依法执行职务的	

续上表

序号	违法种类	法律依据	违法程度	情节与后果	处罚幅度
21	倾倒垃圾	《中华人民共和国公路法》第七十七条:"违反本法第四十六条的规定,造成公路路面损坏,污染或者影响公路畅通的,或者违反本法第五十一条规定,将公路作为试车场地的,由交通主管部门责令停止违法行为,可以处五千元以下的罚款。"《路政管理规定》第二十四条	轻微	倾倒垃圾,能及时清理,不影响安全畅通的	不予处罚
			一般	倾倒垃圾5平方米以下的	处200元的罚款
			较重	倾倒垃圾在5平方米以上10平方米以下的	处500元的罚款
			严重	倾倒垃圾在10平方米以上且影响交通安全畅通的	处2 000元的罚款
			特别严重	倾倒垃圾造成交通堵塞或造成交通事故的 使用暴力阻碍路政执行人员依法执行职务的	处5 000元的罚款
23	挖沟引水	《中华人民共和国公路法》第七十七条:"违反本法第四十六条的规定,造成公路路面损坏,污染或者影响公路畅通的,或者违反本法第五十一条规定,将公路作为试车场地的,由交通主管部门责令停止违法行为,可以处五千元以下的罚款。"《路政管理规定》第二十四条	轻微	经制止能及时修复,恢复原状的	不予处罚
			一般	在公路用地挖沟引水	处200元的罚款
			较重	在公路路肩挖沟引水	处1 000元的罚款
			严重	在公路路面挖沟引水	处2 000元的罚款
			特别严重	挖沟引水造成路面沉陷,塌方的或造成交通事故的 使用暴力阻碍路政执行人员依法执行职务的	处5 000元的罚款

附 录 福建省交通运输行政处罚自由裁量权基准

续上表

序号	违法种类	法律依据	违法程度	情节与后果	处罚幅度
24	占道加水	《中华人民共和国公路法》第七十七条："违反本法第四十六条的规定，造成公路路面损坏，污染或者影响公路畅通的，或者违反本法第五十一条规定，将公路作为试车场地的，由交通主管部门责令停止违法行为，可以处五千元以下的罚款。"《路政管理规定》第二十四条	轻微	在公路用地占道加水，能及时纠正，恢复原状的	不予处罚
			一般	在公路用地占道加水尚未造成较大面积积水的	处200元的罚款
			较重	在公路、路肩占道加水造成路面较大面积（5平方米）以上积水，但能及时纠正的	处500元的罚款
			严重	占道加水造成路面较大面积（5平方米）以上积水，拒不改正的	处2 000元的罚款
			特别严重	占道加水造成交通堵塞或路面沉陷、塌方的或造成交通事故的	处5 000元的罚款
				使用暴力阻挡路政人员依法执行职务的	
26	打场晒粮	《中华人民共和国公路法》第七十七条："违反本法第四十六条的规定，造成公路路面损坏，污染或者影响公路畅通的，或者违反本法第五十一条规定，将公路作为试车场地的，由交通主管部门责令停止违法行为，可以处五千元以下的罚款。"《路政管理规定》第二十四条	轻微	在公路路肩上打场晒粮，经制止能及时纠正的	不予处罚
			一般	在公路路肩上打场晒粮或在公路路面上打场晒粮10平方米以下	处200元的罚款
			较重	在公路路面上打场晒粮10平方米以上30平方米以下，影响公路畅通的	处500元的罚款
			严重	在公路路面上打场晒粮30平方米以上或打场晒粮并设置障碍物，影响公路畅通的	处2 000元的罚款
			特别严重	打场晒粮严重影响交通安全或造成交通事故的	处5 000元的罚款
				使用暴力阻挡路政人员依法执行职务的	

续上表

序号	违法种类	法律依据	违法程度	情节与后果	处罚幅度
31	在公路用地范围内设置公路标志以外的标志	《中华人民共和国公路法》第七十九条: "违反本法第五十四条规定,在公路用地范围内设置公路标志以外的其他标志的,由交通主管部门责令限期拆除,可以处二万元以下的罚款,逾期不拆除的,由交通主管部门拆除,有关费用由设置者负担。"《路政管理规定》第二十六条	轻微	非营利性质或初次违法,主动拆除的	不予处罚
			一般	移动简易店名牌式等非交通标志的	处300元的罚款
			较重	不按照审批要求设立的或拒不改正的	处2 000元的罚款
			严重	通过隐瞒欺骗手段取得行政许可的	处5 000元的罚款
			特别严重	设立非公路交通标志造成重大交通安全隐患或造成交通事故的或多次要求整改,拒不执行的	处20 000元的罚款
32	未经批准在公路上增设平面交叉道口	《中华人民共和国公路法》第八十条: "违反本法第五十五条规定,未经批准在公路上增设平面交叉道口的,由交通主管部门责令恢复原状,处五万元以下的罚款。"《路政管理规定》第二十七条	轻微	使用暴力阻碍路政人员依法执行职务的	不予处罚
			一般	增设平面交叉道口目宽度小于3米,未造成公路边沟破坏,未影响公路安全畅通的	处500元的罚款
			较重	增设平面交叉道口目宽度小于3米,路肩破坏,经制止,拒不改正的	处5 000元的罚款
			严重	增设平面交叉道口目宽度大于3米小于10米的,或造成路面、边沟预坏及缩小、堵塞边沟的	处10 000元的罚款
			特别严重	增设平面交叉道口目宽度大于10米小于20米的,或损坏其他路产进行搭接的	处50 000元的罚款
				增设平面交叉道口目宽度大于20米,影响公路安全畅通的	
				拒不纠正,存在严重安全隐患或造成交通事故的	

附 录
福建省交通运输行政处罚自由裁量权基准

续上表

序号	违法种类	法律依据	违法程度	情节与后果	处罚幅度
35	擅自在建筑控制区内修建公路服务设施	《福建省公路路政管理条例》第二十九条"违反本条例规定，有下列情形之一的，由县级以上人民政府交通主管部门按照下列规定予以处罚：……（三）未经批准在公路两侧建筑控制区内改建、扩建建筑物、地面构筑物和公路服务设施的，责令限期拆除新增的部分；逾期仍未拆除的，由交通主管部门拆除，所需费用由责任者承担；情节严重的，可处五万元以下的罚款。"	轻微	在公路控制区内修建基础占地面积在50平方米以下的公路服务设施的，经制止主动拆除的	不予处罚
			一般	擅自在公路控制区内修建基础占地面积50平方米以上200平方米以下的公路服务设施的	处5 000元的罚款
			较重	擅自在公路控制区内修建基础占地面积在50平方米以上200平方米以下的公路服务设施的	处10 000元的罚款
			严重	擅自在公路控制区内修建基础占地面积在200平方米以上的公路服务设施的	处30 000元的罚款
			特别严重	擅自修建公路服务设施影响交通安全或造成交通事故的	处50 000元的罚款
备注：本《标准》所称"以上"，包括本数；"以下"，不包括本数 使用暴力阻碍路政人员依法执行职务的					

注：以公式换算部分，P代表最后处罚额，L代表实际违法程度值。

表三 福建省道路运输行政处罚自由裁量权基准

序号	违法种类	法律依据	违法程度	情节及后果	处罚幅度
1	未取得道路客运经营许可，擅自从事道路客运经营	《中华人民共和国道路运输条例》第六十四条、《道路旅客运输及客运站管理规定》第八十四条：违反本规定，有下列行为之一的，由县级以上道路运输管理机构责令停止经营；有违法所得的，没收违法所得，处违法所得2倍以上10倍以下的罚款；没有违法所得或者违法所得不足2万元的，处3万元以上10万元以下罚款；构成犯罪的，依法追究刑事责任：(一)未取得道路客运经营许可，擅自从事道路客运经营的	轻微	初次违法，违法情节较轻微，及时纠正的	以车辆残值为参考，但不低于5 000元
			一般	第二次违法的	违法所得2万元以上的，处违法所得2倍的罚款
					违法所得不足2万元的，处3万元的罚款
			较重	第三次违法的	违法所得2万元以上的，处违法所得4倍的罚款
					违法所得不足2万元的，处5万元的罚款
			严重	一年内三次以上违法，拒不改正的	违法所得2万元以上的，处违法所得7倍的罚款
					违法所得不足2万元的，处7万元的罚款
			特别严重	长期从事道路客运经营并形成规模的；暴力抗法，引发群体性事件等恶劣情节，造成严重后果的	违法所得2万元以上的，处违法所得10倍的罚款
					违法所得不足2万元的，处10万元的罚款

续上表

附 录
福建省交通运输行政处罚自由裁量权基准

序号	违法种类	法律依据	违法程度	情节及后果	处罚幅度
2	未取得道路班线经营许可,擅自从事班车客运的	《中华人民共和国道路运输条例》第六十四条,《道路旅客运输及客运站管理规定》第八十四条:违反本规定,有下列行为之一的,由县级以上道路运输管理机构责令停止经营;有违法所得的,没收违法所得,处违法所得2倍以上10倍以下的罚款;没有违法所得或者违法所得不足2万元的,处2万元以上10万元以下的罚款;构成犯罪的,依法追究刑事责任:(二)未取得道路客运班线经营许可,擅自从事班车客运的	轻微	客运经营者新增车辆未取得道路班线经营许可(以行驶证登记牌起算),擅自从事班车客运经营在一个月以内的	从轻、减轻或不予处罚
			一般	旅游、包车客运第二次从事班车客运的	违法所得2万元以上的,处违法所得2倍的罚款;违法所得不足2万元的,处3万元的罚款
			较重	旅游、包车客运第三次从事班车客运的	违法所得2万元以上的,处违法所得4倍的罚款;违法所得不足2万元的,处5万元的罚款
			严重	旅游、包车客运第三次以上从事班车客运的	违法所得2万元以上的,处违法所得7倍的罚款;违法所得不足2万元的,处7万元的罚款
			特别严重	长期从事班车客运形成规模,造成社会恶劣影响的	违法所得2万元以上的,处违法所得10倍的罚款;违法所得不足2万元的,处10万元的罚款

续上表

序号	违法种类	法律依据	违法程度	情节及后果	处罚幅度
5	未取得客运站经营许可，擅自从事客运站经营	《中华人民共和国道路运输条例》第六十六条，《道路旅客运输及客运站管理规定》第八十五条：违反本规定，有下列行为之一的，由县级以上道路运输管理机构责令停止经营，有违法所得的，没收违法所得，处违法所得2倍以上10倍以下的罚款；没有违法所得或者违法所得不足1万元以上5万元以下的罚款；构成犯罪的，依法追究刑事责任：（一）未取得客运站经营许可，擅自从事客运站经营的	轻微	已具备客运站站级标准并正在申办许可审批手续的。	不予处罚
			一般	1. 日发送旅客300人次以下的； 2. 违法时间在1个月以下的	违法所得1万元以上的，处违法所得2倍的罚款 违法所得不足1万元的，处2万元的罚款
			较重	1. 日发送旅客大于300人次； 2. 违法时间在1个月以上的	违法所得1万元以上的，处违法所得4倍的罚款 违法所得不足1万元的，处3万元的罚款
			严重	拒不改正的	违法所得1万元以上的，处违法所得7倍的罚款 违法所得不足1万元的，处4万元的罚款
			特别严重	拒不改正且造成危害后果的	违法所得1万元以上的，处违法所得10倍的罚款 违法所得不足1万元的，处10万元的罚款

附录 福建省交通运输行政处罚自由裁量权基准

续上表

序号	违法种类	法律依据	违法程度	情节及后果	处罚幅度
8	客运经营者、客运站经营者非法转让、出租道路运输许可证件	《中华人民共和国道路运输条例》第六十七条,《道路旅客运输及客运站管理规定》第八十六条:违反本规定,客运站经营者、客运站经营者非法转让、出租道路运输许可证件的,由县级以上道路运输管理机构责令停止违法行为,收缴有关证件,处2 000元以上1万元以下的罚款;有违法所得的,没收违法所得	轻微	初次出租或出租经营许可证件1个月以下,承租方尚未投入经营,经责令整改,能立即纠正的	收缴有关证件,不予处罚
			一般	初次出租或出租经营许可证件1个月以下的	收缴有关证件,处2 000元的罚款
			较重	出租两次或出租经营许可证件3个月以下的	收缴有关证件,处4 000元的罚款
			严重	出租三次以上或出租经营许可证件3个月以上的	收缴有关证件,处7 000元的罚款
			特别严重	非法转让,出租经营许可证件造成严重后果的	收缴有关证件,处1万元的罚款
			严重	经责令限期投保拒不投保的	吊销道路运输经营许可证或者吊销相应的经营范围
10	取得客运经营许可者使用无道路运输证的车辆参加客运经营	《道路旅客运输及客运站管理规定》第八十八条规定,违反本规定,取得客运经营许可者使用无道路运输证的车辆参加客运经营的,由县级以上道路运输机构责令改正,处3 000元以上1万元以下的罚款	轻微	已进行机动车登记10天以内且正在申办道路运输证的	减轻处罚
			一般	1. 进行机动车登记20天以内且正在申办道路运输证的; 2. 使用无效、变造的道路运输证20天以内的	处3 000元的罚款
			较重	1. 进行机动车登记30天以内且正在申办道路运输证的; 2. 使用无效、变造的道路运输证30天以内的	处5 000元的罚款
			严重	1. 未申办道路运输证且经营1个月以上的; 2. 使用无效、变造的道路运输证2个月以内的	处7 000元的罚款
			特别严重	1. 造成严重后果的; 2. 使用伪造、被注销的或使用不正当手段参加客运运输证参加客运经营2个月以上的; 3. 使用无效、变造的道路运输证2个月以上的	处1万元的罚款

续上表

序号	违法种类	法律依据	违法程度	情节及后果	处罚幅度
12	客运班车不按批准的客运站点停靠	《中华人民共和国道路运输条例》第七十条、《道路运输站及客运管理规定》第八十九条：违反本规定，客运经营者有下列情形之一的，由县级以上道路运输管理机构责令改正，处1 000元以上3 000元以下的罚款；情节严重的，由原许可机关吊销《道路运输经营许可证》或者吊销相应的经营范围：(一) 客运站点不按批准的客运站停靠或者不按规定的线路、班次行驶的	轻微	客运班车经营者因不可抗力等非自身原因无法进站经营的	不予处罚
			一般	1. 初次违法的； 2. 跨县区短途班车 3. 跨地市普客班车	处1 000元的罚款
			较重	1. 1个月内两次违法的； 2. 直达及高速班车 3. 跨省长途班车	处2 000元的罚款
			严重	1. 客运站门口 200 米范围路段内停车上客； 2. 一个月内三次违法的	处2 500元的罚款
			特别严重	1. 沿途停靠拉客造成超载的； 2. 在高速公路非服务区随意上下客的； 3. 一个月内违法超过三次	处3 000元的罚款
19	以欺骗、暴力等手段招揽乘客	《中华人民共和国道路运输条例》第七十条、《道路运输站及客运管理规定》第八十九条：违反本规定，客运经营者有下列情形之一的，由县级以上道路运输管理机构责令改正，处1 000元以上3 000元以下的罚款；情节严重的，由原道路运输许可证或者吊销相应的经营范围：(四) 以欺骗、暴力等手段招揽旅客的	一般	初次使用欺骗手段招揽乘客的	处1 000元的罚款
			较重	第二次使用欺骗手段招揽乘客的	处2 000元的罚款
			严重	1. 三次以上使用欺骗手段招揽乘客的； 2. 使用暴力、恐吓等手段招揽乘客的	处2 500元的罚款
			特别严重	1. 使用欺骗手段招揽乘客并中途甩客的； 2. 造成严重后果或恶劣影响的	处3 000元的罚款

续上表

序号	违法种类	法律依据	违法程度	情节及后果	处罚幅度
21	在旅客运输途中擅自将旅客移交他人运输	《中华人民共和国道路运输条例》第七十条、《道路旅客运输及客运站管理规定》第八十九条：违反本规定，客运经营者有下列情形之一的，由县级以上道路运输管理机构责令改正，处1 000元以上3 000元以下的罚款；情节严重的，由原许可机关吊销或者吊销相应的经营范围：(五)在旅客运输途中擅自变更运输车辆或者将旅客移交他人运输的	轻微	因车辆技术或车站售票等原因将旅客移交他人运输的	不予处罚
21			一般	未取得旅客同意，无正当理由将旅客移交他人运输的	处1 000元的罚款
21			较重	无正当理由将旅客移交他人运输的，且减低了车辆档次	处2 000元的罚款
21			严重	无正当理由将旅客移交给不符合营运车辆技术等级要求的车辆运输的，造成一定后果的	处2 500元的罚款
21			特别严重	1. 在高速公路上擅自将旅客移交他人运输的；2. 将旅客移交无道路运输证的车辆运输的	处3 000元的罚款
24	不按规定维护客运车辆	《中华人民共和国道路运输条例》第七十一条、《道路旅客运输及客运站管理规定》第九十一条：违反本规定，客运经营者不按规定维护车辆的，和检测客运车辆的，由县级以上道路运输管理机构责令改正，处1 000元以上5 000元以下的罚款	轻微	因不可抗力等原因超期且及时纠正的	不予处罚
24			一般	超期二级维护10天以内的	处1 000元的罚款
24			较重	超期二级维护20天以内的	处2 000元的罚款
24			严重	超期二级维护30天以内的	处3 000元的罚款
24			特别严重	1. 超期二级维护30天以上的；2. 造成严重后果的	处5 000元的罚款

续上表

序号	违法种类	法律依据	违法程度	情节及后果	处罚幅度
25	不按规定检测客运车辆	《中华人民共和国道路运输条例》第七十一条,《道路旅客运输及客运站管理规定》第九十一条:违反本规定,客运经营者不按规定维护和检测客运车辆的,由县级以上道路运输管理机构责令改正,处1 000元以上5 000元以下的罚款	轻微	因不可抗力等原因超期10天以内且及时纠正的	不予处罚
			一般	超期1个月以内的	处1 000元的罚款
			较重	超期2个月以内的	处2 000元的罚款
			严重	超期3个月以内的	处3 000元的罚款
			特别严重	超期3个月以上的	处5 000元的罚款
26	使用擅自改装或者擅自改装已取得道路运输证的客运车辆	《中华人民共和国道路运输条例》第七十一条,《道路旅客运输及客运站管理规定》第九十一条:违反本规定,客运经营者使用擅自改装或者擅自改装已取得道路运输证的客运车辆的,由县级以上道路运输管理机构责令改正,处5 000元以上2万元以下的罚款	轻微	1. 对于因汽车生产厂家原因或有关部门工作原因造成的车辆实际构造、尺寸与行驶证、营运证记载的数据有差异,经营者能提供发证机关证明文件,经核查属实的; 2. 增加1～2个活动座(铺)位,且不影响车辆安全技术性能的	不予处罚
			一般	1. 增加1～2个固定座(铺)位的; 2. 减少座(铺)位的; 3. 擅自改变车身颜色的	处5 000元的罚款
			较重	增加3个以上固定座(铺)位的	处1万元的罚款
			严重	1. 卧铺客车改为座位客车的; 2. 座位客车改为卧铺客车的; 3. 改装车型、改变用途,改装组成,增加或减少车轴或车轮数量,改变外观尺寸的	处1.5万元的罚款
			特别严重	使用擅自改装或擅自改装客运车辆造成严重后果的	处2万元的罚款

续上表

序号	违法种类	法律依据	违法程度	情节及后果	处罚幅度
27	机动车综合性能检测机构不按国家有关技术规范进行检测	《道路旅客运输及客运站管理规定》第九十三条：违反本规定，机动车综合性能检测机构未按照国家有关技术规范进行检测、未经检测出具检测结果或者不如实出具检测结果的，由县级以上道路运输管理机构责令改正，没收违法所得，违法所得5 000元以上的，处5倍以上2倍以下的罚款；没有违法所得或者违法所得不足5 000元的，处5 000元以上2万元以下的罚款；构成犯罪的，依法追究刑事责任	轻微	不按规范检测但能主动纠正的	不予处罚
			一般	1. 单车10%以下不分级项目不按规范检测的； 2. 不按规范检测5辆次以下的； 3. 初次违法的	违法所得5 000元以上的，处违法所得2倍的罚款；违法所得不足5 000元的，处5 000元的罚款
			较重	1. 车20%以下不分级项目或1项分级项目不按规范检测的； 2. 不按规范检测15辆次以下的； 3. 第2次违法的	违法所得5 000元以上的，处违法所得3倍的罚款；违法所得不足5 000元的，处1万元的罚款
			严重	1. 单车20%以上不分级项目或2项以上分级项目不按规范检测的； 2. 不按规范检测25辆次以下的； 3. 第3次违法的	违法所得5 000元以上的，处违法所得4倍的罚款；违法所得不足5 000元的，处1.5万元的罚款
			特别严重	1. 第3次以上违法的； 2. 造成严重后果的	违法所得5 000元以上的，处违法所得1.5万元的罚款；处2万元罚款

续上表

序号	违法种类	法律依据	违法程度	情节及后果	处罚幅度
28	机动车综合性能检测不如实出具检测结果	《道路旅客运输及客运站管理规定》第九十三条：违反本规定，机动车综合性能检测机构不按照国家有关技术规范进行检测、未经检测出具检测结果或者不如实出具检测结果的，由县级以上道路运输管理机构责令改正，违法所得在5 000元以上的，处违法所得2倍以上5倍以下的罚款；没有违法所得或者违法所得不足5 000元的，处5 000元以上2万元以下的罚款；构成犯罪的，依法追究刑事责任	轻微	不如实出具检测结果但能主动纠正的	不予处罚
			一般	不如实出具检测结果5辆次以下的	违法所得5 000元以上的，处违法所得2倍的罚款；违法所得不足5 000元的，处5 000元的罚款
			较重	不如实出具检测结果15辆次以下的	违法所得5 000元以上的，处违法所得3倍的罚款；违法所得不足5 000元的，处1万元的罚款
			严重	不如实出具检测结果25辆次以下的	违法所得5 000元以上的，处违法所得4倍的罚款；违法所得不足5 000元的，处1.5万元的罚款
			特别严重	1. 不如实出具检测结果25辆次以上的； 2. 未经检测出具检测报告的； 3. 造成严重后果的	违法所得5 000元以上的，处违法所得5倍的罚款；违法所得不足5 000元的，处2万元的罚款

续上表

序号	违法种类	法律依据	违法程度	情节及后果	处罚幅度
30	客运站经营者允许超载车辆出站	《中华人民共和国道路运输条例》第七十二条,《道路旅客运输及客运站管理规定》第九十四条,客运站经营者有下列情形之一的,由县级以上道路运输管理机构责令改正,处1万元以上3万元以下的罚款;(二)允许超载车辆出站的	一般	1.乘客在车站内未购票上车,出站口检验人员允许其出站的;2.短途客车出站超载10%以内的;	处1万元的罚款
			较重	1.车站出售超员票且允许超载车辆出站的;2.短途客车超载10%~20%的;3.长途客车超载10%以内的;	处2万元的罚款
			严重	1.允许超载车辆出站且造成危害后果的;2.短途客车超载20%以上的;3.长途客车超载10%以上	处3万元的罚款
35	未取得道路货物运输经营许可,擅自从事道路货物运输经营的	《中华人民共和国道路运输条例》第六十四条,《道路货物运输及货运站管理规定》第六十二条:违反本规定,有下列行为之一的,由县级以上道路运输管理机构责令停止经营;有违法所得的,没收违法所得,处违法所得2倍以上10倍以下的罚款;没有违法所得或者违法所得不足2万元的,处3万元以上10万元以下的罚款;构成犯罪的,依法追究刑事责任:(一)未取得道路货物运输经营许可,擅自从事道路货物运输经营的	轻微	1.新购车辆未上牌初次从事道路货物运输,违法情节较为轻微,及时纠正的;2.单位自备车辆初次从事道路货物运输,违法情节较为轻微,及时纠正的	原则上减轻处罚不得低于3 000元,并以车辆残值为参考
			一般	1.货运车辆在转籍、过户中领经营许可证过程中从事道路货物运输3个月以内的;2.在申领经营许可证过程中从事道路货物运输3个月以上的;	违法所得2倍罚款违法所得不足2万元的,处3万元罚款
			较重	未取得道路货物运输经营许可,擅自从事道路货物运输经营3~6个月的	违法所得5倍罚款违法所得不足2万元的,处5万元罚款
			严重	1.未取得道路货物运输经营许可,擅自从事道路货物运输经营6个月以上的;2.在货物集散地专门从事的,拒不改正的	违法所得7倍罚款违法所得不足2万元的,处7万元罚款
			特别严重	未取得道路货物运输经营许可,擅自从事道路货物运输经营,情节特别严重且造成危害后果的	违法所得10倍罚款违法所得不足2万元的,处10万元罚款

续上表

序号	违法种类	法律依据	违法程度	情节及后果	处罚幅度
43	货运经营者没有采取必要措施防止货物脱落、扬撒的	《中华人民共和国道路运输条例》第七十条，《道路货物运输及站场管理规定》第六十六条：违反本规定，道路货物运输经营者有下列情形之一的，由县级以上道路运输管理机构责令改正，处1000元以上3000元以下罚款；情节严重的，由原许可机关吊销道路运输经营许可证或者吊销其相应的经营范围：（二）没有采取必要措施防止货物脱落、扬撒	轻微	运输过程中货运经营者虽有采取措施但不足以防止货物脱落、扬撒，能及时整改的	责令改正
			一般	运输过程中货运经营者没有采取必要措施防止货物脱落、扬撒的	处1 000元罚款
			较重	运输过程中货运经营者没有采取必要措施防止货物脱落、扬撒，影响周边地区环境卫生的	处1 500元罚款
			严重	运输过程中货运经营者没有采取必要措施防止货物脱落、扬撒，威胁道路运输安全的	处2 000元罚款
			特别严重	运输过程中货运经营者没有采取必要措施防止货物脱落、扬撒，造成严重危害后果的	处3 000元罚款

附 录
福建省交通运输行政处罚自由裁量权基准

续上表

序号	违法种类	法律依据	违法程度	情节及后果	处罚幅度
46	使用擅自改装或者擅自改装已取得道路运输证的货运车辆	《中华人民共和国道路运输条例》第七十一条，《道路货物运输及站场管理规定》第六十八条：违反本规定，道路货物运输经营者使用擅自改装或者擅自改装已取得道路运输证的车辆的，由县级以上道路运输管理机构责令改正，处5 000元以上2万元以下的罚款	轻微	1. 对由于汽车生产厂家原因或实际构造、尺寸与行驶证、营运证记载的数据有差异，经营者能提供发证机关证明文件，经核查属实的； 2. 擅自改变货车外廓尺寸长度未超过20cm，高度未超过20cm，宽度未超过10cm，或货车外廓尺寸与标注误差小于2%，不影响整车安全技术性能，且符合其他法律规定的； 3. 货车外廓尺寸不变，但车厢内廓尺寸与标注不符的； 4. 以防止货物抛撒为目的加高活动栏板或加盖篷布的，且符合其他法律规定的； 5. 货运经营者擅自改变货车外廓尺寸长度20~50cm，宽度10~20cm，高度20~50cm，或货车外廓尺寸较为轻微，及注误差大于2%小于5%，违法情节较为轻微，及时纠正，且符合其他法律规定的	符合1~4情形的，不予处罚； 符合5情形的，从轻、减轻或不予处罚
			一般	1. 货运经营者擅自改变车辆颜色的； 2. 货运经营者擅自改装车辆增加货箱内廓尺寸长度超过50cm，高度超过50cm，宽度超过20cm； 3. 改装车型、改变用途、改装总成、增加或减少车轴或车轮数量	处5 000元罚款
			较重	改装车型、改变用途、改装总成、增加或减少车轴或车轮数量	处1万元罚款
			严重	改装车型、改装车轮数量，存在严重安全隐患	处1.5万元罚款
			特别严重	货运经营者因擅自对已取得车辆营运证的车辆进行改装对车辆运输安全技术性能有较大影响，造成严重危害后果的	处2万元罚款

续上表

序号	违法种类	法律依据	违法程度	情节及后果	处罚幅度
47	未取得货运站经营许可,擅自从事货运站经营的	《中华人民共和国道路运输条例》第六十六条,《道路货物运输及站场管理规定》第六十九条:违反本规定,有下列行为之一的,由县级以上道路运输管理机构责令停止经营,没收违法所得,有违法所得的,处违法所得2倍以上10倍以下的罚款;没有违法所得或者违法所得不足1万元的,处2万元以上5万元以下的罚款;构成犯罪的,依法追究刑事责任:(一)未取得货运站经营许可,擅自从事货运站经营的	轻微	已具备相应标准正在申办许可审批手续的	不予处罚
			一般	1. 日发送货物50吨以下的; 2. 违法时间在1个月以下的	违法所得1万元以上的,处违法所得2倍罚款;违法所得不足1万元的,处2万元罚款
			较重	1. 日发送货物50吨以上的; 2. 违法时间在1个月以上的	违法所得1万元以上的,处违法所得5倍罚款;违法所得不足1万元的,处3万元罚款
			严重	经责令整改,拒不改正的	违法所得1万元以上的,处违法所得8倍罚款;违法所得不足1万元的,处4万元罚款
			特别严重	拒不改正且造成危害后果的	违法所得1万元以上的,处违法所得10倍罚款;违法所得不足1万元的,处5万元罚款
52	货运站经营者对超限、超载车辆配载放行出站	《中华人民共和国道路运输条例》第七十二条,《道路货物运输及站场管理规定》第七十一条:违反本规定,货运站经营者对超限、超载车辆配载,放行出站的,由县级以上道路运输管理机构责令改正,处1万元以上3万元以下的罚款	一般	货运站未履行安全检查职能造成超限、超载车辆出站的	处1万元罚款
			较重	货运站未履行安全检查职能1年以内,超载车辆出站的	处1.5万元罚款
			严重	货运站未履行安全检查职能1年以上,造成超限、超载车辆出站的	处2万元罚款
			特别严重	货运站长期未履行安全检查职能,造成超限、超载车辆出站的,造成严重危害后果的	处3万元罚款

附 录
福建省交通运输行政处罚自由裁量权基准

续上表

序号	违法种类	法律依据	违法程度	情节及后果	处罚幅度
54	未取得道路危险货物运输许可,擅自从事道路危险货物运输的	《中华人民共和国道路运输条例》第六十四条,《道路危险货物运输管理规定》第四十八条:违反本规定,有下列情形之一的,由县级以上道路运输管理机构责令停止运输,没收违法所得。运输货物属于危险化学品的,违法所得1倍以上5倍以下的罚款;没有违法所得或违法所得不足5万元的,处2万元以上20万元以下的罚款。运输货物属于危险化学品以外的其他危险货物的,处违法所得2倍以上10倍以下的罚款;没有违法所得或违法所得不足2万元的,处3万元以上10万元以下的罚款。构成犯罪的,依法追究刑事责任:(一)未取得道路危险货物运输许可,擅自从事道路危险货物运输的	轻微	1. 运输家庭装修属危险品类的油漆; 2. 运输家电维修专用气体; 3. 运输5瓶以下低毒性农药; 4. 运输鲜活海产品和医院急需的少量氧气; 5. 运输少量其他危险系数较低的危险货物,在运输过程中不会造成危害后果的; 6. 因生产生活需要,运输少量的危险货物,违法情节较为轻微,及时纠正的	符合1~5情形的,不予处罚; 符合6情形的,从轻、减轻(处罚5 000元)
			一般	从事数量较多的危险化学品运输,但有普通货物运输证	违法所得5万元以上的,处违法所得1倍的罚款 违法所得不足5万元的,处2万元的罚款
				从事数量较多的危险化学品以外的危险货物运输,但有普通货物运输证	违法所得2万元以上的,处违法所得2倍的罚款
			较重	长期从事危险化学品运输,无普通货物运输证	违法所得5万元以上的,处违法所得2倍以上3倍以下的罚款 违法所得不足5万元的,处3万元的罚款
				从事危险化学品以外的危险货物运输,无普通货物运输证的	违法所得2万元以上的,处违法所得3倍以上4倍以下的罚款 违法所得不足2万元的,处5万元的罚款

续上表

序号	违法种类	法律依据	违法程度	情节及后果	处罚幅度
54	未取得道路危险货物运输许可，擅自从事道路危险货物运输的	《中华人民共和国道路运输条例》第六十四条《道路危险货物运输管理规定》第四十八条：违反本规定，有下列情形之一的，由县级以上道路运输管理机构责令停止运输，有违法所得的，没收违法所得；运输货物属于危险化学品，违法所得5万元以上的，处违法所得1倍以上5倍以下的罚款，没有违法所得或者违法所得不足5万元的，处2万元以上20万元以下的罚款。运输货物属于危险化学品以外的其他危险货物，有违法所得的，处违法所得2倍以上10倍以下的罚款；没有违法所得或者违法所得不足2万元的，处3万元以上10万元以下的罚款。构成犯罪的，依法追究刑事责任：(一)未取得道路危险货物运输许可，擅自从事道路危险货物运输的	严重	长期从事危险化学品运输，造成危害后果的	违法所得5万元以上的，处违法所得4倍以上5倍以下的罚款
					违法所得不足5万元的，处违法所得5万元7万元以下的罚款
				从事危险化学品以外的危险货物运输，造成危害后果的	违法所得2万元以上的，处违法所得5倍以上10倍以下的罚款
					违法所得不足2万元的，处7万元以下的罚款
			特别严重	长期从事危险化学品运输，造成重大安全事故的	违法所得2万元以上的，处违法所得5倍以上10倍以下的罚款
					违法所得不足2万元的，处10万元罚款
				从事危险化学品以外的危险货物运输，造成重大安全事故的	违法所得2万元以上的，处违法所得5倍以上10倍以下的罚款
					违法所得不足2万元的，处10万元罚款

附录

福建省交通运输行政处罚自由裁量权基准

续上表

序号	违法种类	法律依据	违法程度	情节及后果	处罚幅度
57	非经营性道路危险货物运输单位从事道路危险货物运输经营的	《中华人民共和国道路运输条例》第六十四条,《道路危险货物运输管理规定》第四十八条:违反本规定,有下列情形之一的,由县级以上道路运输管理机构责令停止运输,没收违法所得,有违法所得1倍以上5倍以下的罚款或违法所得不足2万元以上20万元以下的罚款。构成犯罪的,依法追究刑事责任:(四)非经营性道路危险货物运输单位从事道路危险货物运输经营的	轻微	1.非经营性道路危险货物运输单位,运输少量危险货物的; 2.非经营性道路危险货物运输单位从事道路危险货物运营经营的,违法情节较为轻微,及时纠正的	符合1情形的,不予处罚;符合2情形的,从轻、减轻或不予处罚
			一般	非经营性道路危险货物运输单位以赢利为目的,从事危险化学品经营运输的,违法所得少于5万	违法所得有违法所得的,处违法所得1倍的罚款
				非经营性道路危险货物运输单位以赢利为目的,从事危险品以外的危险货物经营运输的,违法所得少于2万	违法所得不足5万元以上的,处违法2万元以下的罚款 违法所得2倍的罚款
			较重	非经营性道路危险货物运输单位以赢利为目的,从事危险化学品经营运输的,违法所得大于5万	违法所得2倍以上3倍以下的罚款 违法所得不足5万元以上的,处违法5万元以下的罚款
				非经营性道路危险货物运输单位以赢利为目的,从事危险品以外的危险货物经营运输的,违法所得大于2万	违法所得3倍以上4倍以下的罚款 违法所得不足2万元以上的,处违法5万元以下的罚款
			严重	长期从事经营性危险化学品运输,造成安全事故的	违法所得4倍以上5倍以下的罚款 违法所得不足5万元以上的,处违法20万元以下的罚款
				长期从事经营性危险化学品以外的危险货物运输,造成安全事故的	违法所得5倍以上10倍以下的罚款 违法所得不足2万元以上的,处违法10万元以下的罚款

续上表

序号	违法种类	法律依据	违法程度	情节及后果	处罚幅度
63	从事道路危险货物运输的驾驶员,押运人员,装卸管理人员未取得从业资格证(上岗证)	《道路危险货物运输管理规定》第五十三条:违反本规定,道路危险货物运输企业或者单位,托运人有下列行为之一的,处2万元以上10万元以下的罚款,依法追究刑事责任:(一)从事道路危险化学品运输的驾驶人员、押运人员、装卸管理人员未取得从业资格证的	轻微	1.道路危险化学品运输车辆空车行驶或运输压缩气体空瓶的; 2.运输危险系数较低的危险化学品,数量较少的,及时纠正违法行为的,且未造成危害后果的	符合1情形的,不予处罚; 符合2情形的,减轻处罚(3 000元)
			一般	运输危险系数较高的危险化学品,数量较多的	处2万元的罚款
			较重	长期从事危险化学品运输的,未造成危害后果的	处5万元罚款
			严重	长期从事危险化学品运输的,造成严重后果的	处7万元罚款
			特别严重	长期从事危险化学品运输的,造成安全事故的	处10万元罚款
68	道路危险货物运输企业或者单位擅自改装已取得道路运输证的专用车辆及专用车辆罐体的	《中华人民共和国道路运输条例》第七十一条,《道路危险货物运输管理规定》第五十六条:违反本规定,道路危险货物运输企业或者单位擅自改装已取得道路运输证的专用车辆及专用车辆罐体的,由县级以上道路运输管理机构责令改正,并处5千元以上2万元以下的罚款	轻微	1.对由于汽车生产厂家顶因或关部门工作原因造成车辆的实际构造尺寸与行驶证、营运证记载的数据有差异且经营者能提供发证机关出具证明文件,经核实属实的; 2.道路危险品货运证的车辆但增加货车外廓尺寸长度未超过20cm,高度未超过20cm,宽度未超过10cm; 3.道路危险品货运证的专用车辆,增加外廓尺寸长度20~50cm,高度10~20cm; 4.道路危险品货运证的罐式专用车辆罐体的,违反情节较为轻微,及时纠正的	符合1~2情形的,不予处罚; 符合3~4情形的,从轻、减轻或不予处罚

附录 福建省交通运输行政处罚自由裁量权基准

续上表

序号	违法种类	法律依据	违法程度	情节及后果	处罚幅度
68	道路危险品货物运输企业或单位擅自改装已取得道路运输证的专用车辆及专用车辆罐体的	《中华人民共和国道路运输条例》第七十一条，《道路危险货物运输管理规定》第五十六条：违反本规定，道路危险货物运输企业或单位擅自改装已取得道路运输证的专用车辆及专用车辆罐体的，由县级以上道路运输管理机构责令改正，并处5千元以上2万元以下的罚款	一般	1.道路危险品货物运输企业或单位擅自改装已取得车辆营运证的车辆自身颜色的；2.道路危险品货物运输企业或单位擅自改装已取得车辆营运证的车辆，增加货箱内廓尺寸长度超过50cm，高度超过50cm，宽度超过20cm；3.道路危险品货物运输企业或单位擅自改装已取得道路运输证的罐式专用车辆罐体的，存在安全隐患的	处5 000元的罚款
			较重	改装车型、改变用途、改装总成、增加或减少车轴或车轮数量	处5 000元以上1万元以下的罚款
			严重	道路危险品货物运输企业或单位因擅自对已取得车辆营运证的车辆进行改装对车辆运输安全技术性能有较大影响，造成严重危害后果的	处1 000元以上2万元以下的罚款
69	从事客、货运输经营的驾驶人员未取得相应的机动车驾驶证的	《中华人民共和国道路运输条例》第六十五条，《道路运输条例实施细则》第二十三条：不符合本条例第九条、条规定条件的人员驾驶道路运输经营车辆的，由县级以上道路运输管理机构责令改正，处200元以上2 000元以下的罚款；构成犯罪的，依法追究刑事责任	一般	驾驶证已被吊销或注销，持有从业资格证继续从事运输，未造成后果	注销从业资格证，处600元的罚款
			较重	驾驶证已被吊销或注销，持有从业资格证继续从事运输，造成安全事故	注销从业资格证，处1 000元的罚款
			严重	驾驶证已被吊销或注销，持有从业资格证继续从事运输，造成重大安全事故的	注销从业资格证，处1 500元的罚款
			特别严重	未取得驾驶证，以不正当手段骗取从业资格证，继续从事运输，造成重大安全事故的	注销从业资格证，处2 000元的罚款

续上表

序号	违法种类	法律依据	违法程度	情节及后果	处罚幅度
73	未取得相应从业资格证件,驾驶道路客运货运车辆	《中华人民共和国道路运输条例》第六十五条,《道路运输从业人员管理规定》第四十八条:违反本规定,有下列行为之一的人员,由县级以上道路运输管理机构责令改正,处200元以上2000元以下的罚款;构成犯罪的,依法追究刑事责任:(一)未取得相应从业资格证件,驾驶道路客货运输车辆的	轻微	已参加从业资格考试合格的,但未领取证件的	不予处罚
			一般	已报名但未参加从业资格考试的	处200元的罚款
			较重	未取得相应从业资格证件,驾驶货运车辆从事货物运输的	处500元的罚款
			严重	未取得相应从业资格证件,驾驶客运车辆从事旅客运输的	处1 000元的罚款
			特别严重	未取得从业资格证件,驾驶客、货运输车辆且造成安全事故的	2 000元的罚款
78	超越从业资格证件核定范围,从事道路危险货物运输活动	《道路运输从业人员管理规定》第四十九条:违反本规定,有下列行为之一的人员,由设区的市级人民政府交通主管部门处2万元以上10万元以下的罚款;构成犯罪的,依法追究刑事责任:(三)超越从业资格证件核定范围从事道路危险货物运输活动的	轻微	超越从业资格证件核定范围,驾驶空的危货车辆的,及时纠正的	不予处罚
			一般	超越从业资格证件核定范围,初次从事道路危险货物运输活动的	从轻、减轻处罚
			较重	超越从业资格证件核定范围,两次以上从事道路危险货物运输活动的	处2万元罚款
			严重	超越从业资格证件核定范围,从事道路危险货物运输活动且造成危害后果的	处5万元罚款
			特别严重	超越从业资格证件核定范围,从事道路危险货物运输活动且造成严重危害社会后果的	处10万元罚款

附 录
福建省交通运输行政处罚自由裁量权基准

续上表

序号	违法种类	法律依据	违法程度	情节及后果	处罚幅度
80	使用无效、伪造、变造被注销的机动车驾驶员培训许可证，非法从事机动车驾驶培训的	《中华人民共和国道路运输条例》第六十六条，《机动车驾驶员培训管理规定》第52条:违反本规定，未经许可擅自从事机动车驾驶员培训业务，有下列情形之一的，由县级以上道路运输管理机构责令停止经营;有违法所得的，没收违法所得，并处违法所得2倍以上10倍以下的罚款;没有违法所得或者违法所得不足1万元以上5万元以下的罚款;构成犯罪的，依法追究刑事责任:(二)使用无效、伪造、变造、被注销的机动车驾驶员培训许可证件，非法从事机动车驾驶员培训业务的	轻微	许可证件有效期超过3个月以内的，违法情节较为轻微，并及时纠正的	不予处罚
			一般	机动车驾驶员培训学校在转籍、过户中使用被注销的无效机动车驾驶员培训许可证的，违法情节较为轻微，及时纠正的	从轻、减轻处罚
			较重	1.许可证件有效期超过3个月以上的；2.使用伪造、变造机动车驾驶员培训许可证3个月以内的	违法所得1万元以上的，处违法所得2倍的罚款
					违法所得不足1万元的，处2万元的罚款
			严重	长期使用伪造、变造、被注销等无效许可证拒不改正的	违法所得1万元以上的，没收违法所得并处4倍的罚款
					违法所得不足1万元的，处3万元的罚款
			特别严重	使用失效、伪造、变造、被注销等无效许可证，非法从事机动车驾驶培训且造成危害后果的	违法所得1万元以上的，没收违法所得并处5倍的罚款
					违法所得不足1万元的，处5万元的罚款

续上表

序号	违法种类	法律依据	违法程度	情节及后果	处罚幅度
83	未取得机动车维修经营许可,非法从事机动车维修经营的	《中华人民共和国道路运输条例》第六十六条,《机动车维修管理规定》第四十九条:违反本规定,擅自从事机动车维修经营活动的,由县级以上道路运输管理机构责令其停止经营;有违法所得的,没收违法所得,处违法所得2倍以上10倍以下的罚款;没有违法所得或者违法所得不足1万元的,处2万元以上5万元以下的罚款;构成犯罪的,依法追究刑事责任:(一)未取得机动车维修经营许可,非法从事机动车维修经营的	轻微	初次发现未取得机动车维修经营许可,非法从事机动车维修经营,经警告立即停止经营,没有违法所得,及时纠正的	不予处罚
			一般	未取得机动车维修经营许可,非法从事机动车维修经营,经警告立即停止经营,没有违法所得,违法情节较为轻微,并及时纠正的	从轻或减轻处罚
			较重	未取得机动车维修经营许可,非法从事机动车维修经营,经警告未停止经营,违法所得1万元以下的	处2万元罚款
			严重	未取得机动车维修经营许可,非法从事机动车维修经营,违法所得超过1万元的	没收违法所得并处3倍罚款
			特别严重	未经许可擅自从事机动车维修经营且造成安全事故的	处5万元的罚款

附 录
福建省交通运输行政处罚自由裁量权基准

续上表

序号	违法种类	法律依据	违法程度	情节及后果	处罚幅度
85	超越许可事项、非法从事机动车维修经营的	《中华人民共和国道路运输条例》第六十六条,《机动车维修管理规定》第四十九条:违反本规定,有下列行为之一,擅自从事机动车维修经营活动的,由县级以上道路运输管理机构责令其停止经营;有违法所得的,没收违法所得,处违法所得2倍以上10倍以下的罚款;没有违法所得或者违法所得不足1万元的,处2万元以上5万元以下的罚款;构成犯罪的,依法追究刑事责任:(三)超越许可事项、非法从事机动车维修经营的	轻微	摩托车维修类从事超越许可事项、非法从事机动车维修经营的	不予处罚
			一般	初次超越许可事项,从事机动车维修经营,在3个月以内的	从轻、减轻处罚
			较重	1.超越许可事项,从事机动车维修经营在3个月以上6个月以内的;2.第二次超越许可事项,从事机动车维修经营,及时纠正的	违法所得1万元以上的,没收违法所得并处违法所得3倍的罚款,违法所得不足1万元的,处3万元的罚款
			严重	1.超越许可事项,非法从事机动车维修经营在6月以上12个月以内的;2.第三次超越许可事项,从事机动车维修经营,拒不改正的	违法所得1万元以上的,没收违法所得并处违法所得4倍的罚款,违法所得不足1万元的,处4万元的罚款
			特别严重	1.四次以上第三次超越许可事项,从事机动车维修经营,拒不改正的;2.超越许可事项,非法从事机动车维修经营超过12个月,造成危害后果的	违法所得1万元以上的,没收违法所得并处违法所得5倍的罚款,违法所得不足1万元的,处5万元的罚款

续上表

序号	违法种类	法律依据	违法程度	情节及后果	处罚幅度
87	机动车维修经营者使用假冒伪劣配件维修机动车、承修已报废的机动车或者擅自改装机动车	《中华人民共和国道路运输条例》第七十三条,《机动车维修管理规定》第五十一条:违反本规定,机动车维修经营者使用假冒伪劣配件维修机动车,承修已报废或者擅自改装机动车的,由县级以上道路运输管理机构责令改正,并没收假冒伪劣配件或已报废车辆;有违法所得的,没收违法所得,处违法所得2倍以上10倍以下的罚款;没有违法所得或者违法所得不足1万元的,处2万元以上5万元以下的罚款;没收假冒伪劣配件及报废车辆,情节严重的,由原许可机关吊销其经营许可;构成犯罪的,依法追究刑事责任	轻微	初次发现使用假冒伪劣配件维修机动车并经警告后立即整改的	从轻、减轻处罚
			一般	二次以上使用假冒伪劣配件维修机动车,经警告后拒不改正的	违法所得不足1万元的,处2万元罚款并没收假冒伪劣配件
			较重	初次发现承修已报废的机动车,擅自改装机动车,经警告告令立即整改的	违法所得不足1万元的,处3万元罚款并没收报废车辆
			严重	两次以上承修已报废的机动车,擅自改装机动车	违法所得1万元以上的,没收违法所得并处3倍的罚款,没收车辆
			特别严重	机动车维修经营者使用假冒伪劣配件维修机动车、承修已报废的机动车或者擅自改装机动车违法行为造成安全事故的	处5万元的罚款,并没收假冒伪劣配件及报废车辆

注:1. 违反以下条款的,有违法所得的,应没收违法所得:
《道路旅客运输及客运站管理规定》第八十四条、八十六条、八十九条、九十三条、九十五条;
《道路货物运输及站场管理规定》第六十二条、六十六条、六十八条、六十九条;
《机动车驾驶员培训管理规定》第四十八条、四十九条、五十二条、五十三条;
《机动车维修管理规定》第四十九条、五十条、五十一条。

2. 违反以下条款,情节严重,依法应吊销相应经营范围的,由原许可机关按法定程序予以吊销经营许可证或核销相应经营范围:
《道路旅客运输及客运站管理规定》第八十七条、八十九条;
《道路货物运输及站场管理规定》第六十五条、六十六条;
《机动车维修管理规定》第五十一条、五十二条。

附　录
福建省交通运输行政处罚自由裁量权基准

表四　福建省水路运输行政处罚自由裁量权基准

序号	违法种类	法律依据	违法程度	情节和危害后果	处罚幅度
1	未经批准,擅自设立水路运输企业	《中华人民共和国水路运输管理条例》第二十六条(一):未经批准,擅自设立水路运输企业、水路运输服务企业,或者水路运输企业以外的单位和个人擅自从事营业运输的,没收违法所得,并处违法所得1倍以上3倍以下的罚款;没有违法所得的,处3万元以上25万元以下的罚款	轻微	擅自设立,没有违法所得的,并主动纠正	不予处罚
			一般	擅自设立,有违法所得的,并已纠正	违法所得1倍或3万元罚款
			较重	擅自设立,有违法所得的,未按时纠正	违法所得2倍或5万元罚款
			严重	擅自设立,造成媒体、群众影响的	违法所得3倍或10万元罚款
			特别严重	擅自设立,暴力抗法等情节及社会影响恶劣的	违法所得3倍或25万元罚款
2	未经批准,擅自设立水路运输服务企业	《中华人民共和国水路运输管理条例》第二十六条(一):未经批准,擅自设立水路运输企业、水路运输服务企业,或者水路运输企业以外的单位和个人擅自从事营业运输的,没收违法所得,并处违法所得1倍以上3倍以下的罚款;没有违法所得的,处3万元以上25万元以下的罚款	轻微	擅自设立,没有违法所得的,并主动纠正	不予处罚
			一般	擅自设立,有违法所得的,并已纠正	违法所得1倍或3万元罚款
			较重	擅自设立,有违法所得的,未按时纠正	违法所得2倍或5万元罚款
			严重	擅自设立,造成媒体、群众影响的	违法所得3倍或10万元罚款
			特别严重	擅自设立,暴力抗法等情节及社会影响恶劣的	违法所得3倍或25万元罚款

续上表

序号	违法种类	法律依据	违法程度	情节和危害后果	处罚幅度
6	垄断货源,强行代办服务	《中华人民共和国水路运输管理条例》第二十六条(六):垄断货源,强行代办服务的,处1万元以上10万元以下罚款;情节严重的,并可以暂扣或者吊销许可证	轻微	初次,并主动纠正的	不予处罚
			一般	垄断货源,强行代办服务的	1万元罚款
			较重	垄断客源,强行代办服务的	2万元罚款
			严重	造成媒体、群众影响的	5万元罚款
			特别严重	暴力垄断或造成恶劣社会影响的	10万元罚款,并吊销许可证
9	水路运输企业专职管理人员配备不符合规定	《国内水路运输管理规定》第三十条:国内水路运输经营企业违反本规定第九条规定,由其所在地人民政府交通主管部门责令改正,并且可以对其处5000元以上1万元以下罚款	轻微	合同签订不规范或不具备相应从业资历的	不予处罚
			一般	专职管理人员在船或者其他企业兼职的	责令改正,并处5 000元罚款
			较重	专职管理人员配备不足的	责令改正,并处7 000元罚款
			严重	经营客船、液货船企业专职管理人员配备不符合规定的	责令改正,并处8 000元罚款
			特别严重	造成媒体、群众影响的	责令改正,并处1万元罚款

附录 福建省交通运输行政处罚自由裁量权基准

续上表

序号	违法种类	法律依据	违法程度	情节和危害后果	处罚幅度
10	国内水路运输经营者经营资质项目变更未按规定报备	《国内水路运输管理规定》第三十一条：国内水路运输经营者违反本规定第二十五条、第二十六条规定，由其所在地人民政府交通主管部门责令改正，并可以对其处500元以上2 000元以下罚款	轻微	初次且发现前已经主动纠正的	不予处罚
			一般	企业经营资质一般项目变更未按规定报备的	责令改正，并处500元罚款
			较重	经营的船舶发生安全责任事故的	责令改正，并处1 000元罚款
			严重	提供虚假资料的	责令改正，并处1 500元罚款
			特别严重	造成媒体、群众影响的	责令改正，并处2 000元罚款

· 207 ·

表五 福建省地方海事行政处罚自由裁量权基准

序号	违法种类	法律依据	违法程度	违法情节与后果	处罚种类及幅度
1.1	未按照《船舶安全配员证书》的规定配备合格的船员	《中华人民共和国内河海事行政处罚规定》第十四条：船舶、浮动设施的所有人或者经营人违反《内河交通安全管理条例》第六条第（三）项、第七条第（三）项的规定，船舶未按照国务院交通主管部门的规定配备船员擅自航行的，或者浮动设施未按照国务院交通主管部门的规定配备安全技能的船员擅自作业的，依照《内河交通安全管理条例》第六十五条的规定，责令限期改正，处1万元以上10万元以下罚款；逾期不改正的，责令停航或者停止作业《中华人民共和国行政处罚法》第二十七条	轻微	出港前自己主动纠正的	不予处罚
				缺职船务员2人及以下且能主动及时纠正的	减轻，处未按规定配备的每名职务船员4 000元，一般船员2 000罚款
			一般	缺职务船员3人的	处1万元罚款
				二等反以上船舶无职务船员的	处2万元罚款
			较重	造成媒体、群众影响	处5万元罚款
			严重		
			特别严重	暴力抗法或造成恶劣社会影响的	处10万元罚款
6	船舶检验机构出具虚假证明	《中华人民共和国内河海事行政处罚规定》第二十一条：违反《安全生产法》第六十二条的规定，根据《安全生产法》第七十九条规定，没收违法所得，违法所得在5 000元以上的，并处违法所得2倍以上5倍以下的罚款；没有违法所得或者违法所得不足5 000元的，单处或者并处5 000元以上2万元以下的罚款，并撤销其相应资格。对其直接负责的主管人员和其他直接责任人员处5 000元以上5万元以下的罚款	轻微	发现前已经主动纠正的	不予处罚
			一般	未按照规定规定的条件、程序、项目，执行审图和现场检验，漏检、错审、漏审和错检、漏检验情节严重的，出具证书、检验报告、检验记录或擅自降低检验技术标准出具证书、检验报告、检验记录	违法所得2倍或处5 000元罚款，直接责任人处5 000元罚款
			较重	擅自扩大资质认可证书认可的范围出具证书、检验报告、检验记录	违法所得3倍或处1万元罚款，直接责任人处1万元罚款
			严重	出具与船舶实际状况不符的证书、检验报告、检验记录	处违法所得4倍或1.5万元罚款，直接责任人3万元罚款
			特别严重	造成恶劣社会影响的	处违法所得5倍或2万元罚款，直接责任人5万元罚款

·208·

续上表

序号	违法种类	法律依据	违法程度	违法情节与后果	处罚种类及幅度
8.2	未持有船员适任证书或者其他适任证件	《中华人民共和国内河海事行政处罚规定》第三十条:违反《内河交通安全管理条例》第九条的规定,未经考试合格并取得适任证书或者其他船舶适任证件的人员擅自从事船舶航行的,依照《内河交通安全管理条例》第六十六条的规定,责令其立即离岗,对直接责任人员处2 000元以上1万元以下罚款,对聘用单位处1万元以上2万元以下罚款,《中华人民共和国行政处罚法》第二十七条	轻微	开航前已主动纠正的	不予处罚
			一般	能主动及时纠正的	减轻,对两者处按未持证每名职务船员4 000元,一般船员2 000元罚款
			较重	本航次无法及时纠正的	处责任人4 000元,单位1万元罚款
			严重	半年内2次以上的	处责任人8 000元,单位3万元罚款
			特别严重	造成媒体、群众影响的	处责任人1万元,单位5万元罚款
				暴力抗法或造成恶劣社会影响的	处责任人2万元,单位10万元罚款
9	伪造、变造、买卖,租借,冒用船员适任证书或者其他适任证件	《中华人民共和国内河海事行政处罚规定》第三十一条:违反《内河交通安全管理条例》第十三条的规定,伪造、变造、买卖,租借,冒用船员适任证书或者其他船舶适任证件的,依照《内河交通安全管理条例》第七十九条的规定,没收有关的证书或者证件;有违法所得的,没收违法所得,并处违法所得2倍以上5倍以下的罚款;没有违法所得或者违法所得不足2万元的,处1万元以上5万元以下罚款	轻微	发现前已经主动纠正的	不予处罚
			一般	租借、冒用船员适任证书的	违法所得2倍或处1万元罚款
			较重	伪造、变造船员适任证书的	违法所得3倍或处2万元罚款
			严重	买卖船员适任证书的或造成媒体、群众影响的	违法所得4倍或处3万元罚款
			特别严重	暴力抗法或造成恶劣社会影响的	违法所得5倍或处5万元罚款

续上表

序号	违法种类	法律依据	违法程度	违法情节与后果	处罚种类及幅度
10.3	未按照规定向海事管理机构办理船舶进出港签证	《中华人民共和国内河海事行政处罚规定》第三十五条:违反《内河交通安全管理条例》第十四条、第十八条、第十九条、第二十条、第二十二条的规定,依照船舶在内河航行有下列行为之一的,《内河交通安全管理条例》第六十八条的规定,处5000元以上5万元以下罚款,责令改正;情节严重的,责令停航、禁止船舶进出港口或者暂扣适任证书或者其他责任船员给予暂扣适任证书3个月至6个月的处罚	轻微	发现前已经主动纠正的	不予处罚
			一般	无法立即纠正的	处5000元罚款
			较重	拒不纠正的	处1万元罚款
			严重	造成媒体、群众影响的	处3万元罚款,并暂扣适任证书3个月
			特别严重	暴力抗法或造成恶劣社会影响的	处5万元罚款,并暂扣适任证书6个月
10.5	擅自进出港口	《中华人民共和国内河海事行政处罚规定》第三十五条:违反《内河交通安全管理条例》第十四条、第十八条、第十九条、第二十条、第二十二条的规定,依照船舶在内河航行有下列行为之一的,《内河交通安全管理条例》第六十八条的规定,处5000元以上5万元以下罚款,责令改正;情节严重的,责令停航、禁止船舶进出港口或者暂扣适任证书或者其他责任船员给予暂扣适任证书3个月至6个月的处罚	轻微	发现前已经主动纠正的	不予处罚
			一般	无法立即纠正的	处5000元罚款
			较重	拒不纠正的	处1万元罚款
			严重	造成媒体、群众影响的	处3万元罚款,并暂扣适任证书3个月
			特别严重	暴力抗法或造成恶劣社会影响的	处5万元罚款,并暂扣适任证书6个月

附录
福建省交通运输行政处罚自由裁量权基准

续上表

序号	违法种类	法律依据	违法程度	违法情节与后果	处罚种类及幅度
10.9	载运或者拖带超重、超长、超高、半潜的物体未按照核定的航路、时间航行	《中华人民共和国内河海事行政处罚规定》第三十五条；违反《内河交通安全管理条例》第十四条、第十八条、第二十一条、第二十二条的规定，船舶在内河航行有下列行为之一的，依照《内河交通安全管理条例》第六十八条的规定，责令改正，处5 000元以上5万元以下罚款；情节严重，禁止船舶进出港口或者责令停航，并可以对责任船员给予暂扣适任证书或者其他适任证件3个月至6个月的处罚	轻微	发现前已经主动纠正的	不予处罚
			一般	无法立即纠正的	处5 000元罚款
			较重	拒不纠正的	处3万元罚款
			严重	造成媒体、群众影响的	处3万元罚款，并暂扣适任证书3个月
			特别严重	暴力抗法或造成恶劣社会影响的	处5万元罚款，并暂扣适任证书6个月
11.2	未按照规定的航路或者航行规则航行	《中华人民共和国内河海事行政处罚规定》第三十六条；违反《内河交通安全管理条例》的有关规定，船舶在内河航行、停泊或者作业，不遵守航行、避让和信号显示规则，依照《内河交通安全管理条例》第八十一条的规定，对违法船舶处1 000元以上1万元以下罚款；情节严重的，对责任船员给予暂扣适任证书或者其他适任证件3个月至6个月直至吊销适任证件或者其他适任证件的处罚	轻微	发现前已经主动纠正的	不予处罚
			一般	能够及时纠正，且未造成严重危害后果的	处1 000元罚款
			较重	已经造成严重危害后果或拒不纠正的	处3 000元罚款，并暂扣适任证书3个月
			严重	造成媒体、群众影响的	处5 000元罚款，并暂扣适任证书6个月
			特别严重	暴力抗法或造成恶劣社会影响的	处1万元罚款，并吊销适任证书

续上表

序号	违法种类	法律依据	违法程度	违法情节与后果	处罚种类及幅度
11.8	在限制航速的区域和汛期高水位期间未按照海事管理机构规定的航速航行	《中华人民共和国内河海事行政处罚规定》第三十六条:违反《内河交通安全管理条例》的有关规定,不遵守航行、避让和信号显示规则,船舶在内河航行、停泊或者作业,依照《内河交通安全管理条例》第八十一条的规定,对违法船舶处1000元以上1万元以下罚款;情节严重的,对责任船员给予暂扣适任证书或者其他适任证件3个月至6个月直至吊销适任证书或者其他适任证件的处罚	轻微	发现前已经主动纠正的	不予处罚
			一般	能够及时纠正,且未造成严重危害后果的	处1 000元罚款
			较重	已经造成严重危害后果或拒不纠正的	处3 000元罚款,并暂扣适任证书3个月
			严重	造成媒体、群众影响的	处5 000元罚款,并暂扣适任证书6个月
			特别严重	暴力抗法或造成恶劣社会影响的	处1万元罚款,并吊销适任证书
11.12	船舶装卸、载运危险货物或空舱内有可燃气体时,未按规定悬挂或者显示信号	《中华人民共和国内河海事行政处罚规定》第三十六条:违反《内河交通安全管理条例》的有关规定,不遵守航行、避让和信号显示规则,船舶在内河航行、停泊或者作业,依照《内河交通安全管理条例》第八十一条的规定,对违法船舶处1000元以上1万元以下罚款;情节严重的,对责任船员给予暂扣适任证件或者其他适任证件3个月至6个月直至吊销适任证书或者其他适任证件的处罚	轻微	发现前已经主动纠正的	不予处罚
			一般	能够及时纠正,且未造成严重危害后果的	处1 000元罚款
			较重	已经造成严重危害后果或拒不纠正的	处3 000元罚款,并暂扣适任证书3个月
			严重	造成媒体、群众影响的	处5 000元罚款,并暂扣适任证书6个月
			特别严重	暴力抗法或造成恶劣社会影响的	处1万元罚款,并吊销适任证书

附录
福建省交通运输行政处罚自由裁量权基准

续上表

序号	违法种类	法律依据	违法程度	违法情节与后果	处罚种类及幅度
12.7	未按照规定保障人员上、下船舶,设施安全	《中华人民共和国内河海事行政处罚规定》第三十七条:违反《内河交通安全管理条例》第八条、第二十一条的规定,船舶不具备安全技术条件从事货物、旅客运输,或者超载运输货物、超额运输旅客,依照《内河交通安全管理条例》第八十二条的规定,责令改正,处2万元以上10万元以下罚款,并可以对责任船员给予暂扣适任证书6个月以上直至吊销适任证件的处罚,并对超载运输的船舶强制卸载,因卸载而发生的卸货费、存货费、旅客安置费和船舶监管费由船舶所有人或者经营人承担	轻微	开航前或检查前已主动纠正	不予处罚
			一般	能够及时纠正,且未造成严重危害后果的	减轻,处三等船舶1万元,四等5 000元,五等2 500元罚款
			较重	二等及以上船舶	处2万元罚款
			严重	已经造成严重危害后果或拒不纠正的	处3万元罚款
				造成媒体、群众影响的	处5万元罚款,并暂扣适任证书6个月
			特别严重	暴力抗法或造成恶劣社会影响的	处10万元罚款,并吊销适任证书
12.9	船舶超载运输货物	《中华人民共和国内河海事行政处罚规定》第三十七条:违反《内河交通安全管理条例》第八条、第二十一条的规定,船舶不具备安全技术条件从事货物、旅客运输,或者超载运输货物、超额运输旅客,依照《内河交通安全管理条例》第八十二条的规定,责令改正,处2万元以上10万元以下罚款,并可以对责任船员给予暂扣适任证书6个月以上直至吊销适任证件的处罚,并对超载运输的船舶强制卸载,因卸载而发生的卸货费、存货费、旅客安置费和船舶监管费由船舶所有人或者经营人承担	轻微	开航前或检查前已主动纠正	不予处罚
			一般	能够及时纠正,且未造成严重危害后果的	减轻,处三等船舶1万元,四等5 000元,五等2 500元罚款
			较重	二等及以上船舶	处2万元罚款
			严重	已经造成严重危害后果或拒不纠正的	处3万元罚款
				造成媒体、群众影响的	处5万元罚款,并暂扣适任证书6个月
			特别严重	暴力抗法或造成恶劣社会影响的	处10万元罚款,并吊销适任证书

续上表

序号	违法种类	法律依据	违法程度	违法情节与后果	处罚种类及幅度
12.10	船舶超定额运输旅客	《中华人民共和国内河海事行政处罚规定》第三十七条：违反《内河交通安全管理条例》第八条、第二十一条关于船舶安全技术条件从事货物、旅客运输，或者超载运载货物、超定额运输旅客，依照《内河交通安全管理条例》第八十二条的规定，责令改正，处2万元以上10万元以下罚款，并可以对责任船员给予暂扣适任证书或者吊销适任证书或其他适任证件的处罚，并对超载运输的船舶强制卸载，因卸载而发生的卸货费、存货费、旅客安置费和船舶监管费由船舶所有人或者经营人承担	轻微	开航前或检查前已主动纠正	不予处罚
				能够及时纠正，且未造成严重危害后果的	减轻，处三等船舶1万元，四等5000元，五等2500元罚款
			一般	二等及以上船舶或未主动纠正的	处2万元罚款
			较重	已经造成严重危害后果且拒不纠正的	处3万元罚款
			严重	造成媒体、群众影响的	处5万元罚款，并暂扣适任证书6个月
			特别严重	暴力抗法或造成恶劣社会影响的	处10万元罚款，并吊销适任证书
14	在内河运输剧毒化学品和国家禁止运输的其他危险化学品	《中华人民共和国内河海事行政处罚规定》第三十九条：违反《内河交通安全管理条例》第三十条和《危险化学品安全管理条例》第四十条第一款的规定，在内河运输剧毒化学品和国家禁止运输的其他危险化学品，依照《危险化学品安全管理条例》第六十六条规定，对违法船舶处2万元以上10万元以下罚款	轻微	发现前已经主动纠正的	处2万元罚款
			一般	能够及时纠正，且未造成严重危害后果的	处3万元罚款
			较重	已经造成严重危害后果且拒不纠正的	处4万元罚款
			严重	造成媒体、群众影响的	处5万元罚款
			特别严重	暴力抗法或造成恶劣社会影响的	处10万元罚款

附录
福建省交通运输行政处罚自由裁量权基准

续上表

序号	违法种类	法律依据	违法程度	违法情节与后果	处罚种类及幅度
17	运输危险化学品的船舶及其装载容器未按照国家有关规定和船舶检验规范检验合格	《中华人民共和国内河海事行政处罚规定》第四十三条;违反《内河交通安全管理条例》第三十一条、《危险化学品安全管理条例》第四十条第三款的规定,运输危险化学品的船舶及其装载容器未按照国家有关规定和船舶检验规范检验合格的,依照《危险化学品安全管理条例》第五十九条的规定,责令立即停航或者限期改正,处2万元以上20万元以下的罚款;逾期未改正的,责令停航整顿	轻微	发现前已经主动纠正的	不予处罚
			一般	能够及时纠正,且未造成严重危害后果的	处2万元罚款
			较重	已经造成严重危害后果或拒不纠正的	处5万元罚款
			严重	造成媒体、群众影响的	处10万元罚款
			特别严重	暴力抗法或造成恶劣社会影响的	处20万元罚款
19	船舶配载危险货物不符合国家有关法律、法规、规章的规定和国家标准,并按照危险化学品的特性采取必要安全防护措施	《中华人民共和国内河海事行政处罚规定》第四十四条和《危险化学品安全管理条例》第四十二条的规定,运输危险货物的规定和国家标准,并按照危险化学品的特性采取必要安全防护措施,依照《危险化学品安全管理条例》第六十六条的规定,对违法船舶处2万元以上10万元以下的罚款	轻微	发现前已经主动纠正的	不予处罚
			一般	能够及时纠正,且未造成严重危害后果的	处2万元罚款
			较重	已经造成严重危害后果或拒不纠正的	处5万元罚款
			严重	造成媒体、群众影响的	处10万元罚款
			特别严重	暴力抗法或造成恶劣社会影响的	处20万元罚款

续上表

序号	违法种类	法律依据	违法程度	违法情节与后果	处罚种类及幅度
23	船舶向水体排放剧毒废液,或者向水体排放倾倒含有汞、镉、砷、铅、铬、氰化物、黄磷等可溶性剧毒废渣	《中华人民共和国内河海事行政处罚规定》第五十三条：违反《水污染防治法》第二十九条的规定,船舶向水体排放剧毒废液,或者向水体排放、倾倒含有汞、镉、砷、铅、铬、氰化物、黄磷等可溶性剧毒废渣的,依照《水污染防治法》第四十六条、《水污染防治法实施细则》第三十条第(一)项的规定,可以对船舶给予警告或者处10万元以下的罚款	轻微	发现前已经主动纠正的	不予处罚或警告
			一般	能够及时纠正,且未造成严重危害后果的	处1万元罚款
			较重	已经造成严重危害后果或拒不纠正的	处3万元罚款
			严重	造成媒体、群众影响的	处5万元罚款
			特别严重	暴力抗法或造成恶劣社会影响的	处10万元罚款
26	船舶向水体倾倒船舶垃圾	《中华人民共和国内河海事行政处罚规定》第五十六条：违反《水污染防治法》第四十条第三款的规定,船舶向水体倾倒船舶垃圾的,依照《水污染防治法》第四十六条和《水污染防治法实施细则》第三十九条第(五)项的规定,根据不同情节,可以给予船舶警告或者处2 000元以下罚款	轻微	发现前已经主动纠正的	不予处罚或警告
			一般	能够及时纠正,且未造成严重危害后果的	处500元罚款
			较重	已经造成严重危害后果或拒不纠正的	处1 000元罚款
			严重	造成媒体、群众影响的	处1 500元罚款
			特别严重	暴力抗法或造成恶劣社会影响的	处2 000元罚款

附 录
福建省交通运输行政处罚自由裁量权基准

续上表

序号	违法种类	法律依据	违法程度	违法情节与后果	处罚种类及幅度
27.1	船舶未采取有效污染防治措施，向大气排放粉尘、恶臭气体或者其他含有毒物质的气体	《中华人民共和国内河海事行政处罚规定》第六十一条：违反《大气污染防治法》第三十七条第二款第四十二条有关规定，船舶有下列行为之一的,依照《大气污染防治法》第五十六条的规定,由海事管理机构责令停止违法行为,限期改正,并可以处5万元以下罚款	轻微	发现前已经主动纠正的	不予处罚
			一般	临时的,少量排放	处5 000元罚款
			较重	固定的,大量排放	处3万元罚款
			严重	造成媒体、群众影响的	处5万元罚款
			特别严重	暴力抗法或造成恶劣社会影响的	
29.3	拆船单位在拆船中任意排放或者丢弃污染物造成严重污染	《中华人民共和国内河海事行政处罚规定》第六十五条：拆船单位违反《防止拆船污染环境管理条例》的规定,有下列情形之一的,依照《防止拆船污染环境管理条例》第十七条的规定,除责令限期纠正外,还可以根据不同情节,处1万元以上10万元以下的罚款	轻微	发现前已经主动纠正的	不予处罚
			一般	在其他江干流的	处1万元罚款
			较重	在闽江干流的	处2万元罚款
			严重	在水源保护区的	处5万元罚款
			特别严重	暴力抗法或造成恶劣社会影响的	处10万元罚款
30.3	发生污染事故,虽采取消除或者控制污染措施,但不向海事管理机构报告	《中华人民共和国内河海事行政处罚规定》第六十六条：拆船单位违反《防止拆船污染环境管理条例》第七条、第十五条、第十六条的规定,有下列行为之一的,依照《防止拆船环境管理条例》第十八条的规定,除责令其限期纠正外,还可以根据不同情节,处1万元以下的罚款	轻微	发现前已经主动纠正的	不予处罚
			一般	发生一般污染事故的	处1 000元罚款
			较重	发生严重污染事故的	处3 000元罚款
			严重	污染水源保护区的	处5 000元罚款
			特别严重	暴力抗法或造成恶劣社会影响的	处1万元罚款

· 217 ·

表六 福建省港政管理行政处罚自由裁量权基准

序号	违法种类	法律依据	违法程度	违法情节与后果	处罚种类及幅度
1	违反港口规划,建设港口、码头或者其他港口设施的	《中华人民共和国港口法》第四十五条:有下列行为之一的,由县级以上地方人民政府或者港口行政管理部门责令期改正;逾期不改正的,由作出限期改正决定的机关申请人民法院强制拆除违法建设的设施;可以处五万元以下罚款:(一)违反港口规划建设港口、码头或者其他港口设施,建设港口岸线的;(二)未经依法批准,建设港口设施使用港口岸线的	轻微	所建港口、码头或者其他港口设施在规划港区外,且对岸线破坏轻微的,在规定时限内改正的	不予处罚
			一般	所建港口、码头或者其他港口设施在规划港区外,对岸线破坏较大的	处1万元罚款
			较重	所建港口、码头或者其他港口设施在规划港区内,破坏岸线的	处2万元罚款
			严重	所建港口、码头或者其他港口设施在规划港区内,对岸线破坏较大的	处3万元罚款
			特别严重	所建规划港区内,码头、深水浅用,对规划实施造成难以挽回的后果的	处5万元罚款
2	未经依法批准,建设港口设施使用港口岸线的	《中华人民共和国港口法》第四十五条:有下列行为之一的,由县级以上地方人民政府或者港口行政管理部门责令期改正;逾期不改正的,由作出限期改正决定的机关申请人民法院强制拆除违法建设的设施;可以处五万元以下罚款:(一)违反港口规划建设港口、码头或者其他港口设施,建设港口岸线的;(二)未经依法批准,建设港口设施使用港口岸线的	轻微	未经依法批准使用港口岸线的,设施建设5千吨以下港口,能在规定时限内改正的	不予处罚
			一般	未经依法批准,建设5千吨以上1万吨以下港口设施使用港口岸线的	处1万元罚款
			较重	未经依法批准,建设1万吨以上10万吨以下港口设施使用港口岸线	处3万元罚款
			严重	未经依法批准,建设10万吨以上20万吨以下港口设施使用港口岸线	处4万元罚款
			特别严重	未经依法批准,建设20万吨以上港口设施使用港口岸线的	处5万元罚款

附 录
福建省交通运输行政处罚自由裁量权基准

续上表

序号	违法种类	法律依据	违法程度	违法情节与后果	处罚种类及幅度
3	未经依法批准,在港口建设危险货物作业场所,实施卫生除害处理的危险货物作业场所的专用场所,或者建设的危险货物除害处理的专用场所、实施卫生除害处理的专用场所与人口密集区或者港口客运设施的距离不符合国务院有关部门的规定	《中华人民共和国港口法》第四十六条:未经依法批准,在港口建设危险货物作业场所,或者建设的危险货物除害处理的专用场所、实施卫生除害处理的专用场所与人口密集区或者港口客运设施的距离不符合国务院有关部门的规定的,由港口行政管理部门责令停止建设或者使用,限期改正,可以处五万元以下罚款	轻微	不具有危害能及时改正的	不予处罚
			一般	具有一定安全隐患,能在规定时间内改正的	处1万元罚款
			较重	具有一定安全隐患,在规定时间内未改正的	处2万元罚款
			严重	具有严重安全隐患,在规定时间内能改正的	处3万元罚款
			特别严重	具有严重安全隐患,在规定时间拒不改正的	处5万元罚款
4	码头或者港口装卸设施、客运设施未经验收合格,擅自投入使用	《中华人民共和国港口法》第四十七条:码头或者港口装卸设施、客运设施未经验收合格,擅自投入使用的,由港口行政管理部门责令停止使用,限期改正,可以处五万元以下罚款	轻微	已通过验收,未取得合格证的	不予处罚
			一般	未经验收合格,擅自投入使用半年以内的	处1万元罚款
			较重	未经验收合格,擅自投入使用半年以上1年以内的	处2万元罚款
			严重	未经验收合格,擅自投入使用1年以上的	处3万元罚款
			特别严重	未经验收合格,擅自投入使用拒不改正的	处5万元罚款

续上表

序号	违法种类	法律依据	违法程度	违法情节与后果	处罚种类及幅度
6	未经依法许可，经营港口理货业务的	《中华人民共和国港口法》第四十八条：有下列行为之一的，由港口行政管理部门责令停止违法经营，没收违法所得；违法所得十万元以上的，并处违法所得二倍以上五倍以下罚款；违法所得不足十万元的，处五万元以上二十万元以下罚款：（一）未依法取得港口经营许可证，从事港口经营的；（二）未经依法许可，经营港口理货业务的；（三）港口货物装卸经营业务、仓储经营人兼营货物装卸经营业务的。有前款第（三）项行为，情节严重的，由有关主管部门吊销港口理货业务经营许可证	轻微	持失效的经营许可证，经营港口理货业务的，能主动纠正，并于规定时间内补办许可的	没收违法所得
			一般	持失效的经营许可证，经营港口理货业务的，能主动纠正，并于规定时间内补办许可的	没收违法所得；违法所得十万元以上的，并处违法所得二倍罚款；违法所得不足十万元的，处5万元罚款
			较重	未经依法许可，经营港口理货业务半年以内的	没收违法所得；违法所得十万元以上的，并处违法所得三倍罚款；违法所得不足十万元的，处10万元罚款
			严重	未经依法许可，经营港口理货业务半年以上的	没收违法所得；违法所得十万元以上的，并处违法所得四倍罚款；违法所得不足十万元的，处15万元罚款
			特别严重	持伪造、涂改的许可证，经营港口理货业务的	没收违法所得；违法所得十万元以上的，并处违法所得五倍罚款；违法所得不足十万元的，处20万元罚款

附 录
福建省交通运输行政处罚自由裁量权基准

续上表

序号	违法种类	法律依据	违法程度	违法情节与后果	处罚种类及幅度
10	未依法向港口行政管理部门报告并经其同意,在港口内进行危险货物的装卸、过驳作业的	《中华人民共和国港口法》第五十三条:未依法向港口行政管理部门报告并经其同意,在港口内进行危险货物的装卸、过驳作业的,由港口行政管理部门责令停止作业,处五千元以上五万元以下罚款	轻微	初次且能及时改正的	不予处罚
			一般	未依法向港口行政管理部门报告并经其同意,在港口内进行危险货物的装卸、过驳作业 2 次的	处 1 万元罚款
			较重	未依法向港口行政管理部门报告并经其同意,在港口内进行危险货物的装卸、过驳作业 2 次且不及时改正的	处 2 万元罚款
			严重	未依法向港口行政管理部门报告并经其同意,在港口内进行危险货物的装卸、过驳作业 3 次以上的	处 3 万元罚款
			特别严重	未依法向港口行政管理部门报告并经其同意,在港口内进行危险货物的装卸、过驳作业 3 次以上的,且产生安全事故的	处 5 万元罚款
11	未经依法批准在港口可能危及港口安全的采掘、爆破等活动的,向港口水域倾倒泥土、砂石的	《中华人民共和国港口法》第五十五条:未经依法批准在港口进行可能危及港口安全的采掘、爆破等活动的,向港口水域倾倒泥土、砂石的,由港口行政管理部门责令停止违法行为,限期消除因此造成的安全隐患,逾期不消除,因此发生的费用由违法行为人承担;处五千元以上五万元以下罚款;依照其他有关法律、行政法规的规定由海事管理机构处罚的,依照其规定;构成犯罪的,依法追究刑事责任	轻微	对港口航道基本未产生影响的,船舶载重量 280 吨以下或方量 200 方以下的,能在规定时限内改正的	不予处罚
			一般	对港口航道的影响轻微的,船舶载重量 280 吨以下或方量 200 方以下的	处 1 万元罚款
			较重	对港口航道的影响较大,船舶载重量 280~700 吨或方量 200~500 方的	处 2 万元罚款
			严重	对港口航道的影响较大,船舶载重量 280~700 吨或方量 200~500 方以上的	处 3 万元罚款
			特别严重	对港口航道的影响特别严重,违法次数达两次以上、船舶载重量 700 吨以上或方量 500 方以上的	处 5 万元罚款

续上表

序号	违法种类	法律依据	违法程度	违法情节与后果	处罚种类及幅度
14	未按批准的用途使用港口岸线的	《福建省港口条例》第四十三条：违反本条例第十六条第一款规定，未按批准的用途使用港口岸线的，由港口行政管理部门责令限期改正；逾期不改正的，由批准部门依法注销港口岸线使用许可，并处一万元以上五万元以下的罚款	轻微	在规定期限改正的	不予处罚
			一般	逾期不改正，但项目符合港口规划的	注销港口岸线使用许可，并处1万元罚款
			较重	逾期不改正，项目与港口规划冲突轻微的	注销港口岸线使用许可，处2万元罚款
			严重	逾期不改正，项目与港口规划冲突较大的	注销港口岸线使用许可，处3万元罚款
			特别严重	逾期不改正，项目影响港口规划实施	注销港口岸线使用许可，处5万元罚款
15	未经批准超过核定的码头靠泊等级靠泊的	《福建省港口条例》第三十四条：违反本条例第三十四条规定，未经批准超过核定的码头靠泊等级靠泊的，由港口行政管理部门责令港口经营人停止违法行为，并可处五万元以上十万元以下的罚款	轻微	超过码头靠泊等级10%以内靠泊，且未产生危害的	不予处罚
			一般	超过码头靠泊等级10%~20%靠泊的	处5万元罚款
			较重	超过码头靠泊等级20%~30%靠泊的	处6万元罚款
			严重	超过码头靠泊等级30%~50%靠泊的	处8万元罚款
			特别严重	超过码头靠泊等级50%以上靠泊的	处10万元罚款

附录 福建省交通运输行政处罚自由裁量权基准

表七 福建省航政管理行政处罚自由裁量权基准

序号	违法种类	法律依据	违法程度	违法情节与后果	处罚种类及幅度
1	侵占破坏航道或航道设施	《中华人民共和国航道管理条例》第十六条,侵占、破坏航道设施的,处以不超过损失赔偿费40%的罚款。违反《条例》第十八条、本《细则》第二十三条或者航道	轻微	损害航道及设施轻微,反时纠正、修复,没有造成危害后果的	不予处罚
			一般	损害航道及设施,造成航道设施损失10万元以下的	处损失赔偿费10%的罚款
			较重	损害航道及设施,造成航道设施损失10万元以上50万元以下的	处损失赔偿费20%的罚款
			严重	损害航道及设施,造成航道设施损失50万元以上100万元以下的	处损失赔偿费30%的罚款
			特别严重	损害航道及设施,造成航道设施损失100万元以上的	处损失赔偿费40%的罚款
2	擅自设置专用航标	《中华人民共和国航道管理条例实施细则》第二十一条,违反《条例》第二十二条、本《细则》第二十七条,未经交通运输部门同意,擅自设置专用航标,应当在主管部门规定的期限内补办手续,或者拆除标志,并处1 000元以上2 000元以下罚款	轻微	能在规定的限期内补办手续,或拆除标志,且不影响船舶航行的	不予处罚
			一般	影响船舶航行,能在规定的限期内补办手续,或拆除标志的	处1 000元罚款
			较重	影响船舶航行,在规定的限期内没有补办手续,或拆除标志	处1 500元罚款
			严重	影响船舶航行,经1次警告,在规定的限期内拒不改正的	处1 800元罚款
			特别严重	影响船舶航行,经1次警告以上,仍在规定的限期内拒不改正	处2 000元的罚款

续上表

序号	违法种类	法律依据	违法程度	违法情节与后果	处罚种类及幅度
4	在航道上倾倒砂石和废弃物	《中华人民共和国航道管理条例实施细则》第二十八条第四款《细则》第三十条第一款的,责令停止违法行为,限期清除障碍物体,所需费用由违法者承担,并处相当于清除费用2倍的罚款		在航道上倾倒砂石和废弃物	处相当于清除费用二倍的罚款
5	在航道上挖采砂金、堆放材料	《中华人民共和国航道管理条例实施细则》第二十八条第四款《细则》第三十条第一款的,责令立即停止作业,补办手续,限期清除障碍物体,并处以1 000元以上2 000元以下罚款	轻微	造成航道损失轻微的,并主动纠正,能在规定的限期补办手续的	不予处罚
			一般	造成航道损失较微的,不能在规定的限期补办手续的	处1 000元罚款
			较重	造成航道局部变浅的	处1 500元罚款
			严重	造成航道槽变化的	处1 800元罚款
			特别严重	造成航道堵塞的	处2 000元罚款
7	触碰航标不报告	《中华人民共和国航标条例》第十四条第二款:船舶违反本条例第十四条第二款的规定,触碰航标不报告,航标管理机关可以根据情节处2万元以下的罚款;造成损失的,应当依法赔偿	轻微	触碰 φ1.2米浮标及以下,造成航标设施轻微损失并及时足额赔偿的	不予处罚
			一般	触碰 φ1.2米浮标及以下,造成航标设施较重损失或造成航标轻微损失没有及时足额赔偿的	处5 000元罚款
			较重	触碰 φ1.8米浮标	处1万元罚款
			严重	触碰 φ2.4米浮标	处1.5万元罚款
			特别严重	触碰 φ3.0米浮标及灯桩	处2万元罚款

附录 福建省交通运输行政处罚自由裁量权基准

表八 福建省交通建设工程管理行政处罚自由裁量权基准

序号	违法种类	法律依据	违法程度	违法情节与后果	处理方式
1	质监机构对不合格的公路工程出具质量合格文件	《公路工程质量监督规定》第三十五条：质监机构违反本规定，对不合格的公路工程出具质量合格文件的，由交通主管部门责令改正；构成犯罪的，依法追究刑事责任	一般	对不合格的公路工程出具质量合格文件的	责令改正
3	从业单位在申请公路建设从业许可时，隐瞒或者提供虚假材料的	《公路建设市场管理办法》第四十八条：从业单位违反本办法规定，在申请公路建设从业许可时，隐瞒有关情况或者提供虚假材料的，行政机关不予受理或者不予行政许可，并给予警告；行政许可申请人在1年内不得再次申请该行政许可。被许可人以欺骗、贿赂等不正当手段取得从业许可的，行政机关应当依照法律、法规规定给予行政处罚；申请人在3年内不得再次申请该行政许可；构成犯罪的，依法追究刑事责任	轻微	从业单位在申请公路建设从业许可时，隐瞒或提供虚假绩业绩材料，普通工程业绩材料的	给予警告，行政许可不予受理
			一般	从业单位在申请公路建设从业许可时，隐瞒或提供虚假绩业绩管理人员、主要工程业绩材料的	给予警告，申请人在1年内不得再次申请该行政许可
			严重	被许可人以欺骗、贿赂等不正当手段取得从业许可的，构成犯罪的	给予警告，申请人在3年内不得再次申请该行政许可，依法追究刑事责任

续上表

序号	违法种类	法律依据	违法程度	违法情节与后果	处理方式
4	投标人相互串通投标或与招标人串通投标的;投标人或招标人向评标委员会成员行贿的手段谋取中标的	《公路建设市场管理办法》第四十九条:投标人串通投标或者与招标人串通投标的,投标人或招标人向评标委员会成员行贿的手段谋取中标的,中标无效,处中标项目金额5‰以上10‰以下的罚款,对单位直接负责人员和其他直接责任人员处单位罚款数额5%以上10%以下的罚款;有违法所得的,并处没收违法所得;情节严重的,取消其1年至2年内参加依法必须进行招标的项目的投标资格并予以公告;构成犯罪的,依法追究刑事责任。给他人造成损失的,依法承担赔偿责任	轻微	投标人相互串标,在投标过程敬及时发现的	中标无效,给予警告
			一般	附属工程串通投标的	中标无效,按照投标的附属工程在工程中所占据的比例(p),处参与的竞标项目金额的$[5‰+(6‰-5‰)\times p]$比例的罚款
			较重	投标人向招标人或评标委员会成员行贿的手段谋取中标的	中标无效,按照参与的项目工程中所占据的比例(p),处项目金额$[6‰+(8‰-6‰)\times p]$比例的罚款,取消依法1年至2年内参加招标的项目的投标资格并予以公告
			严重	投标人在主体工程投标过程中相互串通投标的	中标无效,按照投标的主体工程竞标项目中所占据的比例(p),处参与的主体竞标项目金额的$[8‰+(10‰-8‰)\times p]$比例的罚款

续上表

序号	违法种类	法律依据	违法程度	违法情节与后果	处理方式
6	中标人不按照与招标人订立的合同履行施工质量义务	《公路建设市场管理办法》第五十二条：除因不可抗力不能履行合同的，中标人不按照与招标人订立的合同履行施工质量义务、施工工期等义务，造成重大或者特大质量和安全事故，或者造成工期延误的，取消其2年至5年内依法参加招标的项目进行招标的投标资格并予以公告	一般	中标人不按照与招标人订立的合同履行施工工期义务，资源投入不足或管理不善造成工期延误的	取消其2年内参加依法必须进行招标的项目的投标资格并予以公告
			较重	1.中标人不按照与招标人订立的合同履行质量义务，质保体系运作不灵，现场管理不善或者三级重大安全事故、二级重大质量事故； 2.中标人不按照与招标人订立的合同履行质量义务，质保体系运作不灵，现场管理不善不足造成二级重大质量事故	1.符合第1条现象的取消其3年内参加依法必须进行招标的项目的投标资格并予以公告； 2.符合第2条现象的取消其4年内参加依法必须进行招标的项目的投标资格并予以公告
			严重	除因不可抗力不能履行合同的，中标人不按照与招标人订立的合同履行施工质量、施工工期等义务，造成特别重大安全事故或者一级重大质量事故	取消其5年内参加依法必须进行招标的项目的投标资格并予以公告

续上表

序号	违法种类	法律依据	违法程度	违法情节与后果	处理方式
8	承包单位将承包的工程转包或者违法分包的	《公路建设市场管理办法》第五十四条：违反本办法规定，承包单位将承包的工程转包或者违法分包的，责令改正，没收违法所得，勘察、设计单位按合同约定的勘察费、设计费25‰以上50‰以下的罚款，对施工单位处工程合同价5‰以上10‰以下的罚款；可以责令停业整顿，降低资质等级，情节严重的，吊销资质证书。工程监理单位转让工程监理业务的，没收违法所得，处合同约定监理酬金25%以上50%以下的罚款；可以责令停业整顿，降低资质等级，情节严重的，吊销资质证书	一般	①承包单位将承包非关键性工程转包或者违法分包的，发现后及时、主动退出；②承包单位将承包关键性工程转包或者违法分包的，发现后及时、主动退出	警告
			较重	承包单位将承包关键性工程转包或者违法分包，发现后未能及时、主动退出，未出现质量问题	责令改正，按照分转包或者违法分包或者转让在总承包工程中所占比例(p)，对勘察、监理单位按合同约定的勘察费、设计费[25‰+(30‰－25‰)×p]比例的罚款；对施工单位处工程合同价[5‰+(6‰－5‰)×p]比例的罚款
			严重	承包单位将承包关键性工程转包或者违法分包后出现一般质量问题或监理同题，所承包工程处于失控状态	责令停业整顿，降低资质等级；按照分转包或者违法分包或者转让在总承包工程中所占比例(p)，对勘察、设计监理单位按合同约定的勘察费、设计费[30‰+(40‰－30‰)×p]比例的罚款；对施工单位处工程合同价[6‰+(8‰－6‰)×p]比例的罚款
			特别严重	违法分包或者转让后出现较大质量事故或安全事故，情节严重，所承包工程完全处于失控状态	吊销资质证书，对勘察、监理单位按合同约定的勘察费、设计费或监理酬金50%的罚款；对施工单位处工程合同价10‰的罚款

附 录 福建省交通运输行政处罚自由裁量权基准

续上表

序号	违法种类	法律依据	违法程度	违法情节与后果	处理方式
14	施工图设计文件修改未报原批部门批准，擅自用于施工的	《福建省建设工程质量管理条例》第九条：经批准的施工图设计文件因特殊情况确有必要进行修改的，应当由原设计单位修改，修改内容涉及公众利益、公众安全，结构安全，工程建设强制性标准以及提高或者降低装修标准的，应当报原审批部门批准。第四十五条：违反本条例第九条规定，施工图设计文件修改未报原审批部门批准，擅自用于施工的，责令改正，处二十万元以上五十万元以下的罚款	轻微	未实施或附属工程已实施、未出现质量问题	责令改正
			一般	主体工程已实施、未出现问题	责令改正，警告
			较重	主体工程已实施、降低技术标准	责令改正，处20万元的罚款
			严重	已实施、出现质量隐患	责令改正，处25万元的罚款
				已实施、造成出现质量问题	责令改正，处30万元的罚款
				已实施、造成一般质量事故	责令改正，处35万元的罚款
				已实施、造成三级重大质量事故	责令改正，处40万元的罚款
				已实施、造成二级重大质量事故	责令改正，处45万元的罚款
			特别严重	已实施、造成一级重大质量事故	责令改正，处50万元的罚款
15	建设单位未委托设计单位对外挂建筑物和构筑物进行统一设计的	《福建省建设工程质量管理条例》第十一条：建设工程在建设过程中需增加外挂设施的，建设单位应当委托原设计单位设计。房屋建筑使用者在装修过程中，不得擅自变动建筑承重结构，原设计立面、色彩、外观格式。第四十六条：违反本条例第十一条规定的，责令改正，并可以由建设行政主管部门按照下列规定予以处罚：(一)建设单位未委托设计单位对外挂建筑物和构筑物进行统一设计的，处一万元以上五万元以下的罚款	轻微	未实施	责令改正
			一般	已实施、未出现问题	责令改正，处1万元的罚款
			较重	已实施、出现质量问题	责令改正，处2万元的罚款
			严重	已实施、造成一般质量事故	责令改正，处3万元的罚款
			特别严重	已实施、造成重大质量事故	责令改正，处5万元的罚款

续上表

序号	违法种类	法律依据	违法程度	违法情节与后果	处理方式
17	设计单位不根据工程勘察成果文件或者无工程勘察成果文件进行建设工程设计的	《福建省建设工程质量管理条例》第十四条：设计单位应当根据建设工程勘察成果文件进行建设工程设计。建设工程的设计文件应当符合国家规定的设计文件深度要求，建设工程的施工图设计文件深度应满足施工需要。第四十七条：违反本条例第十四条第一款规定，设计单位或者建设工程勘察成果文件进行建设工程设计的，责令改正，处十万元以上三十万元以下的罚款。	轻微	设计图纸未提交使用	责令改正
			一般	已实施，未出现质量问题	责令改正，警告
			一般	已实施，未出现质量问题但造成资金损失	责令改正，处10万元的罚款
			较重	已实施，出现质量隐患	责令改正，处15万元的罚款
			较重	已实施，造成出现质量问题	责令改正，处20万元的罚款
			严重	已实施，造成一般质量事故	责令改正，处25万元的罚款
			特别严重	已实施，造成重大质量事故	责令改正，处30万元的罚款
19	建设单位迫使承包方以低于成本的价格竞标的；任意压缩合理工期的	《建设工程质量管理条例》第五十六条：违反本条例规定，建设单位有下列行为之一的，责令改正，处20万元以上50万元以下的罚款：(一)迫使承包方以低于成本的价格竞标的；(二)任意压缩合理工期的；(三)明示或者暗示设计单位或者施工单位违反工程建设强制性标准，降低工程质量的。	轻微	发现后及时改正，未对工程造成损失	责令改正
			一般	附属工程，发现后及时改正	责令改正，处20万元的罚款
			较重	附属工程，发现后拒绝改正	责令改正，处30万元的罚款
			严重	主体工程，发现后及时改正	责令改正，处40万元的罚款
			特别严重	主体工程，发现后拒绝改正	责令改正，处50万元的罚款

附　录
福建省交通运输行政处罚自由裁量权基准

续上表

序号	违法种类	法律依据	违法程度	违法情节与后果	处理方式
21	施工单位将承包的工程转包或者违法分包的	《建设工程质量管理条例》第六十二条：违反本条例规定，承包单位将承包的工程转包或者违法分包的，……对施工单位处工程合同价款百分之零点五以上百分之一以下的罚款；可以责令停业整顿，降低资质等级；情节严重的，吊销资质证书。工程监理单位转让工程监理业务的，责令改正，没收违法所得，处合同约定的监理酬金百分之二十五以上百分之五十以下的罚款；可以责令停业整顿，降低资质等级；情节严重的，吊销资质证书	轻微	工程未实施，发现后及时退出	责令改正
			一般	将工程转包或者违法分包，未出现质量问题	责令改正，没收违法所得
				将工程转包或者违法分包，出现质量问题	责令改正，没收违法所得，施工单位处工程合同价款0.5%的罚款，监理单位处监理酬金25%的罚款
				将工程转包或者违法分包，出现质量、安全隐患	停业整顿，没收违法所得，施工单位处工程合同价款0.7%的罚款，监理单位处监理酬金30%的罚款
			较重	将工程转包或者违法分包，出现质量缺陷	提请相关部门降低施工单位资质，没收违法所得，施工单位处工程合同价款0.8%的罚款，监理单位处监理酬金40%的罚款
			严重	将工程转包或者违法分包，出现一般质量事故	提请相关部门吊销资质，没收违法所得，施工单位处工程合同价款1%的罚款，监理单位处监理酬金50%的罚款
			特别严重	将工程转包或者违法分包，出现重大质量事故	责令改正
22	工程监理单位转让工程监理业务的	《建设工程质量管理条例》第六十二条：……工程监理单位让工程监理业务，责令改正，没收违法所得，处合同约定的监理酬金百分之二十五以上百分之五十以下的罚款；可以责令停业整顿，降低资质等级；情节严重的，吊销资质证书	轻微	工程未实施，发现后及时退出	责令改正，没收违法所得，处合同价款25%的罚款
			一般	将工程转包或者违法分包，出现质量问题	停业整顿，没收违法所得，处合同价款30%的罚款
			较重	将工程转包或者违法分包，出现质量缺陷	降低资质，没收违法所得，处合同价款40%的罚款
			严重	将工程转包或者违法分包，出现一般质量事故	吊销资质，没收违法所得，处合同价款50%的罚款
			特别严重	将工程转包或者违法分包，出现重大质量事故	

续上表

序号	违法种类	法律依据	违法程度	违法情节与后果	处理方式
25	未进行材料招标;建设单位明示或者暗示施工单位使用不合格的建筑材料、建筑构配件和设备的	《建设工程质量管理条例》第八条:建设单位应当依法对工程建设项目的勘察、设计、施工、监理以及与工程建设有关的重要设备、材料等的采购进行招标。第十四条:按照合同约定,由建设单位采购建筑材料、建筑构配件和设备的,建设单位应当保证建筑材料、建筑构配件和设备符合设计文件和合同要求。建设单位不得明示或者暗示施工单位使用不合格的建筑材料、建筑构配件和设备。第五十六条:违反本条例规定,建设单位有下列行为之一的,责令改正,处20万元以上50万元以下的罚款………	轻微	发现后及时改正,材料未使用在工程	责令改正
			一般	材料已使用在附属工程,造成质量缺陷	责令改正,处25万元的罚款
			较重	材料已使用在主体工程,造成质量缺陷	责令改正,处30万元的罚款
			严重	材料已使用在主体工程,造成一般质量事故	责令改正,处40万元的罚款
			特别严重	材料已使用在主体工程,造成重大质量事故	责令改正,处50万元的罚款
29	建设单位:(1)未组织竣工验收,擅自交付的;(2)验收不合格,擅自交付使用的;(3)对不合格的建设工程按照合格工程验收的	《建设工程质量管理条例》第五十八条:违反本条例规定,建设单位有下列行为之一的,责令改正,处工程合同价款百分之二以上百分之四以下的罚款;造成损失的,依法承担赔偿责任:(一)未组织竣工验收,擅自交付使用的;(二)验收不合格,擅自交付使用的;(三)对不合格的建设工程按照合格工程验收的	轻微	附属工程不合格	责令改正
			一般	主要分项工程不合格	责令改正,处工程合同价款2%的罚款
			较重	一个单位工程不合格	责令改正,处工程合同价款2.5%的罚款
			严重	多个单位工程不合格	责令改正,处工程合同价款3%的罚款
			特别严重	所有单位工程不合格	责令改正,处工程合同价款4%的罚款

附录 福建省交通运输行政处罚自由裁量权基准

续上表

序号	违法种类	法律依据	违法程度	违法情节与后果	处理方式
31	勘察、设计单位：(1)超越本单位资质等级承揽工程的；(2)允许其他单位或者个人以本单位名义承揽工程的	《建设工程质量管理条例》第六十条：违反本条例规定，勘察、设计、施工、工程监理单位超越本单位资质等级承揽工程的，责令停止违法行为，对勘察、设计单位或者工程监理单位处合同约定的勘察费、设计费或者监理酬金1倍以上2倍以下的罚款；对施工单位处工程合同价款百分之二以上百分之四以下的罚款，可以责令停业整顿，降低资质等级；情节严重的，吊销资质证书；有违法所得的，予以没收。未取得资质证书承揽工程的，予以取缔，依照前款规定处罚；有违法所得的，予以没收。以欺骗手段取得资质证书承揽工程的，依照本条第一款规定处罚，吊销资质证书	轻微	工程未实施，发现后及时退出	责令改正并没收违法所得
			一般	工程已实施，承揽附属工程	责令改正，处合同价款1倍的罚款并没收违法所得
			较重	工程已实施，承揽主体工程	停业整顿，处合同价款1倍的罚款并没收违法所得
			严重	以欺骗手段获得非主体工程	提请相关部门，吊销资质，处合同价款1.5倍的罚款并没收违法所得
			特别严重	以欺骗手段获得主体工程	提请相关部门，吊销资质，处合同价款2倍的罚款并没收违法所得
32	施工单位：(1)超越本单位资质等级承揽工程的；(2)允许其他单位或者个人以本单位名义承揽工程的	第六十一条：违反本条例规定，施工、工程监理单位允许其他单位或者个人以本单位名义承揽工程的，责令改正，没收违法所得，对施工单位处工程合同价款百分之二以上百分之四以下的罚款，对监理单位处合同约定的监理酬金1倍以上2倍以下的罚款；可以责令停业整顿，降低资质等级；情节严重的，吊销资质证书	轻微	工程未实施，发现后及时退出	责令改正并没收违法所得
			一般	工程已实施，承揽附属工程	责令改正，处合同价款2%的罚款并没收违法所得
			较重	工程已实施，承揽主体工程	停业整顿并没收违法所得
			严重	以欺骗手段获得非主体工程	提请相关部门，吊销资质，处合同价款3%的罚款并没收违法所得
			特别严重	以欺骗手段获得主体工程	提请相关部门，吊销资质，处合同价款4%的罚款并没收违法所得

续上表

序号	违法种类	法律依据	违法程度	违法情节与后果	处罚方式
33	工程监理单位：(1)超越本单位资质等级承揽工程的；(2)允许其他单位或者个人以本单位名义承揽工程的	《建设工程质量管理条例》第六十条：违反本条例规定，施工单位不履行保修义务或者拖延履行保修义务的，责令改正，处10万元以上20万元以下的罚款，并对保修期内因质量缺陷造成的损失承担赔偿责任	轻微	工程未实施，发现后及时退出	责令改正并没收违法所得
			一般	工程已实施，承担附属工程	责令改正，处合同价款1倍的罚款并没收违法所得
			较重	工程已实施，承担主体工程	停业整顿，处合同价款1倍的罚款并没收违法所得
			严重	以欺骗手段获得非主体工程	降低资质，处合同价款1.5倍的罚款并没收违法所得
			特别严重	以欺骗手段获得主体工程	吊销资质并没收违法所得，处合同价款2倍的罚款
35	施工单位不履行保修义务或者拖延履行保修义务的	《建设工程质量管理条例》第六十六条：违反本条例规定，工程监理单位与被监理工程的施工承包单位以及建筑材料、建筑构配件和设备供应单位有隶属关系或者其他利害关系承担该项建设工程监理业务的	轻微	及时改正	责令改正
			一般	附属工程，不影响使用	责令改正，处10万元的罚款
			较重	主体工程，不影响使用	责令改正，处15万元的罚款
			严重	主体工程，一定程度影响使用	责令改正，处18万元的罚款
			特别严重	使工程不能正常使用	责令改正，处20万元的罚款
37	工程监理单位与被监理工程的施工承包单位以及建筑材料、建筑构配件和设备供应单位有隶属关系或者其他利害关系承担该项建设工程监理业务的	《建设工程质量管理条例》第七十三条：依照本条例规定，给予单位罚款处罚的，对单位直接负责的主管人员和其他直接责任人员处单位罚款数额百分之五以上百分之十以下的罚款	轻微	工程未实施，给予单位罚款处罚的	责令改正，处5万元的罚款并没收违法所得
			一般	工程已实施，未出现质量问题	责令改正，处7万元的罚款并没收违法所得
			较重	工程已实施，出现质量问题	降低资质，处9万元的罚款并没收违法所得
			严重	工程已实施，出现一般质量事故	降低资质，处9万元的罚款并没收违法所得
			特别严重	工程已实施，出现重大质量事故	吊销资质，处10万元的罚款并没收违法所得

注：1. 依据《福建省建设工程质量管理条例》第五十四条"依照本条例规定，给予单位罚款处罚的，对单位直接负责的主管人员和其他直接责任人员处单位罚款数额百分之五以上百分之十以下的罚款"。
2. 依据《建设工程质量管理条例》第七十三条"依照本条例规定，给予单位罚款处罚的，对单位直接负责的主管人员和其他直接责任人员处单位罚款数额百分之五以上百分之十以下的罚款"。

附 录
福建省交通运输行政处罚自由裁量权基准

表九 福建省交通建设工程质量监督行政处罚自由裁量权基准

序号	违法种类	法律依据	违法程度	情节与后果	处理方式
1	检测机构不具备资格和检测项目	《公路水运工程试验检测管理办法》第四十九条：质监机构在监督检查中发现检测机构有违反本规定行为的，应当予以警告、限期整改，情节严重的列入违规记录并予以公示……	较重	检测项目超出等级证书注明项目范围，试验数据无效	警告、限期整改
			严重	实际能力达不到等级证书能力等级的检测机构，整改期满仍达不到规定条件	注销或重新评级
3	试验检测数据不客观、公正、不准确	《公路水运工程试验检测管理办法》第四十九条：质监机构在监督检查中发现检测机构有违反本规定行为的，应当予以警告、限期整改，情节严重的列入违规记录并予以公示。实际能力达不到承担检测业务。限期整改，质监机构应给予撤销等级等处理。整改期限内，质监机构不再委托其承担检测业务。实际能力达不到注销等级证书或者严重违规情况的，质监机构应当视情注销检测机构等级	特别严重	未取得等级证书的检测机构，开展试验检测工作	停业列入违规记录，并公示
			严重	试验检测数据不准确	警告、限期整改
			特别严重	试验检测数据不客观、公正，或有伪造试验检测数据的行为	停业列入违规记录，并公示
4	未建立严密、完善、运行有效的质量保证体系		较严重	质量保证体系不完善，不能有效运行	限期整改
			特别严重	质量保证体系运行无效，试验室管理失控	停业
5	仪器设备未进行正常维护，定期检定与校准		一般	未按照有关规定对仪器设备进行正常维护，定期检定与校准	限期整改
			特别严重	未按照有关规定对仪器设备进行正常维护，定期检定与校准，影响试验数据准确性	停业
6	未建立样品管理制度		一般	检测机构未建立样品管理制度，样品管理不善	限期整改

续上表

序号	违法种类	法律依据	违法程度	情节与后果	处理方式
12	建设单位未办理工程质量监督手续	《公路工程质量监督规定》第三十条：建设单位未办理工程质量监督手续的，责令限期补办手续，并处20万元以上50万元以下的罚款。第三十三条：对单位处罚款的，对单位直接负责的主管人员和其他直接责任人员处单位罚款数额百分之五以上百分之十以下的罚款	轻微	建设单位符合从轻处罚情节的	罚款5万元
			一般	概算建安投资6 000万元及以下且逾期不超过半年的	限期补办手续，罚款10万元，单位主管和责任人员均处单位罚款额5%的罚款
			较重	逾期不超过半年且概算建安投资在6 000万元以上、一亿元以下项目	限期补办手续，罚款20万元，单位主管和责任人员均处单位罚款额5%的罚款
			严重	逾期超过半年且概算建安投资6 000万元及以下项目	限期补办手续，罚款30万元，单位主管和责任人员均处单位罚款额5%的罚款
			特别严重	逾期超过半年且概算建安投资在一亿元及以上项目	限期补办手续，最低罚款35万元，每超过2 000万元，增加罚款1万元，最高罚款50万元，单位主管和责任人员均处单位罚款额5%的罚款
13	建设单位对未经质量检测或者质量检测不合格的工程，按照合格工程组织交工验收的	《公路工程质量监督规定》第三十一条：建设单位对未经质量检测或者质量检测不合格的工程，按照合格工程组织交工验收的，责令改正，处工程合同价款百分之二以上百分之四以下的罚款。第三十三条：对单位处罚款的，对单位直接负责的主管人员和其他直接责任人员处单位罚款数额百分之五以上百分之十以下的罚款	轻微	未造成交通安全事故且在半年内经返修符合交工条件并组织交工验收的	责令改正，处工程合同价款百分之一的罚款，单位主管和责任人员均处单位罚款额5%的罚款
			一般	逾期半年仍未组织交工验收且工程合同价款3 000万元以内部分	责令改正，处工程合同价款百分之二的罚款，单位主管和责任人员均处单位罚款额6%的罚款

· 236 ·

附录
福建省交通运输行政处罚自由裁量权基准

续上表

序号	违法种类	法律依据	违法程度	情节与后果	处理方式
13	建设单位对未经工程质量检测或者质量检测不合格的工程,按照合格工程组织交工验收的	《公路工程质量监督规定》第三十一条:建设单位对未经工程质量检测或者质量检测不合格的,责令改正,处工程合同价百分之二以上百分之四以下的罚款。第三十三条:对单位处款的,对单位直接负责的主管人员和其他责任人员处单位罚款数额百分之五十以下的罚款	较重	逾期半年仍未组织交工验收且工程合同价款3 000万元至一亿元部分	责令改正,处工程合同价百分之三的罚款,单位主管和责任人员均处单位罚款额7%的罚款
			严重	逾期半年仍未组织交工验收且工程合同价款超过一亿元部分	责令改正,处工程合同价百分之三点五的罚款,单位主管和责任人员均处单位罚款额8%的罚款
			特别严重	逾期半年仍未组织交工验收且造成交通安全事故的	责令改正,处工程合同价百分之四的罚款,单位主管和责任人员均处单位罚款额10%的罚款
14	勘察、设计单位未按照工程建设强制性标准进行勘察、设计的	《公路工程质量监督规定》第三十二条:勘察、设计单位未按照工程建设强制性标准进行勘察、设计的,责令改正,处10万元以上30万元以下的罚款。第三十三条:对单位处款的,对单位直接负责的主管人员和其他责任人员处单位罚款数额百分之五十以下的罚款	一般	在工程非重点受力部位未按工程建设强制性标准进行勘察、设计的	责令改正,罚款10万元,单位主管和责任人员均处单位罚款5%的罚款
			严重	在工程重点受力部位未按工程建设强制性标准进行勘察、设计的	责令改正,罚款20万元,每增加一处增加罚款3万元,最高罚款30万元,单位主管和责任人员均处单位罚款额7%的罚款
			特别严重	在工程重点受力部位未按工程建设强制性标准进行勘察、设计造成质量、安全事故的	罚款30万元,单位主管和责任人员均处单位罚款额10%的罚款

续上表

序号	违法种类	法律依据	违法程度	情节与后果	处理方式
17	工程监理单位、监理人员出具不真实或虚假的工程质量评估报告的	《福建省建设工程质量管理条例》第五十一条：违反本条例第二十六条第一款规定，工程监理人员出具不真实的监理文件资料的，对具有执业资格的直接责任人员予以停止执业三个月至一年的处罚。第五十一条：违反本条例第二十六条第一款规定，工程监理人员出具虚假监理报告的，吊销其资格证书；对具有执业资格的直接责任人员予以停止执业三个月至一年的处罚，对工程监理单位处一万元以上五万元以下的罚款；有违法所得的，予以没收。违反本条例第二十六条第二款规定，工程监理单位出具不真实的工程质量评估报告的，责令改正，对工程监理单位处五万元以上十万元以下的罚款；情节严重的，责令停业整顿或者降低资质等级。违反本条例第二十六条第二款规定，工程监理单位出具虚假工程质量评估报告的，吊销资质证书；对工程监理单位处五万元以上十万元以下的罚款，有违法所得的，予以没收，吊销其资格证书	轻微	工程监理人员出具不真实的监理文件资料，未造成后果的	停止执业一年
			一般	工程监理人员出具虚假监理报告的	吊销个人资格证书，对工程监理单位处3万元罚款，有违法所得的，予以没收
			较重	监理单位出具不真实的工程质量评估报告	责令改正，降低资质等级，对工程监理单位处10万元罚款，责令停业整顿
			严重	监理单位出具不真实的工程质量评估报告，情节严重的	责令改正，降低资质等级，处10万元罚款
			特别严重	监理单位出具虚假工程质量评估报告，造成工程质量事故的	吊销资质证书，处10万元罚款，有违法所得的，予以没收，对具有执业资格的人员，吊销其资格证书

附 录
福建省交通运输行政处罚自由裁量权基准

续上表

序号	违法种类	法律依据	违法程度	情节与后果	处理方式
18	监理单位未对重要工序进行旁站监理	《福建省建设工程质量管理条例》第二十七条:工程监理单位应当按照建设工程监理规范派具有相应资质的工程监理人员进驻施工现场,采取旁站、巡视和平行检验等形式,对工程建设活动施行监理。第五十二条:违反本条例第二十七条第二款规定的,责令改正,并处一万元以上二万元以下的罚款	轻微	未出现质量问题	责令改正
			一般	出现质量问题	责令改正,并处1万元的罚款
			严重	造成一般质量事故	责令改正,并处1.5万元罚款
			特别严重	造成重大质量事故	责令改正,并处2万元罚款
19	建设工程质量检测单位出具错误或虚假的检测报告	《福建省建设工程质量管理条例》第二十九条:建设工程质量检测必须真实、准确,并对检测数据和检测结论负责。建设工程质量检测单位不得接受与其有隶属关系或者其他利害关系的施工单位,以及建筑材料、建筑构配件、设备的供送检单位和供商的检测业务。第五十三条:违反本条例第二十九条规定,按照下列规定予以处罚:(一)建设工程质量检测单位出具错误的检测结论的,责令改正,并可处一万元以上五万元以下的罚款,撤销部分检测业务资质或者降低资质等级。(二)建设工程质量检测单位出具虚假的检测结论的,责令停业整顿,处五万元以上十万元以下的罚款,吊销资质证书;对具有执业资格的直接责任人员,吊销其资格证书,并处一万元以上三万元以下的罚款;有违法所得的,予以没收。因错误出具检测数据造成质量缺陷的,检测单位应当返还检测费用,并承担赔偿责任	轻微	出具错误的检测结论,未造成质量缺陷	责令改正,并处1万元罚款
			一般	出具错误的检测结论,造成质量缺陷	责令改正,并处3万元罚款
			较严重	出具虚假的检测结论,造成一般质量缺陷	降低资质等级,并处5万元罚款,返还检测费用,并承担赔偿责任
			严重	出具虚假的检测结论,造成质量缺陷	吊销资质证书,并处8万元罚款,返还检测费用,对具有执业资格的直接责任人员,吊销其资格证书
			特别严重	出具虚假的检测结论,造成质量事故	吊销资质证书,有违法所得的,予以没收,并处10万元罚款,返还检测费用,并承担赔偿责任

· 239 ·

续上表

序号	违法种类	法律依据	违法程度	情节与后果	处理方式
20	施工图设计文件未经审查或者审查不合格擅自施工的	《建设工程质量管理条例》第十一条：建设单位应当将施工图设计文件报县级以上人民政府建设行政主管部门或者其他有关部门审查。施工图设计文件审查的具体办法，由国务院建设行政主管部门会同国务院其他有关部门制定。施工图设计文件未经审查批准的，不得使用。第五十六条：违反本条例规定，建设单位有下列行为之一的，责令改正，处20万元以上50万元以下的罚款……	轻微	发现后及时改正，未对工程造成损失的	责令改正，并处5万元罚款
			一般	附属工程，发现后及时改正，对工程造成轻微损失	责令改正，并处20万元罚款
			较重	附属工程，发现后拒绝改正	责令改正，并处30万元罚款
			严重	主体工程，发现后及时改正，对工程造成损失	责令改正，并处40万元罚款
			特别严重	主体工程，发现后拒绝改正	责令改正，并处50万元罚款

附录 福建省交通运输行政处罚自由裁量权基准

续上表

序号	违法种类	法律依据	违法程度	情节与后果	处理方式
22	施工单位在施工中偷工减料的，使用不合格的建筑材料、建筑构配件和设备的，或者有不按照工程设计图纸、施工技术标准施工的其他行为的	《建设工程质量管理条例》第六十四条：违反本条例规定，施工单位在施工中偷工减料的，使用不合格的建筑材料、建筑构配件和设备的，或者有不按照工程设计图纸或施工技术标准施工的其他行为的，责令改正，处工程合同价款百分之二以上百分之四以下的罚款；造成建设工程质量不符合标准的，负责返工、修理，并赔偿因此造成的损失；情节严重的，责令停业整顿，降低资质等级或者吊销资质证书	轻微	1. 施工单位在施工中采购不合格的建筑材料、建筑构配件和设备，但未实施的；2. 施工单位有偷工减料，施工技术未标准施工的其他行为，但未实施的	责令改正，进行全省通报
			一般	施工单位在施工中偷工减料，建筑构配件或者有不按照施工技术标准施工的其他工程质量隐患，使某分项工程质量不符合标准的	责令返工、修理，处该分项工程合同价款2%罚款，并赔偿因此造成的损失
			较重	有上述行为，使某分部工程质量不符合标准的	责令返工、修理，处该分部工程合同价款3%罚款，并赔偿因此造成的损失
			严重	有上述行为，使某单位工程质量不符合标准的	责令返工、修理，处该单位工程合同价款4%罚款，并赔偿因此造成的损失，责令停业整顿
			特别严重	有上述行为，使某单位工程质量不符合标准的，且情节严重	责令返工、修理，处该分项工程合同价款4%罚款，并赔偿因此造成的损失，降低资质等级或者吊销资质证书

注：1. 依据《福建省建设工程质量管理条例》第五十四条"依照本条例规定，给予单位罚款处罚的，对单位直接负责的主管人员和其他直接责任人员处单位罚款数额百分之五以上百分之十以下的罚款"。
2. 依据《建设工程质量管理条例》第七十三条"依照本条例规定，给予单位罚款处罚的，对单位直接负责的主管人员和其他直接责任人员处单位罚款数额百分之五以上百分之十以下的罚款"。

表十 福建省交通建设工程安全生产监督管理行政处罚自由裁量权基准

序号	违法种类	法律依据	违法程度	违法情节与后果	处理方式
1	对勘察、设计、施工、工程监理等单位提出不符合安全生产法律、法规和强制性标准规定的要求	违反《建设工程安全生产管理条例》第五十五条下列行为之一的，责令限期改正，处 20 万元以上 50 万元以下的罚款	一般	发现提出 1 项不符合安全生产法律、法规和强制性标准规定要求的	责令限期改正，并处 20 万元罚款
			严重	每多提出 1 项不符合安全生产法律、法规和强制性标准规定要求的	责令限期改正，并在 20 万元罚款基础上每项加罚 10 万元，最高罚款 50 万元
2	要求施工单位压缩合同约定的工期	违反《建设工程安全生产管理条例》第五十五条下列行为之一的，责令限期改正，处 20 万元以上 50 万元以下的罚款	轻微	所压缩工期占合同约定工期的 5% 以内的	责令限期改正，并处 25 万元的罚款
			一般	所压缩工期占合同约定工期的 5%～10%	责令限期改正，并处 30 万元的罚款
			较重	所压缩工期占合同约定工期的 10%～15%	责令限期改正，并处 35 万元的罚款
			严重	所压缩工期占合同约定工期的 15%～20%	责令限期改正，并处 40 万元的罚款
			特别严重	所压缩工期占合同约定工期的 20% 以上的	责令限期改正，并处 50 万元的罚款
3	将拆除工程发包给不具有相应资质等级的施工单位	违反《建设工程安全生产管理条例》第五十五条下列行为之一的，责令限期改正，处 20 万元以上 50 万元以下的罚款	轻微	工程量小，且工程未开工	责令限期改正
			一般	1. 工程量大，但工程未开工 2. 工程量小，工程已开工，但能即时改正	责令限期改正，并分别处 20 万元、30 万元罚款
			较重	工程已开工，承包单位资质不够	责令限期改正，并处 30 万元以上 40 万元以下的罚款
			严重	工程已开工，承包单位无任何资质	责令限期改正，并处 40 万元以上 50 万元以下的罚款

续上表

序号	违法种类	法律依据	违法程度	违法情节与后果	处理方式
6	未对施工组织设计中的安全技术措施或者专项施工方案进行审查	违反《建设工程安全生产管理条例》第五十七条规定，工程监理单位有下列行为之一的，责令限期改正；逾期未改正的，责令停业整顿，并处10万~30万元款；情节严重的，降低资质等级，直至吊销资质证书	轻微	专项工程未实施，流于形式	责令限期改正
			一般	专项工程未实施，发现后责令限期改正逾期未改正的	责令停业整顿，并处10万元以上20万元以下的罚款
			较重	专项工程已实施，但未出现安全事故的	责令停业整顿，并处20万元以上30万元以下的罚款
			严重	专项工程已实施，出现一般安全生产事故的	降低资质等级
			特别严重	专项工程已实施，出现重大以上安全生产事故的	吊销资质证书
8	施工单位拒不整改或者不停止施工，未及时向有关主管部门报告	违反《建设工程安全生产管理条例》第五十七条的规定，工程监理单位有下列行为之一的，责令限期改正；逾期未改正的，责令停业整顿，并处10万元以上30万元以下罚款；情节严重的，降低资质等级，直至吊销资质证书	轻微	发现违法行为，但施工单位拒不整改，责令改正逾期未改正安全生产事故未发生的	责令限期改正
			一般	施工单位拒不报告，主管部门未整改，责令改正安全生产事故发生的	责令停业整顿，并处10万元以上20万元以下的罚款
			较重	施工单位拒不停止施工，未及时向有关主管部门报告，责令停止生产事故未发生的	责令停业整顿，并处20万元以上30万元以下的罚款
			严重	造成一般安全生产事故	降低资质等级
			特别严重	造成重大以上安全生产事故	吊销资质证书

续上表

序号	违法种类	法律依据	违法程度	违法情节与后果	处理方式
9	未依照法律、法规和工程建设强制性标准实施监理	违反《建设工程安全生产管理条例》第五十七条的规定，工程监理单位有下列行为之一的，责令限期改正；逾期未改正的，责令停业整顿，并处10万元以上30万元以下罚款；情节严重的，降低资质等级，直至吊销资质证书	轻微	工程未实施	责令限期改正
			一般	工程未实施，发现后责令限期改正逾期未改正的	责令停业整顿，并处10万元以上20万元以下的罚款
			较重	部分在工程中实施，未出现安全事故	责令停业整顿，并处20万元以上30万元以下的罚款
			严重	部分在工程中实施，出现一般安全生产事故	降低资质等级
			特别严重	部分在工程中实施，出现重大以上安全生产事故的	吊销资质证书
13	安全防护用具、机械设备、施工机具及配件在进入施工现场前未经查验或者查验不合格即投入使用	违反《建设工程安全生产管理条例》第六十五条规定，施工单位有下列行为之一的，责令限期改正；逾期未改正的，责令停业整顿，并处10万元以上30万元以下罚款；情节严重的，降低资质等级，直至吊销资质证书	轻微	1. 未进行进场登记；2. 无出厂合格证	责令限期改正
			一般	1. 日常保养或维修，但未造成安全生产事故；2. 生产厂家无生产许可证；3. 超过使用期限的，仍在使用，但未造成安全生产事故的；4. 操作人员未持有有效证件操作，但未造成安全生产事故的；	警告，限期改正
				5. 未经查验即投入使用，但未造成安全生产事故的	责令停止使用，并处1万元以上5万元以下的罚款
			较重	属查验不合格仍投入使用，逾期未改正的	责令停止使用，并处5万元以上10万元以下的罚款
			严重	造成一般安全生产事故的	责令停业整顿，并处20万元以上30万元以下的罚款
			特别严重	造成重大以上安全生产事故发生的	提请相关部门降低资质等级，提请相关部门吊销资质证书

续上表

序号	违法种类	法律依据	违法程度	违法情节与后果	处理方式
18	生产经营单位的主要负责人未履行安全生产管理职责	违反《中华人民共和国安全生产法》第八十一条规定,责令限期改正;逾期未改正的,责令生产经营单位停产停业整顿;导致发生生产安全事故犯罪的,构成犯罪的,依照刑事法律处罚;给予生产经营单位主要负责人撤职处分或处2万~20万元罚款	轻微	发现违法行为并能及时纠正	责令限期改正
			一般	逾期未改正,但未造成安全生产事故发生	责令生产经营单位停产停业整顿,对主要负责人列入违规记录
			较重	造成一般安全生产事故发生	对生产经营单位主要负责人处2万~10万元罚款或请相关部门给予撤职处分
			严重	造成重大以上安全生产事故发生	对生产经营单位主要负责人处10万~20万元罚款或请相关部门给予撤职处分
21	生产经营单位将生产经营项目、场所、设备发包或者出租给不具备安全生产条件或者相应资质的单位或者个人	违反《中华人民共和国安全生产法》第八十六条规定,责令限期改正,没收违法所得;违法所得5万元以上的,并处违法所得1倍以上5倍以下的罚款;没有违法所得或者违法所得不足5万元的,单处或者并处1万元以上5万元以下的罚款	一般	发现违法行为,并能及时纠正	责令限期改正,并处违法所得5万元以上的,违法所得1.5倍罚款;没有违法所得或者违法所得不足5万元的,单处1.5万元罚款
			较重	逾期未改正,但项目尚未开始生产经营	责令限期改正,并处违法所得5万元以上的,违法所得2.5倍罚款;没有违法所得或者违法所得不足5万元的,单处2.5万元罚款
			严重	项目已开始生产经营,承包或承租单位或个人条件不够	责令限期改正,并处违法所得5万元以上的,违法所得3.5倍罚款;没有违法所得或者违法所得不足5万元的,单处3.5万元罚款
			特别严重	项目已开始生产经营,承包、承租单位无任何资质条件	责令限期改正,并处违法所得5万元以上的,违法所得5倍罚款;没有违法所得不足5万元的,单处或者并处5万元罚款

参 考 文 献

[1] 应松年. 行政程序立法的几个问题. 湛江师范学院学报,2005(2).

[2] 郜风涛. 行政裁量权及其规制研究. http://www.chinalaw.gov.cn/article/xwzx/fzxw/200908/20090800138748.shtml.

[3] 王天华. 裁量标准基本理论问题刍议. 浙江学刊,2006(6).

[4] 王锡锌. 自由裁量权基准:技术的创新还是误用. 法学研究,2008(5).

[5] 余凌云. 行政自由裁量论. 2版. 北京:中国人民公安大学出版社,2009.

[6] 朱新力. 法治社会与行政裁量的基本准则研究. 北京:法律出版社,2007.

[7] 周佑勇. 行政裁量治理研究:一种功能主义的立场. 北京:法律出版社,2008.

[8] 张立伟,等. 道路运输行政执法疑难问题解答. 北京:人民交通出版社,2007.

[9] 王朝辉,等. 道路运输行政执法典型案例评析. 北京:人民交通出版社,2007.

[10] 江苏省交通厅. 交通行政执法人员岗位培训教材:运管分册. 2版. 北京:人民交通出版社,2010.

[11] 朱新力,骆梅英. 论裁量基准的制约因素及建构路径. 法学论坛,2009(4).

[12] 高知鸣. 药品监督行政处罚裁量基准研究. 中国处方药,2008(4).

[13] 余凌云. 游走在规范与僵化之间——对金华行政裁量基准实践的思考. 清华法学,2008(3).

[14] 黄学贤. 行政裁量基准:理论、实践与出路. 甘肃行政学院学报,2009(6).

[15] 崔卓兰,刘福元. 论行政自由裁量权的内部控制. 中国法学,2009(4).

[16] 常桂祥. 论行政自由裁量权及其控制. 发展论坛,2001(5).

[17] 王贵松. 行政裁量的内在构造. 法学家,2009(2).

[18] 刘奎汝. 行政自由裁量权存在的必要性与控制. 中共乐山市委党校学报,2009(2).

[19] 蒋北娟. 行政自由裁量权基本问题研究. 北京:中央民族大学硕士学位论文,2008.

[20] 张建国. 行政自由裁量权之程序控制. 科学之友,2008(8).

[21] 李先友,高锦安.江苏省交通行政处罚裁量基准研究.江苏省交通科学研究计划项目研究报告.

[22] 李君.交通行政处罚自由裁量权简析.[OL]. http://fzb.wuxi.gov.cn/lfgz/fzyj/358846.shtml.

[23] 福建省交通厅.福建省交通行政处罚自由裁量权基准制度.

[24] 河南省交通行政处罚案件主办人制度.

[25] 河南省交通行政处罚案例指导制度.

[26] 河南省交通行政处罚预先法律审核制度.

[27] 王文生,蔡涵.谈海事行政处罚中的裁量权.世界海运,2004,27(4):16-17.

[28] 高知鸣,宋华琳.行政处罚裁量基准研究//朱新力.法治社会与行政裁量的基本准则研究.北京:法律出版社,2007:212-213.

[29] 周佑勇.裁量基准的正当性问题研究.中国法学.2007(6).

[30] 熊明亮.对建设行政处罚自由裁量权的思考.武汉建设,2009(5).

[31] 苗俊玲.也论行政裁量权的正确行使.鸡西大学学报,2009(3).

[32] 周婉忻.海事行政处罚中如何控制自由裁量权.中国水运杂志,2009(11).

[33] 最高人民法院关于执行《中华人民共和国行政诉讼法》若干问题的解释.

[34] 贺海燕.试论行政自由裁量权的存在必要性及其监督[OL].法律图书馆论文资料库[2002-08-02]. http://www.law-lib.com/lw/.

[35] 游振辉.论行政执法中的自由裁量权[OL].[2003-04-23] http://www.lunwennet.com/thesis/2003/7945.html.

[36] 徐乐游.论海事行政处罚自由裁量权的程序控制[OL].[2003-07-27] http://wz.cnzjmsa.gov.cn/.

[37] 郑艳.试论行政自由裁量权及其控制[OL].[2006-10-18] http://www.100paper.com.

[38] 武慧丽.浅议行政执法中的自由裁量权[OL].[2007-01-19] http://www.lunwentianxia.com.

[39] 陈学辉.行政自由裁量权的法律思考[OL].[2007-11-22] http://www.lunwentianxia.com.

[40] 王德宝.规范交通行政处罚自由裁量权的对策[OL].[2008-12-31]http://2006.moc.gov.cn/06zhejiang.

[41] 李君.交通行政处罚自由裁量权简析[OL].[2009-05-11]http://fzb.wuxi.gov.cn.

[42] 关于规范交通运输行政处罚自由裁量权的若干意见.交通运输部交政法发[2010]251号文件,2010.